J'aime le
Fromage...

J'aime le Fromage...

SOMMAIRE

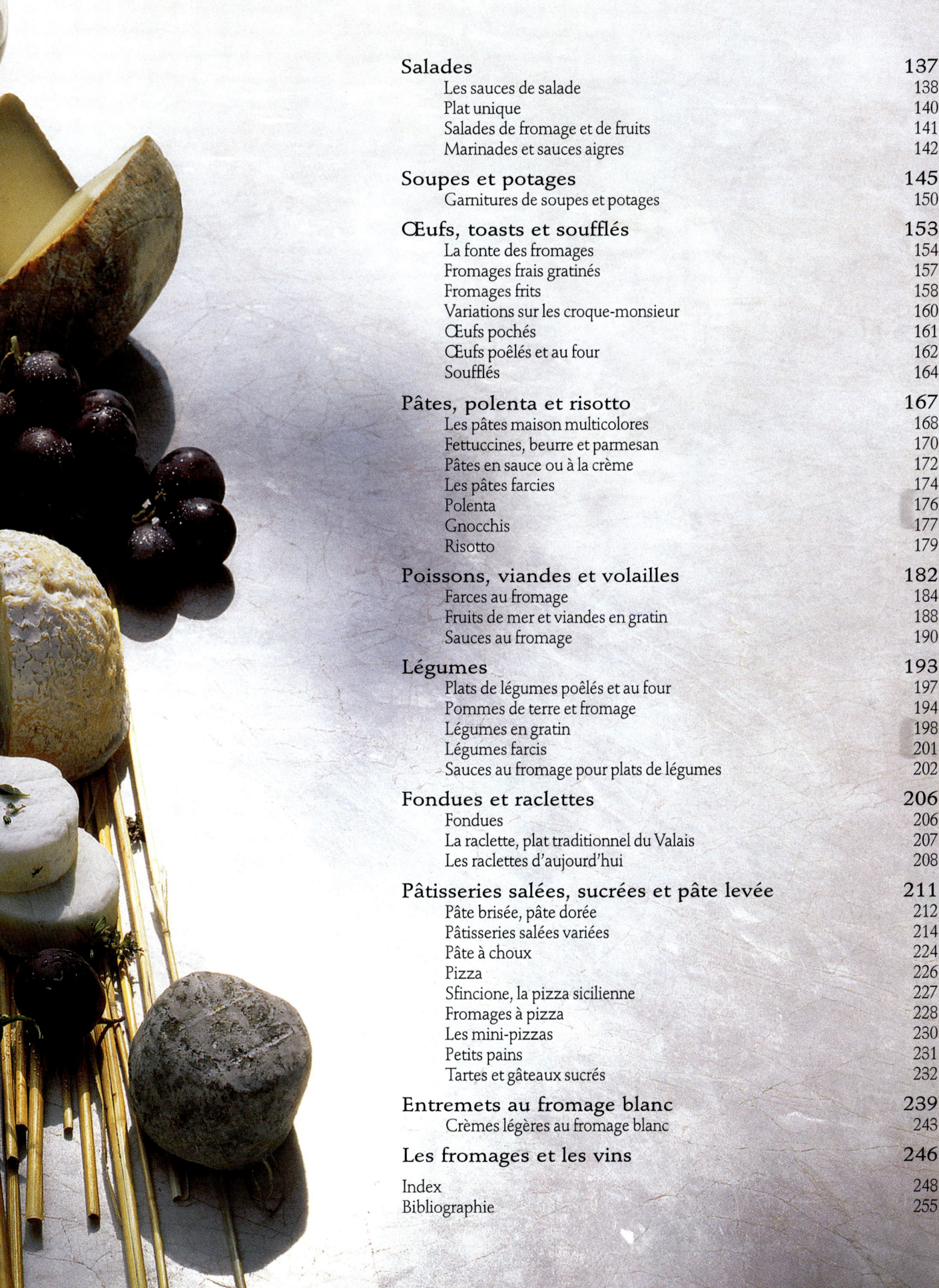

DÉCOUVRIR LE FROMAGE

Les origines du fromage

Quand le fromage a-t-il été découvert ? Bien que les découvertes archéologiques remontent très loin, elles ne nous autorisent pas à avancer une période précise. La seule chose dont l'on soit certain, cependant, c'est que les hommes préhistoriques connaissaient déjà les laitages caillés.

À l'époque, la fabrication d'un aliment si précieux reposait sur trois découvertes capitales ; celles-ci ont d'ailleurs gardé toute leur valeur depuis des millénaires.

Tout a commencé par l'obtention du lait. Depuis plus de 10 000 ans, il fait partie intégrante de l'alimentation humaine. Mais, pour cela, il a bien fallu qu'un jour il vienne à l'idée de quelqu'un que les animaux, qui étaient alors exploités uniquement pour la chasse, pouvaient aussi être domestiqués et utilisés, en donnant du lait, puis de la viande quand le besoin s'en faisait sentir.

Toutefois, les hommes connaissaient les propriétés du lait depuis beaucoup plus longtemps. C'est probablement après en avoir fait offrande à leurs dieux qu'ils s'aperçurent que, au bout d'un certain temps, le lait s'épaississait (du fait de la prolifération de bactéries). Ils ne tardèrent pas alors à se rendre compte que la température ambiante jouait un rôle important dans ce processus : ils constatèrent, en effet, que le lait avait tendance à cailler beaucoup plus vite à proximité d'un feu dans une caverne, ou encore pendant les saisons les plus chaudes. En quelque sorte, ils venaient d'acquérir les premiers rudiments de l'art du fromage. Ces connaissances furent rapidement complétées par d'autres : ainsi, lorsque du lait caillé reposait un certain temps, il était facile de constater que celui-ci devenait plus ferme en même temps que se formait un liquide très fluide. Plus tard, les hommes favorisèrent ce phénomène en plaçant le lait caillé dans des objets en vannerie ou d'autres récipients comportant des trous qui facilitaient l'écoulement du petit-lait. Il en résultait une masse solide et blanche, qui constitue le premier fromage au lait acide : c'est, à peu de chose près, selon le même principe qu'est fabriqué le fromage encore aujourd'hui.

La dernière découverte fondamentale fut celle de la présure. On peut imaginer qu'un jour un chasseur, après avoir tué un jeune animal qui avait été nourri au lait de sa mère, trouva dans l'appareil digestif une masse blanchâtre similaire à celle que l'on obtenait par coagulation du lait. Il en déduisit que l'intérieur de l'estomac – plus précisément, la caillette – avait la propriété de cailler le lait. Sans aucun doute les hommes mirent-ils sans tarder à profit cette découverte fortuite. Encore aujourd'hui, cette présure naturelle reste la meilleure méthode de coagulation.

Les premières représentations qui nous soient parvenues remontent au IIIe millénaire avant notre ère. La plus ancienne illustration montrant comment on recueille le lait, puis comment on le transforme, est la frise d'El Obeid, qui se trouve dans le temple de Ninchursag, déesse des Mésopotamiens.

Quant aux premiers témoignages écrits relatifs au fromage, ils datent des Grecs et des Romains de l'Antiquité. Ainsi, dans l'Iliade, du poète Homère, est évoqué le fait que le lait caille rapidement sous l'action de la présure de figuier : cela prouve que, déjà à l'époque, les hommes utilisaient les propriétés coagulantes de certaines plantes comme le figuier, le caille-lait ou gaillet, ainsi que certaines variétés de chardon. Dans la pièce satirique le Cyclope, d'Euripide, le lait est épaissi

Cette gravure sur bois représente l'étal d'un marchand de fromage sur un marché allemand. Elle est parue au XVe siècle à Mayence, dans Hortus Sanitatis.

Gravure sur bois illustrant la fabrication du fromage, parue en 1548 dans la Schweizer Chronik de l'historien Johannes Stumpf.

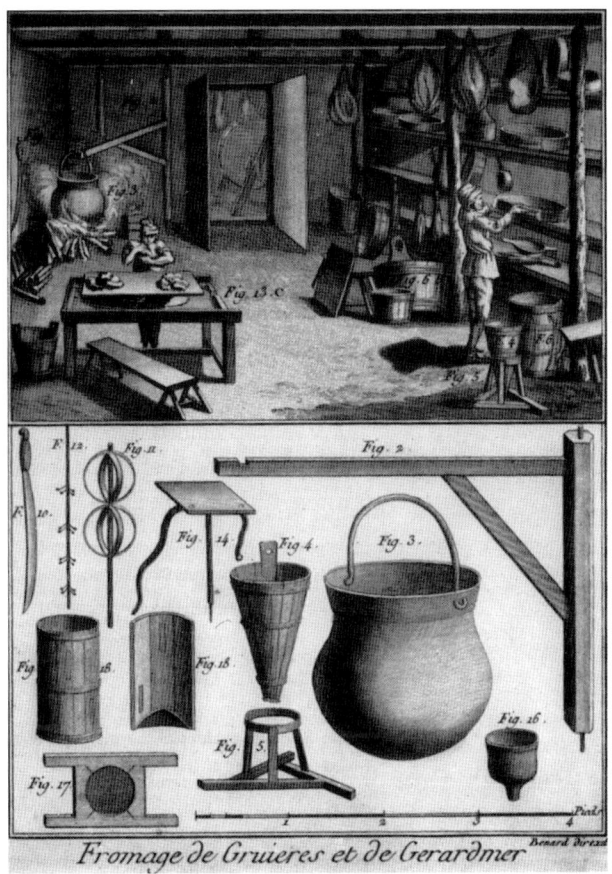

*Fromagerie et ustensiles de fabrication du fromage.
Cette planche, qui date d'environ 1770, illustre
l'Encyclopédie de Diderot et d'Alembert.*

Le lait

Le lait est une sécrétion liquide produite par les glandes mammaires des mammifères. La fabrication du fromage s'effectue avec celui d'espèces domestiques herbivores – la vache, la brebis, la chèvre, la bufflonne, mais aussi les femelles du chameau, du lama, du yack et du renne.

Le lait, qui se compose en général d'environ 85 % d'eau, contient des matières grasses, des substances azotées – principalement des protéines –, du lactose (sucre), des sels minéraux – notamment du calcium et du phosphore –, ainsi que des oligo-éléments, des vitamines et des enzymes.

La consommation de lait est utile à l'organisme humain pour la nutrition et la croissance. Elle permet aussi de renforcer le système immunitaire des nouveau-nés car

avec de la sève de figuier. Dans *l'Odyssée* d'Homère, le cyclope Polyphème remplit des corbeilles avec du lait caillé. Quant à la majestueuse Aphrodite, elle offre du fromage et du miel à Ulysse et à ses compagnons. L'auteur satirique grec Aristophane évoque également le fromage dans un dialogue entre père et fils. Et, en 350 av. J.-C., Aristote mentionne le mélange de laits de brebis et de chèvre en Sicile.

C'est Martial qui nous renseigne sur le raffinement gustatif des Romains de l'Antiquité : le fromage fumé n'est vraiment bon que quand il provient du Velabrum, un quartier situé près de l'Aventin et réputé pour ses produits gastronomiques. Et Plaute parle de *dulciculus caseus* (« petit fromage doux »), ou encore évoque *meus molliculus caseus* (« mon petit fromage si moelleux »).

Le commerce du fromage se pratiquait déjà à l'époque. Les Romains se faisaient acheminer des produits de toutes les provinces de l'Empire, qui englobaient aussi bien Nîmes et la Savoie que la Dalmatie. Ils faisaient aussi venir du caseus alpinus de la Suisse (Rhétie) et de l'Allgäu actuels.

L'histoire des fromages à travers les siècles ferait l'objet d'un développement fort intéressant, mais qui dépasserait le cadre de cet ouvrage. Nous nous sommes limités ici à donner au consommateur les éléments d'information pouvant lui être utiles.

le lait maternel contient un certain nombre d'anticorps. On a mis en évidence une relation directe entre la teneur du lait en protéines et le délai nécessaire pour qu'un bébé atteigne le double de son poids de naissance ; elle conditionne donc la rapidité avec laquelle un nourrisson va franchir cette période critique de son existence.

La qualité du lait peut différer de façon notable d'un animal à un autre. Elle dépend en effet de paramètres naturels tels que la race et l'âge, mais aussi de facteurs tenant aux soins apportés à l'animal ainsi qu'à l'environnement (alimentation, conditions climatiques, déroulement des saisons).

La qualité de la nourriture est tributaire des saisons, ou plus précisément des composants des prairies. En gros, on peut dire que l'herbe est particulièrement savoureuse et parfumée aux époques de la germination (arrivée de jeunes pousses), de la floraison (éclosion des fleurs de prairies) et du regain (herbe d'automne repoussant après la fauchaison). La diversité des saveurs des fromages vient de celles du lait, qui s'enrichit du parfum de végétaux différents d'une région à une autre, et à des périodes différentes de l'année en fonction des conditions climatiques.

Malgré ces spécificités, les différentes sortes de lait présentent des caractéristiques communes au niveau des substances qui les composent : le tableau en bas de la page synthétise les éléments que l'on retrouve dans différents laits utilisés dans l'alimentation humaine. À titre comparatif, le lait de femme présente une faible teneur en protéines et deux fois moins de caséine que de protéines hydrosolubles, c'est-à-dire dissoutes dans l'eau du lait (respectivement 0,3 et 0,6 %, soit un rapport de 0,5).

Les laits de vache, de brebis, de chèvre et de bufflonne jouent un rôle important dans la fabrication du fromage. Mais la disponibilité en lait est limitée par le cycle de lactation des animaux (période de la formation et de la sécrétion du lait). En effet, la période de sécrétion s'étend en moyenne sur 300 jours pour les vaches, 240 pour les chèvres et seulement 150 pour les brebis. Il existe aussi des différences saisonnières d'une région à

une autre, qui concernent principalement la production des laits de brebis et de chèvre. Le rendement en lait de ces animaux a une forte influence sur leur participation dans la production fromagère. En effet, on considère qu'une vache adulte doit donner en un an une quantité de lait représentant au moins dix fois son poids. Selon les races, le rendement annuel est donc compris entre 5 000 et 8 000 kg de lait. Il varie entre 500 et 800 kg pour les chèvres, mais n'est que de 400 à 500 kg pour les brebis.

Les composants du lait ont une importance inégale dans la fabrication du fromage. Le lactose, dont la constitution est identique chez tous les mammifères, est le seul glucide (sucre) qui soit présent en grandes quantités dans le lait, auquel il confère son goût douceâtre. Cette substance est parfois à l'origine de l'intolérance au lait observée chez certains adultes dépourvus de l'enzyme digestive (la lactase) qui en permet l'assimilation. Par rapport à l'extrait sec, ou matière sèche – c'est-à-dire la proportion de matières solides subsistant après complète dessiccation –, le lactose représente respectivement 37, 25 et 40 % dans les laits de vache, de brebis et de chèvre. Toutefois, sa présence dans le fromage est très limitée, car la plus grande partie du sucre contenu dans le lait est transformée par la fermentation au cours du processus de fabrication. Le lactose joue néanmoins un rôle important pour les cultures fromagères, car il constitue un maillon essentiel dans les processus complexes qui conduisent à la formation du fromage. Une longue chaîne de transformations biochimiques du lactose, sous l'action d'enzymes, conduit notamment à la formation d'acide lactique. Ces réactions chimiques successives sont regroupées en deux ensembles nommés « glycolyse » et « fermentation lactique ». Or, la spécificité de nombreux produits fromagers repose sur la parfaite maîtrise de ce processus de fermentation qui permet d'obtenir l'acidité souhaitée, grâce à laquelle le lait cru devient un produit qui se conserve, et ce dans des conditions tout à fait naturelles.

L'importance du groupe des protéines du lait est fondamentale. Parmi celles-ci, deux éléments jouent un grand rôle : la caséine et les protéines du petit-lait, dont

Le même geste millénaire pour la traite, à sept siècles d'écart : ce paysan sicilien d'aujourd'hui (voir photo) qui trait une brebis pour fabriquer du pecorino est fort proche du berger qui, au XIIᵉ siècle, recueillait le lait d'une chèvre.

Espèce animale	Teneur en eau %	Matière sèche %	Teneur en M.G. %	Protéines %	Caséine %	Protéines du petit-lait %	Rapport caséine/ petit-lait	Lactose %	Sels minéraux %
Vache	87,3	12,7	3,7	3,4	2,8	0,6	4,7	4,7	0,7
Brebis	80,7	19,3	7,4	5,5	4,6	0,9	5,1	4,8	1,5
Chèvre	88,7	11,3	3,5	3,4	2,7	0,7	3,8	4,5	0,8
Bufflonne	82,5	17,5	7,6	4,2	3,6	0,6	6,0	4,8	0,9
Chamelle	86,2	13,8	4,5	3,6	2,7	0,9	3,0	5,0	0,7
Lama	83,5	16,5	2,4	7,3	6,2	1,1	5,6	6,0	0,8
Yack	82,1	17,9	6,5	5,8	-	-	-	4,6	1,0
Renne	66,9	33,1	16,9	11,5	-	-	-	2,8	-

la composition et les propriétés diffèrent nettement. La contribution quantitative de la caséine est prépondérante : elle représente en moyenne 80 % dans le lait de vache, 84 % dans le lait de brebis et 79 % dans le lait de chèvre. Cela donne une indication sur la quantité de fromage que l'on peut obtenir avec une quantité déterminée de lait. La caséine constitue la fraction de protéines qui, sous l'action de la présure ou d'un acide, déclenchent la dissociation entre le caillé (solide) et le petit-lait, ou lactosérum (liquide) ; c'est l'opération de coagulation, ou caillage (voir page 10). Au cours de cette étape sont conservés tous les autres éléments du lait, notamment les protéines et les sels minéraux importants, comme le calcium et le phosphore. Les protéines du petit-lait, quant à elles, ne se retrouvent pas, en général, dans le caillé obtenu par les procédés habituels. Elles ne coagulent pas et le fromage n'en comporte que des quantités très réduites. Elles sont particulièrement sensibles à la chaleur, ce qui fixe des limites aux températures d'échauffement du lait. L'aspect blanc laiteux des nombreuses petites micelles de caséine confère au lait sa couleur caractéristique.

La matière grasse du lait est très importante dans la nutrition des nouveau-nés des mammifères. C'est l'alimentation, la race de l'animal et le stade de lactation qui déterminent la teneur en matières grasses du lait. Celles-ci peuvent donc connaître d'importantes variations. Dans le lait frais, la matière grasse se présente sous la forme de petits globules. Elle est essentiellement constituée de lipides appelés « triglycérides », des molécules analogues à celles que l'on trouve notamment dans les graisses animales. La matière grasse joue

un rôle particulièrement important dans la formation d'un arôme et d'un goût caractéristiques puisqu'elle a pour propriété de fixer les parfums.

Les éléments liposolubles, c'est-à-dire dissous dans la matière grasse, sont très importants également. Malgré une présence quantitative très réduite, ils jouent un rôle essentiel en raison de leur action sous forme de vitamines ou de précurseurs de vitamines. On citera les vitamines A, D, E et K, ainsi que le carotène, qui se transforme en vitamine A. Le carotène étant un pigment d'origine exclusivement végétale, la teneur en carotène du lait dépend de la nourriture de l'animal. Ainsi, par exemple, on a constaté que le lait de vache est légèrement plus jaune en été qu'en hiver. En revanche, on ne trouve pas de carotène dans le lait de chèvre, qui est, par conséquent, d'un blanc pur. Par ailleurs, le lait contient un certain nombre d'autres vitamines qui sont solubles dans l'eau, entre autres les vitamines B1, B2, B6, B12 ; en revanche, sa teneur en vitamine C est extrêmement réduite.

Le lait renferme en outre des sels minéraux (calcium, phosphore, magnésium), ainsi que des oligo-éléments tels le zinc, le fer et le cuivre, qui participent à la structure des enzymes et hormones propres au corps humain. La richesse en phosphore et en calcium, substances favorisant la croissance, est fonction de la teneur en caséine. Dans le lait frais, le calcium est lié aux micelles de caséine. Au fur et à mesure de l'acidification (qui s'opère pendant le processus de fermentation lactique déjà évoqué), le calcium se sépare des protéines et passe dans le petit-lait. Dans les fromages dits « au lait acide » (pour lesquels on privilégie le processus d'acidification grâce à l'action de ferments lactiques), la teneur en calcium est donc plus faible. En revanche les fromages dits « à la présure » (pour lesquels la coagulation du lait s'opère principalement sous l'action d'une enzyme digestive, la présure), sont très riches en calcium. Par ailleurs, l'existence de citrate (sel de l'acide citrique) dans le lait permet l'obtention d'un arôme puissant grâce à l'action de certaines bactéries.

La fabrication du fromage

Les fromages – qu'ils soient frais ou qu'ils aient subi différents niveaux de maturation – sont tous des produits élaborés avec du lait caillé. Leur fabrication repose sur la séparation progressive, plus ou moins poussée, des parties liquide et solide du lait, qui précédemment étaient très finement réparties.

Pour simplifier, le principe de base de la fabrication du fromage peut se résumer ainsi :

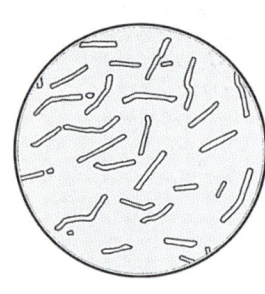

D'un type de fromage à un autre, le lait frais subit divers traitements : on le laisse mûrir, on l'écrème, ou, au contraire, on l'enrichit de crème.

Lait + agent coagulant ⟶ fromage + petit-lait
(présure et/ou acide)

Malgré la très grande diversité des fromages, on peut dire en schématisant que, entre le recueil de lait et le produit fini, il existe six grandes étapes dans la fabrication : le caillage, le travail du caillé, l'égouttage, le moulage, le salage et l'affinage. Selon les variétés, ces phases se déroulent suivant un processus plus ou moins complexe et dans un intervalle de temps très variable.

Le caillage

Si on laisse du lait à température ambiante, on constate que, au bout d'un certain temps, il tourne : ce terme indique tout simplement un caillage du lait, qui peut s'effectuer sans l'intervention d'éléments extérieurs. En revanche, il est possible d'accélérer ce processus par introduction d'enzymes.

Selon les variétés de fromages et les traditions régionales, le lait doit subir ou non une phase de maturation. Pour certains fromages, celui-ci est travaillé juste après la traite, quand il est encore chaud. Pour d'autres, on le laisse reposer quelque temps et mûrir à température ambiante, avant de le traiter dans un délai plus ou moins long. La plupart du temps, on laisse reposer toute la nuit le lait de la traite du soir, et on le mélange, le plus souvent sans l'écrémer, avec le lait frais du lendemain matin.

Au cours de la phase de repos du lait, la crème remonte à la surface ; si, au lieu de la brasser à nouveau, on écume le lait, on diminue sa teneur en matières grasses. Comme cet écrémage n'est pas régulier, on obtient des différences dans la teneur en matières grasses d'un lait à un autre. On distingue le lait entier, le lait demi-écrémé et le lait écrémé ; ce dernier ne contient plus qu'un résidu de matières grasses. Aujourd'hui, pour se conformer aux dispositions légales, la teneur en matières grasses du lait est standardisée.

Dans les fromageries industrielles modernes, le lait cru est soumis à une étape préalable de nettoyage par séparation. Quand le lait n'est pas destiné à être travaillé cru, il subit une phase d'échauffement – thermisation ou pasteurisation. Ce processus doit assurer une hygiène microbiologique par destruction des bactéries. Le lait cru est chauffé, pendant une courte période – 15 à 45 secondes –, à une température comprise entre 70 et 72 °C. Ce traitement thermique assure une meilleure hygiène et une régularité des produits.

La phase de maturation contrôlée s'effectue avec un lait refroidi à une température comprise entre 6 et 12 °C : on ensemence le lait de ferments lactiques (entre 0,05 et 0,5 %), qui provoquent la maturation désirée ; cette étape permet de préparer le caillage au moyen d'une acidification légère. Il est possible de recourir à d'autres ferments. Selon le type de fromage, on en utilise habituellement entre 0,5 et 2,5 %.

On peut diviser les fromages en trois groupes par rapport au processus de coagulation du lait : les fromages au lait acide, les fromages au lait acide et à la présure, et les fromages à la présure.

Les acides (notamment ceux de la fermentation) et les enzymes de la présure ont un puissant pouvoir de coagulation des protéines du lait. La coagulation du lait résulte donc généralement d'un équilibre entre la fermentation et l'action enzymatique de la présure. On peut toutefois ne faire intervenir que les processus de fermentation, à l'aide de ferments lactiques (en particulier des bactéries du genre *Lactobacillus*) : on obtient alors un caillé lactique. Ce phénomène peut s'observer quand on laisse reposer du lait, qui devient acide et épais. C'est de cette façon que sont fabriqués la plupart des fromages au lait acide. Il est possible de parvenir au même résultat par l'action conjuguée de l'acide lactique et de la chaleur (c'est le cas pour la ricotta, par exemple). La plupart des chèvres et des fromages à pâte molle sont fabriqués par coagulation acide avec très peu de présure.

On connaît depuis fort longtemps le pouvoir coagulant de la présure, extraite de la caillette (dernière poche de l'estomac) des jeunes ruminants. Elle contient une enzyme particulièrement puissante, la chymosine, qui intervient aussi dans l'affinage du fromage, car elle participe à la dégradation des protéines. La présure de veau, que l'on trouve sous forme liquide ou pulvérisée, est ajoutée au lait sous forme diluée. La présure de veau du commerce contient en outre de la pepsine d'origine bovine, porcine ou autre. La pepsine est en effet une autre enzyme digestive, dont l'action renforce et complète celle de la chymosine.

Pour certains fromages – par exemple le burgos, un fromage frais de brebis –, le caillage s'opère exclusivement avec des enzymes de la présure. Pour un certain nombre

Les ferments lactiques font mûrir le lait. Ils transforment le lactose en acide lactique, et provoquent un début d'acidification permettant la coagulation.

d'autres fromages, on utilise aussi des succédanés de présure. Il faut enfin mentionner la présure microbienne, dont l'enzyme de caillage et de décomposition des protéines est produite par différentes sortes de bactéries et de moisissures, ainsi que les « présures » d'origine végétale, telles la sève du figuier, du caille-lait, ou gaillet, ou bien du chardon, dont l'utilisation est toutefois limitée. Selon le type de fromage, on peut ajouter à la présure d'autres cultures de maturation, comme des moisissures ou des levures. Pour favoriser le processus de coagulation du lait et l'activité des ferments, l'opération s'effectue généralement, selon la variété, à une température comprise entre 26 et 40 °C. Pour la plupart des fromages, elle se situe entre 30 et 35 °C. Cependant, un certain nombre de produits, notamment les chèvres, sont caillés entre 20 et 25 °C, tandis que certains pecorini et autres fromages le sont entre 35 et 40 °C.

Si l'on ne remue pas le lait pendant la phase de coagulation, on obtient une masse lisse et gélatineuse. En revanche, si on le remue, il se forme une sorte de caillot, composé de flocons de protéines et de matières grasses qui ne contiennent plus qu'une partie du petit-lait. On peut favoriser ce processus de séparation des éléments solides et liquides en poursuivant le traitement : de cette façon, la concentration des protéines de la caséine et des matières grasses augmente progressivement.

Le travail du caillé

Le puisage manuel du caillé (formé principalement par la caséine coagulée) constitue un procédé simple donnant directement du fromage. On le prélève à la louche et on le transfère dans des moules. On obtient ainsi une séparation immédiate du petit-lait, selon un phénomène s'apparentant à ce que l'on peut observer quand on pique du yaourt avec une cuillère. Ce prélèvement à la louche est aujourd'hui encore couramment pratiqué pour les moulages traditionnels, par exemple pour le brie de Meaux, le camembert ou encore les fromages de chèvre.

On peut aussi travailler le caillé en le remuant à la main ou avec une tige. Mais, dans la plupart des cas, il est sys-

Ces harpes pivotantes fragmentent le caillé en morceaux plus ou moins petits selon le type de fromage fabriqué.

tématiquement fractionné en morceaux ayant la taille désirée. Pour cela, on utilise un couteau, une harpe ou un autre instrument de coupe.

La taille des fragments de caillé diffère d'un fromage à un autre : elle a la dimension d'une noisette ou d'un grain de

Le caillé d'emmental est chauffé à 52 °C. Ce traitement thermique produit une rétractation des fragments, qui deviennent donc plus fermes.

maïs pour les produits assez fermes, d'un grain de riz ou de millet pour les pâtes dures. Cela s'explique par le fait que, plus un fragment est gros, plus sa teneur en eau est importante. La grosseur et la fermeté du caillé conditionnent donc la teneur du fromage en matière sèche. Puiser ou fragmenter le caillé au moment propice est donc une opération décisive.

Pour fabriquer bon nombre de fromages, on commence par préparer un caillé médian qui, au cours des opérations de remuement et d'échauffement, rend encore du petit-lait (départ de liquide, séparation du petit-lait). Dans certains cas, on fragmente le caillé à la main ou par un procédé mécanique ; dans d'autres, on poursuit la fermentation jusqu'au degré de contraction voulu. On élève ensuite avec précaution la température des fragments de caillé et du petit-lait, ou l'on ajoute de l'eau très chaude après écoulement partiel de celui-ci. On obtient ainsi une contraction importante du caillé.

L'échauffement du mélange caillé-petit-lait à une température déterminée influe sur la nature du caillé.

Encore aujourd'hui, le prélèvement s'effectue à la main pour certains fromages ; c'est notamment le cas de certaines formes traditionnelles, comme le brie ou le fromage de chèvre.

D'une manière générale, on peut dire que plus la pâte doit être ferme et le caillé présenter de petits fragments, plus l'échauffement subi par le fromage doit être fort. Mais il existe également des fromages à pâte dure ne subissant pas de cuisson. Pour ceux-ci, on fragmente le caillé en tout petits morceaux, ce qui permet d'obtenir une pâte dure dont le caractère est accentué par une importante perte d'eau pendant les phases prolongées de

Le caillé est sorti de la cuve dans une toile, ce qui permet au petit-lait de s'échapper par la trame. Après égouttage, il est pressé avec la toile dans le moule. Cette phase se pratique notamment pour la fabrication des fromages de montagne ou du parmesan.

maturation et d'entreposage. On obtient ainsi des fromages à pâte dure, voire très dure, comme le fiore sardo. Dans la fabrication du gouda, le moulage du caillé s'effectue en deux étapes. On fait d'abord égoutter le mélange caillé-petit-lait dans une cuve de prépressage, où le caillé fait l'objet d'une légère pression avant d'être coupé en morceaux aux formes et dimensions désirées. Un procédé très courant autrefois est encore pratiqué par certains : le traitement de petites quantités de lait dans une cuve qui permet de laisser s'écouler le petit-lait et, ensuite, de fragmenter le caillé en morceaux. Grâce à de nouvelles techniques, il est aujourd'hui possible de procéder à la fois au regroupement du caillé et au pressage léger dans des cylindres verticaux, à l'extrémité inférieure desquels sont découpés des morceaux de caillé aux dimensions souhaitées, qui tombent directement dans des moules placés au-dessous.

Certains fromages à pâte pressée non cuite sont fabriqués de façon différente, selon un procédé appelé « cheddarisation ». Le gâteau de caillé, qui fermente de façon intensive et, donc, rend encore du petit-lait, est brisé en morceaux ; ceux-ci sont entassés les uns sur les autres, puis disposés en couches que l'on intervertit de façon que les fragments situés au-dessous soient pressés par le poids des autres. Pour ce type de fromage, la fermentation du caillé est l'étape essentielle. Elle se prolonge jusqu'à ce que la masse de caillé présente une texture filandreuse proche de celle d'un blanc de volaille. Cette masse est ensuite découpée en morceaux, le plus

Après pressage, le caillé est découpé et placé dans des moules où il sera une nouvelle fois pressé. Ce procédé s'utilise, par exemple, dans la fabrication du gouda.

souvent de façon mécanique. En anglais, ceux-ci portent le nom de *curd* (« caillot », « grumeau »). Pour préparer le colby, fromage anglais proche du cheddar fabriqué également aux États-Unis, on ne pratique pas la cheddarisation. On ne laisse pas les grains de caillé fusionner : au contraire, on les remue jusqu'à ce qu'ils aient atteint le degré souhaité de fermentation, c'est-à-dire l'obtention de la quantité requise en acide lactique, puis on les lave à l'eau. Ensuite, on les sale et on les place dans les moules, où on les presse. Au Canada, on confectionne à peu près de la même façon le *stirred curd* (« caillé remué »), proche du colby, et le *washed curd* (« caillé lavé »), qui ressemble au cheddar.

Il existe encore une autre façon de travailler le caillé : c'est celle qui intervient dans la fabrication des fromages à pâte filée, tels la mozzarella et le provolone. La première étape ne diffère pas des autres techniques : on laisse le caillé se souder en gâteau et fermenter. Ensuite, on rompt celui-ci en morceaux, que l'on ébouillante avec de l'eau ou, parfois, du petit-lait chauffés à une température comprise entre 65 et 75 °C. Ce traitement thermique donne au caillé une consistance élastique, qui favorise le pétrissage. Selon la variété de fromage et les usages régionaux, ce caillé est fractionné et séché, comme le provolone, ou, au contraire, plus riche en eau, telle la mozzarella. La fermentation est plus ou moins longue. Après façonnage, les fromages subissent un refroidissement en réfrigérateur, destiné à raffermir la pâte.

L'égouttage

Après la phase de travail du caillé, celui-ci peut être placé dans des moules directement, ou bien à l'issue d'un certain nombre d'étapes. Dans le premier cas, la totalité du caillé est sortie de la cuve à l'aide d'un linge : c'est ainsi que l'on procède pour le parmesan, l'asiago, les fromages de montagne et, parfois, pour l'emmental. Mais l'égouttage peut aussi se pratiquer selon d'autres procédés : il peut par exemple s'achever dans les moules (c'est le cas de l'emmental). On peut ici aussi laisser écouler le mélange caillé-petit-lait dans de grandes cuves rectangulaires. On obtient ainsi des blocs qui seront ultérieurement pressés, détaillés en morceaux plus petits, puis salés ; ensuite, on les travaille et on les affine. Cette variante technique a été introduite pour le swiss, ainsi que pour les fromages en pains à pâte dure.

Pour les fromages à pâte pressée, du type mimolette ou reblochon, après avoir placé la masse de caillé dans les moules, on laisse se poursuivre l'écoulement du petit-lait, de façon qu'elle se soude. La première opération de pression se produit à ce moment-là, par simple pression de la couche supérieure de caillé sur celle du dessous. Pour les variétés de fromage devant présenter une forte teneur en eau, cette simple pression suffit. La fermeté souhaitée, qui conditionne également la

Lors de la fabrication du cheddar, le caillé est fragmenté en morceaux que l'on empile. La pression s'effectue par le simple poids des morceaux, que l'on déplace régulièrement. Cette phase de pression est concomitante d'une fermentation du caillé.

forme désirée, s'obtient en général dans un délai de 4 à 24 heures. Si l'on souhaite renforcer l'écoulement du petit-lait pour accélérer le regroupement de la masse de caillé, et favoriser ainsi la formation d'une croûte, on soumet le caillé à une pression mécanique. Celle-ci est en général réservée aux fromages à pâte relativement dure, mais elle se pratique aussi pour certains fromages à pâte semi-ferme du genre saint-paulin, qui subissent une pression légère. Avec les presses mécaniques d'aujourd'hui, on peut adapter la presse à la grosseur des fromages et à l'écoulement du petit-lait. Il est important que la pression soit légère au départ, puis qu'on l'accentue de façon progressive. Après le transfert du caillé dans les moules, on renforce l'écoulement du petit-lait, ce phénomène étant favorisé par la poursuite de la fermentation. C'est la raison pour laquelle la face supérieure de nombreuses variétés de fromage, et particulièrement ceux à pâte molle, présente une déformation. Pour pallier cet inconvénient, on retourne les fromages à plusieurs reprises. Un fromage à consistance molle devra être retourné plus fréquemment qu'un autre plus ferme : ce retournement sert principalement à répartir la proportion d'eau dans le fromage de façon homogène, et à contribuer à la formation de la croûte sur chaque face.

Le salage

Dans notre alimentation, le sel est un condiment, mais aussi un agent de conservation et un antiseptique ; pour le fromage, il intervient pendant le processus de fabrication ou à l'issue de celui-ci. Parfois, on sale le caillé avant moulage : c'est le cas pour le cheddar et le colby. Pour certains fromages présentant des yeux – tilsit, par exemple –, on laisse s'écouler la plus grande partie du petit-lait, on mélange du sel au caillé, on façonne les fromages et on les plonge dans une saumure (préparation liquide salée). Pour quelques rares variétés de fromage, le sel est ajouté directement dans le lait : c'est le cas en Égypte, par exemple. Toutefois, on ne retrouve qu'une

partie du sel dans le fromage. Le salage peut également s'effectuer à sec, en saupoudrant du sel sur la surface des fromages : c'est ce qui se pratique pour un certain nombre de bries, mais aussi pour les fromages de chèvre enrobés de cendre – il est alors mélangé à de la poudre de charbon de bois. Les fromages peuvent aussi être frottés avec du sel, puis saupoudrés de sel. Ce traitement peut être répété pendant l'affinage, comme pour le pecorino ou le roquefort.

Mais, pour la majorité des fromages, le salage s'effectue dans une saumure présentant une concentration en sel comprise entre 15 et 20 %. Le salage par saumure est en effet plus rentable ; de plus, il offre l'avantage d'un traitement plus uniforme. La durée de cette phase diffère grandement d'une variété de fromage à une autre : elle varie de 30 minutes à plusieurs jours, parce qu'elle dépend du type de fromage (forme, surface, volume, teneur en matières grasses), ainsi que des caractéristiques de la saumure (concentration, température).

Au cours de l'opération de salage, le sel se concentre dans la couche externe, puis pénètre progressivement à l'intérieur du fromage. La répartition dans toute la masse est atteinte au bout d'un délai qui varie selon les variétés. Pour le cheddar et le colby, fromages pour lesquels c'est le caillé qui est salé, par exemple, cette répartition est obtenue dès le début de la fabrication. Pour le camembert, il faut compter entre 4 et 6 jours. Pour les fromages de taille plus importante, le délai est beaucoup plus élevé : il peut aller de plusieurs semaines à quelques mois. Pour certains fromages, particulièrement ceux « de grande forme » (emmental, gruyère, comté, beaufort, par exemple), le sel participe aussi à la formation d'une croûte. Normalement, le salage intervient quand l'égouttage libre du petit-lait est terminé. Le rôle du sel est essentiel, mais la teneur de celui-ci est régie par des limites définies pour un type de fromage donné. Un certain nombre de fromages, par exemple, peuvent en contenir 2 à 3/10 de plus que d'autres pour renforcer leur goût. Pour la plupart des fromages, cependant, un goût légèrement salé suffit.

L'affinage

Après le moulage et le salage, la plupart des fromages subissent un affinage qui leur permet d'acquérir des qualités particulières de texture, de couleur et de goût. Cette maturation s'effectue généralement dans une cave d'affinage, naturelle ou artificielle. L'atmosphère de ce lieu doit se rapprocher le plus possible des cavernes naturelles utilisées depuis des siècles, comme les caves naturelles de Roquefort-sur-Soulzon, dans l'Aveyron. L'air peut y être chaud et humide, ou au contraire frais. Le climat de la cave est déterminé par la température qui y règne, son degré d'hygrométrie et la ventilation, qui assure le renouvellement de l'air. Si la température peut osciller entre 0 et 25 °C, la plupart des variétés de fromage sont affinées entre 8 et 16 °C. Le taux d'humidité,

L'immersion dans une saumure représente un moyen commode pour saler les blocs de fromage. Sa durée varie d'une variété de fromage à une autre.

Le salage à sec se pratique sur la plupart des fromages à pâte molle.

La fabrication des fromages des Alpes : un art qui se perd

La fabrication traditionnelle des fromages de montagne perd du terrain au profit de méthodes moins contraignantes pour l'homme. Dans les alpages d'altitude, les paysans mettent à profit depuis des siècles la courte période d'activité de la végétation pour fabriquer leurs fromages. C'est dans ce contexte, avec des conditions de fabrication anciennes, que les produits sont les meilleurs. On obtient ainsi un fromage dont le caractère très particulier tient à l'environnement, au court été alpin et, ce qui est loin d'être négligeable, aux hommes qui le fabriquent. Ici, chaque meule est unique.

Paysage de l'Oberland bernois
Cette ferme occupe en été un alpagiste et deux aides. Là-haut, la journée de travail commence très tôt. Le lait du matin est mélangé dans un chaudron avec celui de la veille au soir, qui a été écrémé. On chauffe le mélange, on le coagule, puis on le fragmente. On sort ensuite les morceaux de caillé dans une toile, et on les dépose dans des moules. Les fromages frais sont alors pressés, salés et stockés pour affinage. Ce processus de fabrication exige une grande expérience, ainsi qu'un réel doigté.

Dans les alpages, on vit en autarcie. La crème du lait de la veille sert à la fabrication du beurre, et le petit-lait est, lui aussi, utilisé. Ici, l'alpagiste est occupé à isoler, grâce à l'échauffement, le caillé frais et riche en protéines.

ou hygrométrie, quant à lui, varie de 75 à 98 %, et le plus souvent entre 85 et 95 %. Pendant l'affinage, il se produit un constant échange entre les gaz dus à la fermentation et l'oxygène de l'air. Cet échange est essentiel pour le développement, en particulier, des moisissures dans les fromages à pâte persillée.

Pour la plupart des fromages, on constate couramment, au cours de la phase initiale d'affinage, une continuité de la répartition des principaux composants de la masse du fromage : eau, sel, lactose, acide lactique, ou bien une redistribution de ces derniers, qui demande un délai relativement prolongé. De cette manière sont créées les conditions optimales pour une maturation qui soit le plus régulière possible. L'affinage correspond aux étapes de transformation des composants du lait tels les protéines, les sucres résiduels et les lipides. Il vient à terme quand les caractéristiques désirées du fromage sont obtenues. Dans ce processus, ce sont les enzymes qui jouent le rôle principal. Celles-ci peuvent provenir soit du lait lui-même, soit de divers auxiliaires, par exemple la présure, mais aussi des micro-organismes libérés de façon naturelle et qui parviennent au fromage par l'intermédiaire des instruments, de la saumure ou de l'air ambiant. Les sélections de cultures de fermentation et de maturation, comme les ferments lactiques dans le fromage frais, constituent la principale source d'enzymes. Habituellement, la fleur de maturation se compose de plusieurs groupes de micro-organismes. Il peut s'agir de bactéries d'acide lactique, de bactéries d'acide propionique – pour certains fromages durs –, ou de fleurs comme la levure et les moisissures nobles, blanches ou bleues.

Le rôle de l'affineur

La maturation du fromage, autrement dit le contrôle de son évolution jusqu'à ce qu'il présente les caractéristiques souhaitées, est menée dans les caves d'affinage : elle y est surveillée par un affineur spécialisé. Les techniques appliquées sont encore parfois traditionnelles, notamment dans les régions où le fromage est fabriqué en petites quantités et selon les méthodes d'origine. Dans les fromageries modernes, en revanche, l'affinage fait appel à des connaissances nouvelles et à des techniques sophistiquées. Les soins à apporter pendant cette période sont fonction du type de fromage. Dans tous les cas, il est important de tenir compte de la taille et de la forme des produits, et d'être particulièrement vigilant sur le rapport masse/surface, qui conditionne la durée de l'affinage. Le plus souvent, le travail en cave consiste principalement à surveiller la périphérie du fromage et les conditions ambiantes : température et degré d'hygrométrie. D'une manière générale, au fur et à mesure de l'affinage, il convient de diminuer légèrement la température et d'augmenter le niveau d'hygrométrie pour les fromages mûrissant à partir de la surface. Pour les fromages à pâte dure et

Dans cette fromagerie qui produit du montasio, chaque meule comporte la date de sa fabrication. Les conditions régnant dans les caves d'affinage sont déterminantes pour la qualité des fromages, et diffèrent d'une variété à une autre.

certains à pâte relativement dure, dont la maturation ne s'effectue pas par la surface, le travail est réduit au minimum : enduire la surface ou la recouvrir d'une feuille d'affinage. Le traitement de la surface consiste généralement en un brossage et un lavage avec une saumure. Par ailleurs, tous les fromages doivent être retournés de temps à autre pour garantir un développement régulier de la surface ou pour empêcher d'éventuelles déformations. La maturation peut s'effectuer en même temps dans toute l'épaisseur du fromage, comme pour les fromages à pâte dure et certains à pâte relati-

vement dure, ou se faire progressivement de l'extérieur vers l'intérieur : c'est le cas des fromages à croûte fleurie comme le brie ou le camembert.

À l'issue de l'affinage, chaque fromage correspond à des caractéristiques précises au niveau de l'aspect, de l'arôme, du goût et de la consistance.

Le conditionnement des fromages

Le conditionnement sert avant tout à préserver les qualités d'un produit en le protégeant des influences externes (microbes, lumière, oxygène), du dessèchement et de la perte de ses propriétés aux plans gustatif et olfactif. Mais, à l'inverse, il protège également l'environnement des dégagements d'odeurs, parfois prononcées, de certains aliments comme le fromage, par exemple dans un réfrigérateur. Par ailleurs, il permet une rationalisation de la distribution.

Les fromages « de grande forme » voyagent sans problème, le plus souvent dans des caisses ou des cartons. La dureté de leur croûte leur assure en effet une protection contre les agressions d'ordre mécanique. L'enrobage par cire ou paraffine, qui se pratique habituellement pour certains fromages à pâte relativement ferme, permet également de prévenir les chocs, bien que sa fonction soit essentiellement de limiter la perte de poids observée au cours de l'entreposage. Une fois qu'ils ont atteint le degré de maturation souhaité, les fromages comportant une croûte sont détaillés et vendus à la coupe, ou conditionnés pour la vente au détail.

Traditionnellement, les fromages à pâte molle, tel le coulommiers, sont de dimensions plus restreintes. Leur peau ou leur croûte étant fragile, ils doivent recevoir un emballage qui assure en même temps leur protection. Comme leur maturation est plus rapide que celle des fromages à pâte plus ferme, il faut veiller à ce que leur conditionnement ne compromette pas ce processus, en même temps qu'il les préserve du dessèchement ou de la perte de goût.

Les fromages à croûte lavée, tel le munster, ont un emballage empêchant les échanges d'humidité et gazeux dus à la maturation. Les fromages à croûte fleurie comme le camembert, par exemple, bénéficient de papiers traités. Pour ce type de produits, fragiles, le conditionnement en boîte est important pour garantir une protection de la fleur contre les agressions mécaniques.

Pour les fromages frais et blancs, le conditionnement le plus répandu aujourd'hui est une boîte en plastique moulé. Le plus souvent, les pots sont fermés hermétiquement par une feuille d'aluminium, puis recouverts d'un couvercle que l'on peut facilement enlever et remettre en place. Un certain nombre de fromages frais sont encore conditionnés dans un papier de couleur doublé d'aluminium. Les fromages maigres se présentent aussi sous un polyéthylène transparent.

La croûte naturelle est la protection la plus ancienne des fromages ; de nos jours, on utilise divers matériaux : papier, paraffine, boîtes… Plus un fromage est mou, plus son conditionnement pose de problèmes.

Quant aux fromages fondus, qui ont été créés pour commercialiser des produits à pâte dure qui supportaient mal des séjours prolongés dans une ambiance chaude, il leur faut un conditionnement hermétique.

Les familles de fromages

Traditionnellement, et particulièrement en France, on range les fromages en huit familles :
– Fromages frais (broccio, saint-florentin…).
– Fromages à pâte molle et croûte fleurie (brie, camembert…).
– Fromages à pâte molle et croûte lavée (maroilles, munster…).
– Fromages à pâte persillée (roquefort, bleu d'Auvergne…).
– Fromages à pâte pressée non cuite (cantal, saint-nectaire…).
– Fromages à pâte pressée cuite (abondance, comté…).
– Fromages de chèvre (chabichou du Poitou, selles-sur-cher…).
– Fromages fondus (à base de pâte pressée cuite, de lait et de crème).
Cette classification appelle un certain nombre de commentaires. Tout d'abord, elle s'appuie sur les différentes méthodes de fabrication pour les six premières familles. Les fromages de chèvre constituent une exception, due à la saveur particulière du lait ; on y trouve regroupés aussi bien des produits frais que des fromages moelleux ou au contraire extrêmement secs, ayant donc subi des traitements très différents.
Les fromages de brebis (exclusivement au lait de brebis) peuvent entrer dans toutes ces familles, de même que les fromages au lait mélangé (chèvre-vache, brebis-vache). Par ailleurs, les fromages à pâte filée, dont les principaux représentants proviennent d'Italie (mozzarelle, provolone…), sont des pâtes pressées cuites qui ont reçu un traitement très particulier.
Enfin, il convient d'ajouter à cette liste les fromages au lait acide, qui se consomment en Europe centrale et du Nord.

La consistance des fromages

Le rapport entre la matière sèche et la teneur en eau est un très bon indicateur pour évaluer la consistance de la pâte d'un fromage. La matière sèche, ou extrait sec, est constituée par les matières grasses, les protéines, le lactose, l'acide lactique, les sels minéraux, les vitamines et les enzymes. C'est ce qui reste une fois que l'on a supprimé toute l'humidité. Autrement dit, plus un fromage contient d'eau, plus il est mou ; à l'inverse, plus le pourcentage de matière sèche est important, plus le fromage sera dur. Dans la plupart des pays, il existe des réglementations concernant la limite minimale de matière sèche autorisée par rapport à la teneur maximale en eau.

Au niveau du commerce international, toutefois, on classe les produits selon le pourcentage d'eau dans la masse dégraissée – en anglais « water fat free » –, ce critère étant d'une utilisation plus pratique. On prend en considération tous les éléments composant le fromage, y compris l'eau, à l'exception des matières grasses. Si, par exemple, un fromage titre 25 % de matières grasses, sa matière dégraissée représentera 75 % ; c'est par rapport à ce pourcentage que sera indiquée la proportion d'eau. Celle-ci se détermine facilement, et s'indique aussi en pourcentage. Dans cet exemple, si l'humidité du fromage représente 50 % – ce qui laisse 50 % pour l'extrait sec –, il suffit d'effectuer l'opération suivante : teneur totale en eau multipliée par 100 et divisée par le pourcentage de la matière dégraissée, soit $50 \times 100/75 = 66,66\ \%$.

La teneur en matières grasses

L'appréciation qualitative d'un fromage passe, entre autres critères, par la teneur en matières grasses, qui est primordiale : plus elle est importante, plus la pâte du fromage est souple. Ce qui compte le plus, en l'occurrence, c'est la teneur absolue en matières grasses, car c'est elle qui permet d'évaluer, par exemple, la valeur calorique d'un produit. En effet, le fromage ayant tendance à perdre de son humidité au fil du temps, la proportion de matière sèche (donc aussi de matières grasses) augmente au fur et à mesure de l'entreposage. Mais, dans le même temps, le pourcentage de graisses par rapport à la totalité de l'extrait sec évolue très peu.
La notion de teneur en matières grasses fut ébauchée dans les années 1880, puis reprise par la législation de

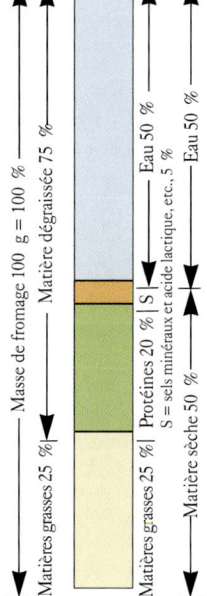

Où sont fabriqués les fromages ?

Fermier	fabriqué à la ferme, avec le lait de l'exploitation
Artisanal	fabriqué à la ferme avec aussi le lait d'autres fermiers
Laitier	fabriqué en laiterie ou en fromagerie avec le lait de collecte

Normes FAO/OMS

Types de fromage	Teneur en eau dans la matière dégraissée
Fromages à pâte très dure	moins de 51 %
Fromages à pâte dure	49 à 56 %
Fromages à pâte demi-dure	54 à 63 %
Fromage à pâte demi-molle	61 à 69 %
Fromages à pâte molle	plus de 67 %

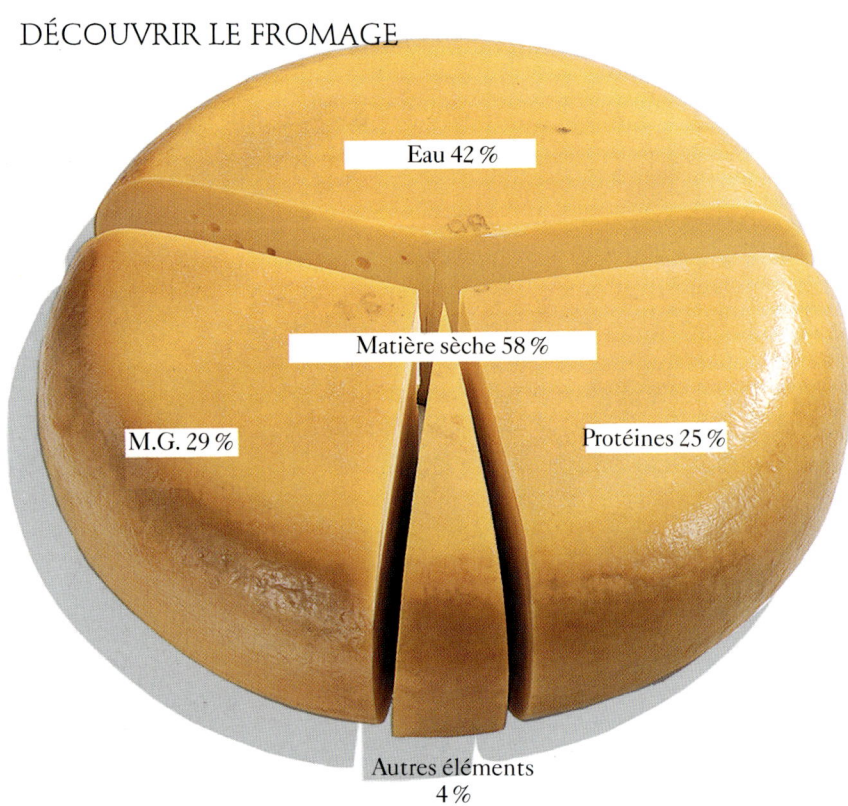

Eau 42 %

Matière sèche 58 %

M.G. 29 %

Protéines 25 %

Autres éléments
4 %

La composition d'un gouda, 10 jours après fabrication.
Il contient 42% d'eau pour, donc, 58% de matière sèche.
Les matières grasses représentent 29% de l'ensemble, soit
50% de l'extrait sec (29% × 100/58%).

façon approximative en fonction des types de fromage : il suffit de multiplier la teneur en matières grasses par un coefficient – 0,7 pour les fromages à pâte dure, 0,6 pour ceux à pâte mi-dure ou mi-ferme, 0,5 pour ceux à pâte molle, 0,3 pour les fromages frais. On peut retenir que, d'une manière générale, le pourcentage des matières grasses sur l'ensemble du fromage (matière sèche + eau) représente environ la moitié de la teneur en M.G. indiquée, et environ un tiers pour les fromages frais.

La protection légale des fromages

L'encadrement légal des fromages est une préoccupation très ancienne, puisque dès 1411 une charte royale accorda une protection aux fromages fabriqués autour de Roquefort. Différents tribunaux précisèrent les contours de cette protection, de façon empirique : pour reprendre l'exemple du roquefort, c'est une décision de justice qui lui conféra en 1921 une appellation d'origine, confirmée par une loi en 1925. Aujourd'hui, depuis ces lois de 1955 et 1973, ce ne sont plus les magistrats qui en décident : l'AOC fait l'objet d'un décret après proposition de l'INAO, Institut national des appellations d'origine.

différents pays. L'abréviation M.G. signifie « matières grasses dans la matière sèche ». Si l'on retranche son humidité du poids total d'un fromage, on obtient un extrait sec dont la proportion des composants varie extrêmement peu, à l'inverse d'un composant dans lequel on retiendrait l'eau. On dispose alors d'un indicateur fiable : le pourcentage de matières grasses par rapport à l'extrait sec, c'est-à-dire après dessiccation complète.

Cette valeur renseigne en même temps sur la qualité d'un fromage, dans la mesure où le niveau de matières grasses est un indicateur de la souplesse d'une pâte, et de son arôme. On voit, sur le schéma en marge page 17, que la matière sèche est composée de graisses, de protéines, de sels et d'autres éléments solides. Prenons l'exemple de camemberts ayant respectivement un pourcentage de matières grasses dans la matière sèche de 30 et 45 %. Le produit à 30 % présente une pâte encore un peu ferme ; celle du fromage à 45 % sera nettement plus souple, et tendra vers une structure plus crémeuse à mesure que la teneur en M.G. augmentera. Toutefois, les techniques actuelles permettent de plus en plus d'obtenir une pâte de souplesse comparable pour deux fromages présentant des teneurs en matières grasses différentes. Un consommateur soucieux de diététique peut trouver sur les étiquettes des fromages allégés, non seulement la teneur en M.G., mais également la teneur absolue de matière humide. Au cas où cette indication manquerait, il est facile de l'évaluer de

Teneur en matières grasses : classification internationale

Pays	Désignation	Abréviation
Allemagne	Fett in der Trockenmasse	Fett i. Tr.
Australie	Fat in dry matter	fdm
Autriche	Fettgehalt in der Trockenmasse	Fi.T.
Belgique	Matière grasse dans la matière sèche	M.G./M.S. (V./D.S.)
Canada	Matière grasse de lait en substance sèche	Gras sur sec/Gss (F.D.B.)
Danemark	Fedt i tørstof	Fedt i t.
Espagne	Materia grassa sobre extracto seco	M.G. sobre E.S., ou M.G/E.S.
France	% de matière grasse	mat. gr. ou M.G.
Italie	Grasso sul secco	g.s.s.
Norvège	Fett i tørrstoffet	F/T
Nouvelle-Zélande	Fat in dry matter	FDM
Pays-Bas	Vet in droge stof	V.D.S.
République tchèque et Slovaquie	Tuk v susine	tvs
Royaume-Uni	Fat in dry matter	FDM
Russie (ex-URSS)	Sodernazie zira v suchom vescestve	
Suède	Fetthalt i torrsubstans	fett i. totts.
Suisse alémanique	Fett in der Trockenmasse Fett i. T.	
États-Unis	Fat in dry matter	fdm

Dans un nombre limité de pays, mais aussi dans les relations internationales, la teneur en matières grasses s'exprime par un +. Par exemple : « Blue 50 + », « Edam 40 + », « Kaas 48 + », « Svecia 45 + », « Ost F. 45 + », ou encore « 28 % fett (F 45 +) ».

18

Ce décret précise les points suivants :
– le terroir ;
– les conditions de production : type de lait, techniques de fabrication et d'affinage ;
– les caractéristiques du produit fini : présentation (dimensions et poids), aspect, consistance, qualités gustatives, pourcentage minimal d'extrait sec et de matières grasses ;
– les modalités de contrôle de conformité.
L'AOC assure donc une garantie au consommateur, tout en protégeant les producteurs de toute concurrence déloyale sur une appellation. Toutefois, il convient d'en préciser les limites :
– Même si des dossiers sont constamment en instance pour que certains produits bénéficient d'une protection, il n'existe actuellement que 34 fromages AOC en France.
– Certains fromages, bien que parfaitement savoureux, ne bénéficieront jamais d'une AOC (aire de production trop grande, présentations trop variées, etc.). En conséquence, il ne s'agit pas d'un critère absolu de qualité.
– Un fromage AOC n'est pas forcément fermier : il peut parfaitement être produit de façon industrielle.

La qualité d'un fromage

Les critères d'évaluation d'un fromage varient d'un consommateur à un autre, en fonction des attentes de chacun. Ils dépendent des goûts personnels et de l'utilisation que l'on compte faire du produit.
Prenons l'exemple d'un gouda. Comme tous les fromages, celui-ci subit un processus de maturation plus ou moins long. Il peut être consommé à partir d'un certain âge ; au-delà, on trouve des produits présentant des niveaux d'affinage différents.
– Le gouda jeune (affinage de 6 mois au minimum) offre une pâte souple et une saveur douce ; le fait qu'il ne ménage aucune surprise en fait son principal atout.
– Pour un gouda d'environ 4 mois, la pâte s'est nettement raffermie, et le fromage se détaille facilement en tranches ; il a pris son goût caractéristique, prononcé. La perte d'humidité s'est traduite par une diminution de son poids, au profit d'une valorisation du produit ; un amateur de fromages le trouvera parfaitement à son goût.
– Au bout de 9 mois et plus, le gouda est vieux, et convient parfaitement à une personne appréciant un goût puissamment marqué et parfumé.
Dans cet exemple, les divers degrés d'affinage correspondent à des propriétés gustatives différentes et, donc, à des groupes distincts de consommateurs. Mais, pour d'autres fromages, des critères différents interviennent. Ainsi, par exemple, si une personne est habituée à l'aspect et au goût d'un camembert peu fait, elle trouvera trop fort un fromage à maturité ; à l'inverse, celui-ci en ravira d'autres par son goût prononcé.
Indépendamment de ses préférences personnelles, le consommateur dispose de nombreux éléments lui permettant d'évaluer la qualité d'un fromage. Le premier d'entre eux est son aspect extérieur. Celui-ci doit être caractéristique de la variété considérée, avec une croûte uniforme sans crevasses ni défauts. Pour les fromages enrobés de cire ou à croûte articielle, cette appréciation ne peut s'effectuer qu'une fois retiré le conditionnement. La surface de ce type de fromage doit être sèche – jamais humide ni recouverte de moisissure. La cire, les enrobages artificiels et les colorants doivent se détacher ou se gratter aisément. La paraffine ne doit pas être friable, auquel cas on l'écarterait avant la coupe pour éviter qu'elle ne vienne en contact avec la pâte. En ce qui concerne principalement les fromages vieux à pâte dure ou mi-ferme, la croûte qui s'est notablement épaissie ne sera pas rêche ni ne s'émiettera, car elle serait alors susceptible de ne pas faire barrage aux cirons – des acariens.
Pour les produits de petite taille, et notamment ceux à pâte molle, l'intérieur ne se découvre qu'une fois le fromage acheté et sorti de sa boîte. Il est toutefois possible, pour un certain nombre de fromages de consistance relativement molle, d'en évaluer la souplesse d'une pression du doigt à travers le papier de protection. Toutefois, cette méthode ne permet pas d'estimer quelle est la structure de la pâte, alors qu'il s'agit d'un critère essentiel. Ce n'est qu'en bouche qu'elle se révélera, grâce aux nerfs tactiles. Sauf pour certains fromages vieux à pâte pressée cuite, un bon fromage doit en quelque sorte glisser sur la langue, sans jamais laisser une sensation de rugosité. Il est également important de ne pas négliger des points tels que la souplesse, la facilité de découpe, le caractère moelleux, poisseux, voire collant d'un produit, toutes qualités qui déterminent si une coupe peut être bien franche et lisse, sans graisser le couteau ou l'instrument utilisé. En la matière, il existe des différences considérables parmi les fromages à pâte mi-dure ou mi-ferme. Pour ceux-ci ainsi que pour ceux à pâte dure, il est possible de juger à l'étal si l'entame est encore fraîche, la pâte pas trop sèche, les trous caractéristiques, la couleur agréable et la consistance appétissante.
En outre, il ne faut pas négliger l'action néfaste de la lumière sur la plupart des aliments. En ce qui concerne les fromages, il convient de protéger en priorité les variétés les plus grasses. Les produits qui sont restés trop longtemps sur des rayonnages, exposés à la lumière dans un conditionnement transparent, ont d'ailleurs un goût particulier.
Chez les fromages vieux à pâte dure, et tout particulièrement ceux à râper, on constate parfois des particules caractéristiques, souvent appelées « cristaux de sel » ; il s'agit généralement de conglomérats naturels d'acides aminés qui se forment à la maturation. Il est important d'en tenir compte pour les fromages destinés à être râpés, car un produit entreposé trop longtemps risque de prendre un goût de rance ou de suif du fait de la dégradation des graisses.

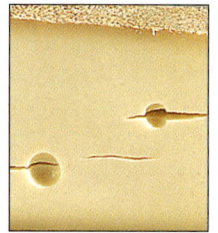

Ces fissures dans la pâte d'un fromage de montagne sont imputables à de mauvaises conditions de conservation, au réfrigérateur, qui ont entraîné un dessèchement de la pâte.

La moisissure verte de ce cheddar n'est pas normale, pas plus d'ailleurs qu'elle ne le serait sur un autre fromage à pâte dure ou demi-dure.

La moisissure est souhaitée ou même indispensable pour certaines variétés de fromage. Toutefois, sur la surface de ce fromage de chèvre, on constate une « peau de crapaud ». Ce défaut peut provenir soit d'un affinage à température trop élevée, soit d'un salage insuffisant.

**Composition de différents fromages
pour 100 g**

Type de fromage	Protéines g	Matières grasses g	Glucides g	Calcium (Ca) mg	Phosphore (P) mg	Sel (NaCl) g	Matière sèche g	Eau g	M.G. %	kJ	kcal
Sbrinz 48 %	32,0	33,0	+	1 200	700	2,0	70,0	30,0	47,1	1 833	438
Parmesan 32 %	35,6	25,8	+	1 290	848	2,0	70,4	29,6	36,6	1 634	389
Emmental 45 %	27,8	29,3	+	1 180	860	0,8	63,6	36,4	46,1	1 617	386
Comté	29,2	31,3	+	985	755	0,3	63,5	36,5	49,4	1 655	399
Pâte dure 30 %	27,0	17,0	+	790	555	1,7	55,2	44,8	30,8	1 125	268
Cheddar 48 %	26,6	32,0	+	820	540	1,8	63,0	37,0	50,8	1 655	394
Gouda 48 %	27,0	29,6	+	840	470	2,5	59,8	40,2	49,5	1 615	385
Gouda 30 %	26,4	16,2	+	800	570	1,9	50,9	49,1	31,8	1 112	266
Tilsit 45 %	26,3	27,7	+	858	522	1,8	59,4	40,6	46,6	1 499	357
Tilsit 30 %	28,7	17,2	+	830	580	2,0	53,8	46,2	32,0	1 184	282
Cantal	23	30,4	+	1 022	590	0,9	57,7	42,3	52,8	1 519	366
Danbo 45 %	23,2	25,4	+	750	500	1,5	55,0	45,0	46,2	1 435	343
Saint-paulin %	24,0	29,0	+	650	360	2,0	58,0	42,0	50,0	1 527	365
Edelpilz 50 %	21,1	29,8	+	526	362	3,5	57,2	42,8	52,1	1 542	368
Roquefort	18,7	32,8	+	600	431	1,6	58,7	41,2	55,9	1 532	370
Camembert 45 %	20,1	21,8	+	470	380	1,8	47,0	53,0	46,4	1 225	293
Brie 45 %	17,0	20,9	+	185	190	2,7	43,0	57,0	48,6	1 100	263
Munster-géromé 45 %	21,0	24,0	+	222	180	1,9	54,0	46,0	44,4	1 347	322
Maroilles	20,4	28,5	+	800	550	1	53,8	46,2	52,8	1 400	338
Limbourg 40 %	22,4	19,7	+	534	256	2,2	48,3	51,7	40,8	1 156	275
Crottin de chèvre	19,8	31,9	+	120	340	0,5	57,6	42,4	55,1	1519	367
Fromage blanc 0 %	7,5	0,2	3,9	126	50	-	13,7	86,3	1,2	197	41
Fromage blanc 20 %	8,5	3,4	3,6	124	60	-	16,3	83,7	21	328	78
Fromage blanc 40 %	7,7	8	3,4	111	104	-	19,5	86,5	41	498	120
Petit-suisse 60 %	9,4	20,0	2,9	110	100	-	33,0	67,0	60,6	939	224
F. frais demi-sel	15,4	13,4	+	84	95	0,6	33,2	66,8	40,3	794	191
Burgos 50 %	16,0	24,0	1,6	622	385	0,5	46,0	54,0	52,1	1 197	286
Gjetost 35 %	11,1	29,6	37,0	52	340	1,0	82,0	18,0	36,1	1 928	459

+ = quantités infinitésimales de glucides.
Sources : AID - Renner - Souci, Fachmann, Kraut - Peters

Dans les conditionnements individuels en portions de ces fromages bleus, l'eau salée exsude quand le produit est trop ancien. Les produits les plus sensibles sont sans aucun doute les fromages à pâte molle car tous les fromages de ce type mûrissent rapidement. C'est la raison pour laquelle il est toujours préférable d'acheter ce genre de produits chez un fromager dont on est certain qu'il traite sa marchandise avec tout le savoir-faire nécessaire.

Le fromage et la santé

Le lait et ses produits dérivés apportent une contribution essentielle à une alimentation saine. La très grande diversité des fromages permet aujourd'hui à chacun d'intégrer commodément ces aliments si précieux dans un programme nutritionnel. Ceux-ci sont particulièrement intéressants du fait de leur teneur en calcium et en protéines, mais aussi en matières grasses et en vitamines. Dans nos sociétés, l'apport en graisses est parfois excessif. Pour autant, cela ne justifie pas que l'on dédaigne les matières grasses du lait, qui se retrouvent dans le fromage, car on mange habituellement le fromage avec du pain qui, lui, au contraire, est dépourvu de graisses : l'association pain-fromage est fort bien équilibrée. Par ailleurs, le fromage offre l'avantage d'apporter en quantités suffisantes des vitamines A et E, qui sont liposolubles (c'est-à-dire qui sont dissoutes dans les graisses, ou lipides, des aliments). Par ailleurs, le fromage ne fournit qu'une faible proportion de la consommation totale de matières grasses. Seules les personnes souffrant d'obésité ou d'hypercholestérolémie (excès de cholestérol dans le sang) devront en limiter la consommation. En fait, l'essentiel est d'adopter un régime alimentaire adapté aux besoins de chacun. Chercher à éviter les graisses ne justifie pas que l'on se prive du plaisir procuré par le fromage : cet aliment offre, par rapport à la plupart des autres produits, l'avantage de fournir au consommateur des indications parfaitement claires sur sa teneur en matières grasses.

Les protéines sont des éléments très importants au plan biologique, car elles jouent un rôle essentiel dans le fonctionnement de chacune des cellules de notre corps. Celles que l'on trouve dans le lait et ses produits dérivés sont aussi utiles à l'organisme que celles de la viande, des volailles, des poissons et des œufs. Chez un adulte, 100 g de fromage à pâte molle ou à pâte dure couvrent respectivement 35 et 45 % des besoins quotidiens en protéines. Le fromage contient tous les acides aminés qui nous sont vitaux, tout particulièrement la lysine (nécessaire pour la croissance), et complète donc bien l'apport assuré par les protéines végétales comme celles contenues dans le pain ou les autres aliments d'origine céréalière ; la tartine, ou le sandwich, au fromage, ainsi que les pâtes au fromage râpé constituent des mets de haute qualité en ce qui concerne ces précieuses protéines. En outre, ces associations pain-fromage ou pâtes-fromage râpé représentent un excellent équilibre entre les glucides (les sucres lents) du pain ou des pâtes et les lipides (ou matières grasses) du fromage ; il en va de même lorsqu'on remplace les pâtes par du riz, des pommes de terre ou un autre féculent.

La phase d'affinage peut s'analyser en une sorte de pré-digestion qui rend le fromage plus facile à assimiler. Au cours du processus qui conduit du lait au fromage, le lactose se transforme en acide lactique ; de ce fait, le fromage est le plus souvent facile à digérer, même par les individus qui supportent mal le lactose du lait. En outre, durant la période d'affinage, les protéines et les matières grasses du lait subissent des transformations par les bactéries lactiques ou par les moisissures ajoutées ; il en résulte la formation de nombreuses molécules qui détermineront la consistance, l'odeur et la saveur du fromage.

La teneur en glucides est négligeable dans les fromages, d'où l'intérêt de leur association à des aliments qui en sont riches (pain, féculents).

Par ailleurs, le fromage offre une forte teneur en sels minéraux et surtout en calcium. 100 g de fromage à pâte molle assurent entre 30 et 40 % de nos besoins quotidiens ; 100 g de fromage à pâte dure, particulièrement riche en calcium, peuvent les couvrir en totalité. Le fromage fait donc partie des aliments à recommander aux enfants et aux adolescents, pour leur croissance osseuse ; aux femmes enceintes ou qui allaitent, pour assurer les besoins du fœtus puis du nourrisson ; aux personnes âgées, pour ralentir l'évolution de l'ostéo-

porose et réduire le risque de fracture. Quant aux besoins quotidiens en phosphore, les mêmes quantités de fromage permettent de les assurer entre 12 et 20 % (pâtes molles), et entre 40 et 50 % (pâtes dures).

Comme les autres produits à base de lait, le fromage est efficace dans la prévention des caries. Par sa teneur en protéines et en sels minéraux, il diminue en effet l'acidité de la salive. La consommation de fromage en fin de repas prend donc ici toute sa justification. Mais, outre le calcium et le phosphore, il apporte aussi d'autres sels minéraux, dans des quantités variables selon sa catégorie : 2,9 à 11,7 g/kg de sodium, 0,7 à 1,5 g/kg de potassium, 1,5 à 15 g/kg de chlore, 0,2 à 0,6 g/kg de magnésium. Il assure également un apport en oligo-éléments, notamment en fer (1 à 11,7 mg/kg), en cuivre (0,2 à 3,6 mg/kg) et en zinc (2,7 à 3,7 mg/kg).

La quantité de vitamines liposolubles est fonction de la teneur en matières grasses. 80 à 85 % de la vitamine A du lait passent dans le fromage, tandis que ce pourcentage est nettement inférieur pour les vitamines solubles dans l'eau du groupe B. Un certain nombre de fromages à moisissures offrent une plus forte teneur en vitamines B que les autres variétés ; c'est le cas des bleus, dont certains peuvent contenir jusqu'à 30 mg de vitamine B3 par kilo.

Quant au sel contenu dans le fromage, il est affaire de quantité. Les sollicitations importantes de l'organisme liées à une perte considérable de sel par le mécanisme de la transpiration (effort physique important, chaleur ambiante) doivent être compensées par un apport ; mais la diététique recommande une absorption limitée de sel car notre alimentation est déjà trop riche en sel, ce qui favorise l'hypertension artérielle. Ici encore, la diversité des fromages permet à chacun de faire son choix en fonction de ses priorités. On notera d'ailleurs que, pour répondre à l'attente des consommateurs, la teneur en sel a tendance à régresser.

Aérobie : terme qualifiant les micro-organismes (bactéries, moisissures…) ayant besoin d'oxygène pour se développer, par exemple le *Penicillium roqueforti.*

Affinage : ensemble des opérations postérieures au démoulage d'un fromage, et destinées à le faire parvenir au degré de maturation souhaité.

Affineur : personne chargée de l'affinage, soit sur le lieu de production, soit dans des caves séparées.

Artisanal : terme qualifiant un fromage fabriqué à la ferme, avec le lait de l'exploitation ou celui d'autres fermiers.

Birou : Dans la région de Roquefort, terme désignant l'aiguille dont on traverse la pâte des fromages afin d'y permettre la circulation de l'oxygène.

Bonde : fromage cylindrique rappelant la bonde d'un tonneau ; ce terme désigne également une variété particulière de fromages du pays de Bray.

Buron : en Auvergne, construction servant autrefois à la fabrication de fromages lors de l'estivage.

Cacio ou **caccio**, ou **cascio :** terme italien dérivé du latin *caseus* (« fromage »), et que l'on retrouve dans un certain nombre de dénominations : caciocavallo, caciotta, casciotta d'Urbino…

Caillage : première opération de la fabrication des fromages par laquelle, sous l'action de la présure ou d'une fermentation, le lait se sépare en éléments solides et liquides. Synonyme de coagulation.

Caillé : partie solide du lait qui se dissocie du petit-lait, liquide, à la suite de la coagulation.

Caséine : protéines particulières du lait réparties en suspension sous forme d'amas miscroscopiques (les micelles) dans le petit-lait. C'est la caséine qui donne au lait sa couleur blanche. C'est elle aussi qui a la propriété de coaguler et de se séparer du petit-lait pour donner le caillé.

Cendré : désigne des fromages (en général des chèvres) recouverts de cendre de charbon de bois.

Chalet : dans le Jura et les Alpes, construction servant à la fabrication de fromages en estive.

Coagulum : synonyme de caillé.

Cru : se dit d'un lait n'ayant subi aucun traitement sauf la réfrigération après la traite.

Cuite : se dit d'une pâte obtenue après chauffage du mélange caillé-petit-lait.

Cumin *(Cuminum cyminum)* : plante ombellifère aromatique dont les graines sont utilisées pour aromatiser certains fromages, dont le munster ou le gouda.

Double-crème : appellation réglementaire désignant un fromage titrant au minimum 60% de M.G.

Emprésurage : addition de présure au lait pour faire cailler celui-ci.

Ensemencement : opération consistant à introduire des souches de moisissures ou des ferments lactiques lors de la fabrication d'un fromage.

Entier : se dit d'un lait n'ayant subi aucun écrémage.

Enzyme : catalyseur protéique qui active une réaction biochimique, par exemple la transformation du lactose en acide lactique.

Estivage ou **estive :** période d'été pendant laquelle les troupeaux sont transférés en moyenne ou en haute montagne.

Extrait sec voir **Matière sèche**

Faisselle : moule percé de trous permettant l'égouttage du caillé et qui donne sa forme au fromage.

Fermée : adjectif qualifiant une pâte peu pourvue ou totalement dépourvue de trous.

Ferment : micro-organismes permettant de conduire la fermentation du lait.

Fermentation : processus de dégradation anaérobie (c'est-à-dire en l'absence d'oxygène) par des micro-organismes. Selon l'acide obtenu, on parlera de fermentation lactique, propionique, butyrique, etc.

Fermier : terme qualifiant un fromage fabriqué à la ferme, avec le lait de l'exploitation.

Filée : se dit d'une pâte obtenue à partir d'un caillé rendu élastique par pétrissage et qui donne des fils. Les principaux représentants des fromages à pâte filée sont italiens : mozzarelle, provolone, caciocavallo.

Fleur : ensemble des micro-organismes intervenant en superficie, lors de l'affinage d'un fromage à croûte fleurie.

Fruitière : terme désignant le lieu de production du fromage dans le Jura, en Savoie et en Suisse.

Hâloir : lieu ventilé destiné à l'égouttage des fromages à pâte molle avant transfert en cave d'affinage.

Lactosérum ou **sérum :** synonyme de petit-lait.

Laitier : terme qualifiant un fromage fabriqué dans une laiterie ou dans une fromagerie avec le lait de collecte.

Lénure ou **lainure :** fissure fine se formant dans la pâte du beaufort, fromage à pâte pressée cuite, lors de l'affinage.

Macéré : se dit d'un fromage qui a été immergé dans un liquide pendant une durée suffisante pour en modifier l'affinage et la saveur.

Matière sèche ou **extrait sec :** terme désignant l'ensemble des composants d'un fromage, à l'exception de l'eau ; c'est sur celui-ci qu'est calculée la teneur en matière grasse.

M.G. : abréviation pour matières grasses.

Micelle : forme sous laquelle se présente la caséine, principale protéine du lait.

Moisissure : champignon intervenant dans la fabrication et l'affinage de certains fromages. Les principales souches utilisées sont le *Penicillium candidum* et le *Penicillium roqueforti.*

Morgée : croûte rendue poisseuse par frottement d'un fromage avec une saumure lors de son affinage.

Œil : terme désignant les trous dans la pâte d'un fromage de type emmental.

Origine : certains fromages ont une appellation qui les protège légalement, moyennant une restriction du terroir de production à une zone clairement délimitée et le respect de certains procédés de fabrication. En France, l'Appellation d'origine contrôlée (AOC) protège ainsi 34 fromages (au 1er janvier 1998). À l'AOC française correspondent en Italie la DOC (Denominazione di origine controllata), en Espagne l'AO (Apelación original).

Ouverte : adjectif qualifiant une pâte présentant des trous, ou ouvertures, ou yeux.

Paillon : petit matelas de paille utilisé traditionnellement pour disposer certains fromages à la vente, les bries par exemple.

Pasteurisation : opération destinée à la destruction de germes consistant à échauffer le lait cru à une température de 70 à 72 °C pendant une courte durée.

Penicillium : moisissure servant à l'ensemencement des fromages à pâte molle et croûte fleurie *(Penicillium candidum)* ou de ceux à pâte persillée *(Penicillium glaucum,* et *roqueforti* pour le roquefort).

Petit-lait : partie liquide du lait qui s'écoule après coagulation. Synonyme de sérum ou lactosérum.

pH : indice mesurant le caractère plus ou moins acide ou basique d'un produit solide ou liquide.

Présure : enzyme présente dans la caillette du veau et d'autres jeunes ruminants, utilisée pour activer la coagulation du lait. Il existe également des « présures » d'origine végétale (sèves de figuier, caille-lait et certains chardons).

Rocou : plante tinctoriale originaire d'Amérique du Sud pouvant servir de colorant rouge alimentaire, notamment pour la pâte des fromages de Chester et de Hollande, ainsi que pour la croûte de fromages à croûte lavée (maroilles, munster, etc.).

Rompage : fragmentation des morceaux de caillé avant moulage.

Sauge : plante aromatique dont les feuilles sont utilisées pour envelopper certains fromages.

Saumure : solution saline (entre 15 et 20 %) dans laquelle on immerge un fromage jusqu'à ce qu'il ait atteint le niveau de salinité requis.

Sérum ou **lactosérum :** synonyme de petit-lait.

Talon : rebord et partie verticale d'un fromage.

Thermisation : échauffement du lait cru entre 63 et 68 °C pendant une courte période.

Triple-crème : appellation réglementaire désignant un fromage titrant au minimum 75 % de M.G. dans la matière sèche.

Ultrafiltration : nouveau procédé parfois utilisé en fromagerie consistant à filtrer le lait à travers de très fines membranes pour en séparer les éléments que l'on souhaite conserver (protéines, matières grasses).

Zieger : terme allemand désignant une recuite, correspondant au principe de la ricotta italienne. En Suisse alémanique, *ziger.*

LES FROMAGES DU MONDE

Naguère, le terme de « fromage » servait à désigner les produits qui étaient disponibles localement et qui se limitaient à quelques variétés originaires d'une région ou même d'un seul village. À l'époque, seuls pouvaient voyager loin et se conserver les fromages à pâte dure. Le développement des moyens de communication a profondément bouleversé ce contexte ; aujourd'hui, chacun a accès à une très grande variété de fromages originaires d'autres régions. Parallèlement, on constate deux phénomènes venant s'ajouter à la diversité de l'offre. Le premier est l'émergence de nouvelles marques à côté de fromages traditionnels et réputés, qui, pour certains, bénéficient d'une protection légale. Le second est une augmentation des sites de fabrication. Tous ces éléments prouvent, en tout cas, la place croissante que prend le fromage dans notre alimentation. C'est donc à un tour du monde, non exhaustif, que nous vous convions maintenant. Compte tenu de l'importance de la consistance de la pâte dans la réalisation des recettes présentées plus loin, ce lexique passera d'abord en revue les fromages les plus fermes pour aller progressivement jusqu'aux produits les plus mous, c'est-à-dire frais et fondus. Une place à part sera réservée aux fromages à pâte persillée et aux chèvres, dont les caractéristiques gustatives sont très particulières.

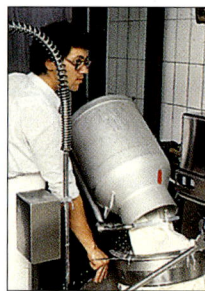

*Les éleveurs livrent
leur lait deux
fois par jour
à la fromagerie.
Pour fabriquer
les fromages de type
emmental,
on mélange le lait
frais du matin
à celui qui a été
recueilli la veille
au soir.*

*La philatélie
confirme ici
l'importance du rôle
joué par le fromage
en Suisse. Ce timbre
des postes
helvétiques
représente
le fractionnement
du lait caillé
avec la harpe
spéciale.*

Parmi les fromages à pâte pressée cuite dont la fabrication se caractérise par la formation d'yeux (trous dus à la fermentation), le plus connu est l'emmental ; cette appellation s'utilise principalement pour des produits suisses ou français.

L'emmental suisse se fabrique traditionnellement avec du lait cru de vache (seuls les produits au lait cru peuvent recevoir l'appellation d'emmental) et se présente sous forme de meules pouvant atteindre 70 kg et plus. Sa pâte, souple et facile à trancher, titre près de 45 % de M.G. Un emmental de qualité offre une pâte aérée par des yeux disposés de façon régulière, qui peuvent être grands ou petits, ronds ou ovales.

La fabrication de l'emmental se caractérise par un certain nombre d'opérations soigneusement menées et coordonnées : choix des variétés et des quantités de ferments lactiques et évaluation de la quantité de présure, durée de la coagulation, préparation et grosseur du caillé, chauffage du mélange caillé-petit-lait en remuant. Après moulage (transposition du caillé séparé du petit-lait) et pressage, le fromage frais est salé, puis il subit une maturation en deux étapes : 2 semaines à 10 °C, puis de 6 à 8 semaines à 20 °C, selon l'action de la fermentation à l'acide propionique et la formation des yeux. Le fromage doit alors être entreposé à 10 °C jusqu'à ce qu'il présente le degré d'affinage souhaité.

En Suisse, il existe une spécialité d'emmental affiné dans des caves naturelles. On le fait d'abord mûrir pendant 2 mois dans les salles de fermentation et d'affinage de la fromagerie, puis on le transfère pour 6 mois dans des cavernes naturelles. C'est ce séjour qui donne à l'emmental son goût typique et prononcé de noisette. On trouve également un emmental français, appelé emmental français grand cru, qui se fabrique avec du lait cru de vache en Franche-Comté et en Savoie. Toutefois, il existe aussi des emmentals au lait pasteurisé, qui sont produits en Bretagne ou en Normandie. Qu'ils soient au lait cru ou pasteurisé, les emmentals français se présentent traditionnellement sous forme de meules rondes.

En Allemagne, on produit un très bon emmental au lait cru appelé emmental de l'Allgäu, du nom d'une région des Alpes bavaroises. Du fait d'une maturation moins prolongée, il a un goût plus doux que l'emmental suisse ; il se vend au terme d'un affinage d'au moins 3 mois. Les fromages allemands de type emmental au lait pasteurisé doivent avoir une forme rectangulaire, les meules étant réservées aux fromages au lait cru, qui seuls peuvent bénéficier de l'appellation d'emmental. Cela étant, on constate un peu partout, même dans les fromageries travaillant le lait cru, une tendance à présenter les fromages sous une forme carrée convenant mieux à des considérations commerciales (transport, stockage, présentation, etc.). En Allemagne, l'emmental au lait pasteurisé est vendu sous le nom de hartkäse nach emmentaler-art (fromage à pâte dure à

1 *Les bactéries d'acide lactique et la présure sont ajoutées à du lait cru (souvent un mélange de celui de la veille au soir et de celui du matin) chauffé entre 30 et 32 °C.*

2 *Le caillage du lait s'effectue pendant une phase de repos de 30 minutes. La phase de traitement du caillé commence quand celui-ci a la fermeté désirée (il doit se fragmenter net).*

3 *Avec une harpe (ou un autre instrument), on rompt le caillé et on remue le mélange caillé-sérum, jusqu'à ce que le caillé se divise en morceaux de la taille d'un grain de maïs.*

4 *Les grains de caillé doivent avoir une fermeté suffisante («croustillante»). Pour cela, on maintient le caillé pendant 30 minutes à 52 °C, puis on remue encore pendant 30 minutes.*

5 On garnit de toile les corbeilles qui sont disposées dans des cuves, avant de les remplir.

6 Les tuyaux de l'« araignée » divisent avec régularité le mélange caillé-sérum transvasé dans la corbeille.

7 Le caillé se dépose dans la corbeille au-dessous du petit-lait, qui sera ultérieurement vidé.

8 On replie les toiles et on noue les coins en ballot au-dessus des corbeilles, pour ne conserver que le caillé.

9 Le petit-lait continue à s'égoutter, tandis que la toile pleine de caillé est soulevée avec un palan.

10 On transfère alors le ballot de caillé dans un moule pour l'opération de pressage.

11 Une puissante presse finalise la forme de la meule et permet de terminer l'égouttage.

12 On dégage le moule en couronne une fois que la meule a atteint la stabilité désirée, puis on ôte la toile.

13 On égalise ensuite la périphérie de la meule.

14 La meule, immergée dans une saumure de 1 à 3 jours, rend de l'eau, se sale et forme une croûte.

15 Pendant sa maturation, la meule est lavée à plusieurs reprises, et parfois saupoudrée de sel.

16 Puis la meule est acheminée pour affinage dans une cave lui offrant les conditions optimales.

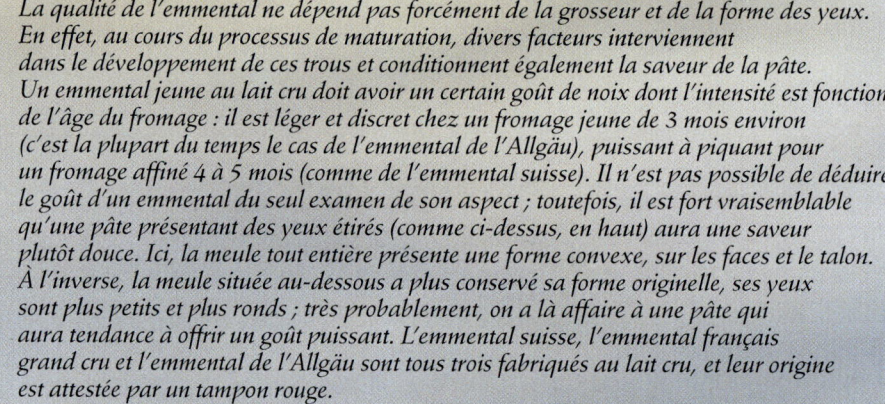

La qualité de l'emmental ne dépend pas forcément de la grosseur et de la forme des yeux. En effet, au cours du processus de maturation, divers facteurs interviennent dans le développement de ces trous et conditionnent également la saveur de la pâte. Un emmental jeune au lait cru doit avoir un certain goût de noix dont l'intensité est fonction de l'âge du fromage : il est léger et discret chez un fromage jeune de 3 mois environ (c'est la plupart du temps le cas de l'emmental de l'Allgäu), puissant à piquant pour un fromage affiné 4 à 5 mois (comme de l'emmental suisse). Il n'est pas possible de déduire le goût d'un emmental du seul examen de son aspect ; toutefois, il est fort vraisemblable qu'une pâte présentant des yeux étirés (comme ci-dessus, en haut) aura une saveur plutôt douce. Ici, la meule tout entière présente une forme convexe, sur les faces et le talon. À l'inverse, la meule située au-dessous a plus conservé sa forme originelle, ses yeux sont plus petits et plus ronds ; très probablement, on a là affaire à une pâte qui aura tendance à offrir un goût puissant. L'emmental suisse, l'emmental français grand cru et l'emmental de l'Allgäu sont tous trois fabriqués au lait cru, et leur origine est attestée par un tampon rouge.

Swiss Très consommée, cette version américaine de l'emmental au lait pasteurisé titre 43 % de M.G. Affiné pendant 60 jours au moins, ce fromage a une saveur douce, rappelant un peu celle de la noix. Les présentations, formes et tailles varient : meules, pains, avec une croûte sous paraffine ou sans croûte.

Fromage à la manière de l'emmental Ce type de fromage en pavé au lait pasteurisé est souvent vendu sous la marque du producteur. Quand il est de bonne qualité, il soutient la comparaison avec un véritable emmental jeune au lait cru. Sa pâte souple offre une saveur douce.

la manière de l'emmental), que vient préciser la marque du fabricant. Conformément aux directives de l'Union européenne, les fromages de cette sorte peuvent être désignés sous l'appellation d'emmental même s'ils ne sont pas fabriqués de façon traditionnelle ; c'est d'ailleurs le cas des produits comparables originaires d'autres pays. Les fromages de ce type mûrissent pendant 45 jours à 2 mois environ. Quand ils sont au lait cru, ils présentent une consistance moelleuse et une saveur douce.

Au niveau international, et principalement dans les pays anglophones, on désigne sous le nom de **swiss** un fromage de style emmental.

Aux États-Unis, de tels produits, qui se présentent en blocs ou en meules pesant entre 10 kg et 100 kg, mûrissent de 2 à 3 semaines à une température comprise entre 16 et 18 °C, jusqu'à ce que les yeux fassent environ 2 cm de diamètre. Ensuite, l'affinage se poursuit à une température maximale de 5 °C. Ces produits sont ensuite vendus sous forme de petits blocs, de barres, de tranches, ou râpés *(shredded)*. Le **baby swiss**, plus petit mais fabriqué selon le même procédé, est plus riche en eau, donc plus moelleux. Consommé plus jeune, il offre un goût encore plus doux. On trouve également du swiss allégé à 30 % de M.G. ; toutefois, étant moins grasse, la pâte est alors aussi moins souple.

Le terme d'emmental étant devenu quasiment générique du fait d'une très importante production industrielle, on trouve dans de nombreux autres pays des fromages de type emmental fabriqués au lait pasteurisé et présentant la plupart du temps des yeux plus petits. Citons-en quelques-uns : moravsk´y bochnik (République tchèque), tal-ha emek (Israël), bohinjski sir (ex-Yougoslavie) ; sovietskij sir et altaiskij sir (ex-URSS). La plupart de ces produits rappellent plutôt l'emmental, d'autres en revanche se rapprochent plus du gruyère ou du swiss.

L'expression de **fromage de montagne (formaggio di montagna** en italien, **bergkäse** ou **alpkäse** en allemand) désigne des fromages fabriqués en altitude, mais élaborés selon différents procédés et pouvant avoir des formes et des tailles variées. Alors qu'en Allemagne et en Autriche le terme de fromage de montagne est un terme générique, en Suisse on le complète par l'indication de l'origine : **fromage de Brienne, de Grindelwald, d'Uri...** Le poids des meules est compris entre 30 et 40 kg environ, mais il s'en vend souvent aussi de plus légères. On les trouve en version soit allégée (moins de 15 %), soit grasse (45 %) ; ces différences ont bien sûr une influence sur l'extrait sec, la consistance de la pâte et l'arôme, qui va du doux au prononcé.

En Autriche, on trouve un **tiroler alpkäse (fromage de montagne du Tyrol)**, qui est très répandu. En Allemagne, l'**allgäuer bergkäse** (fromage de montagne de l'Allgäu) n'existe pas en version allégée. Quand il est

C'est assez récemment que l'on a découvert que les caves naturelles offraient à l'emmental des conditions de température et d'humidité idéales pour le développement de sa saveur. Dans ces caves, la croûte des meules prend une coloration brun foncé caractéristique de ces conditions d'affinage.

Le maintien de la renommée de l'emmental exige de constants contrôles pendant la phase d'affinage, que les meules soient géantes (ci-dessus) ou aient des proportions moins impressionnantes. Ce fromage au lait cru est très sensible aux influences extérieures. Les mois de maturation doivent s'effectuer dans des conditions optimales, comme c'est le cas dans cette cave suisse. Des professionnels en contrôlent régulièrement l'évolution et n'autorisent la commercialisation que pour les meules de qualité irréprochable. Les défauts constatés (par exemple des fissures longitudinales) n'ont pas une grande incidence sur le goût de la pâte ; toutefois, ils déclassent la meule qui les présente.

Cet instrument permet à un professionnel de s'assurer que l'affinage se déroule dans des conditions parfaites. Garni d'un côté d'une poignée, il sert de marteau pour « sonner » le fromage, c'est-à-dire tester le son rendu par la meule lorsqu'on la frappe ; celui-ci renseigne en effet sur le développement des yeux. La partie coupante, composée d'une gorge à bords très tranchants que l'on enfonce et que l'on fait pivoter, sert à effectuer des prélèvements grâce auxquels on peut confirmer la saveur et la consistance de la pâte ainsi que le poinçonnage (présence d'yeux, aspect de ceux-ci).

Gruyères est un gros bourg fortifié situé dans le canton de Fribourg. C'est la capitale de la Gruyère, région qui a donné son nom au fromage.

Gruyère (greyerzer en suisse alémanique) *Fabriqué au lait cru, il titre en général plus de 50 % de M.G. et offre une qualité constante. Son arôme est puissant, du fait d'une viscosité légèrement humide évoluant avec le temps vers le sec et le granuleux. Ce fromage, le plus consommé dans la Confédération, est idéal pour la cuisine (gratins, sauces, fondues).*

Allgäuer bergkäse *Fromage allemand, fabriqué à la façon de l'emmental, mais mûrissant à température plus fraîche et plus longtemps, ce qui explique la présence d'yeux plus petits. Il offre un goût délicatement parfumé, surtout quand le lait provient de vaches d'alpages, ce qui devient rare. La différence ne se distingue pas à l'œil, mais au palais.*

Comté (AOC) *Fromage à pâte pressée cuite (45 % de M.G.) originaire de Franche-Comté. Croûte frottée sèche, odeur fruitée et fine saveur de noisette. Son affinage doit durer plus de 6 mois. C'est un fromage de table très apprécié, mais on peut aussi l'utiliser en cuisine, comme le gruyère.*

Beaufort (AOC) *Fromage de montagne à pâte pressée cuite se fabriquant dans les Alpes françaises, entre Annecy et le mont Blanc. Il se caractérise par un talon légèrement concave. Il offre une pâte souple et grasse du fait d'une forte teneur en matières grasses (souvent plus de 50 %). Bon produit pour raclette, car il fond sans couler.*

La brune des Alpes est une race bovine typiquement montagnarde, répandue dans tout le massif alpin, mais principalement dans les régions productrices de fromages.

Idiazábal *Fromage typiquement basque espagnol au lait de brebis, à pâte dure, pressée, non cuite. Il a un goût très puissant, et même presque fort quand il est vieux. L'idiazábal est fumé à moins de 12 mois ; il se consomme alors avec du pain, ou encore râpé.*

Kefalotyri *Fromage grec au lait cru de brebis ou mixte (brebis et chèvre), d'une durée d'affinage très variée. Il se consomme à table quand il est jeune, et râpé quand il est bien mûr. Une variante sans trous (kefalograviera) se vend surtout à l'exportation.*

encore fabriqué en altitude, selon la taille de la cave il y reste de 3 à 4 semaines. Pendant cette période d'affinage, un air ambiant plutôt chaud accélère la maturation et la formation d'yeux ; au contraire, une température fraîche retarde le processus. Cette différence est ensuite compensée en partie par la poursuite de la maturation dans les vallées. La pâte est souple, l'arôme va du parfumé au piquant en fonction de l'origine et de l'âge du fromage ; en tout état de cause, il est toujours différent d'un fromage à l'autre. Signalons par ailleurs, sans les nommer ici, le grand nombre de fromages de montagne fabriqués en Italie.

Le **gruyère** (**greyerzer** en allemand, **gruviera** ou **groviera** en italien) est un fromage fabriqué depuis très longtemps dans la partie occidentale de la Suisse et le Jura français ; on en trouve de nombreuses variantes. Il se distingue de l'emmental par des dimensions plus restreintes, des yeux plus rares et plus petits (de la taille d'un pois) et une surface rendue plus poisseuse par le traitement à la saumure. Les meules ont un diamètre allant de 40 à 65 cm (en moyenne 55 cm), une hauteur de 9 à 13 cm (11 cm en moyenne) et un poids compris entre 20 et 50 kg.

En France, on regroupe dans la même famille l'emmental au lait cru ou pasteurisé ainsi que deux fromages protégés par une AOC, le **beaufort** et le **comté**, qui présentent des yeux ronds et non allongés.

Le **comté**, ou **gruyère de Comté**, est un fromage au lait cru se présentant aussi en meule d'un diamètre de 40 à 70 cm et d'une hauteur de 9 à 13 cm, pour un poids variant entre 20 et 60 kg. Selon la saison de fabrication, la couleur de la pâte varie (jaune crème en hiver, jaune plus prononcé en été), de même que le poinçonnage (yeux allant de la taille d'une noisette à celle d'une cerise). Présentant une forte teneur en matières grasses (souvent plus de 50 %), le comté offre une pâte souple. Les produits bénéficiant d'une AOC se distinguent par un logo vert représentant une clochette.

Le **beaufort** (bénéficiant lui aussi d'une AOC) présente des caractéristiques différentes selon la saison de production. L'été, il est fabriqué en altitude, et on le désigne sous le nom de **beaufort de montagne** ou de **beaufort d'été**. L'hiver, il est fabriqué dans les vallées et est appelé alors **beaufort d'hiver** ou **beaufort laitier**. C'est un fromage au lait cru dont les meules présentent un talon bombé et, au bout d'une durée prolongée d'affinage, une croûte frottée et sèche. Ses yeux, petits et rares, sont dits yeux de perdrix.

Signalons enfin que gruyère est devenu lui aussi, et peut-être plus encore, un terme générique qui a fait, d'un pays à l'autre, l'objet d'une adaptation linguistique. C'est ainsi qu'il existe des fromages similaires, souvent fabriqués au lait pasteurisé, sous des désignations différentes dérivées du même mot : **groviera** (Italie), **graviera** (Grèce), **grojer** (Pologne et ex-Yougoslavie), **gravyer** (Turquie), etc.

Ginepro Il est originaire du Val d'Aoste. Son nom complet est « tometta di giain al ginepro ». Il illustre le fait que les fromages à pâte dure peuvent aussi être agrémentés de condiments, en l'occurrence du genièvre.

Les fromages suisses de montagne affichent une grande diversité, tant dans les variétés que dans la teneur en matières grasses (entre 15 et 45 %). De haut en bas : müstair, puschlaver, bergeller, brienzler, mutschli, hasliberger, et bündner (fromage des Grisons), présenté ici en plusieurs versions selon le degré d'écrémage.

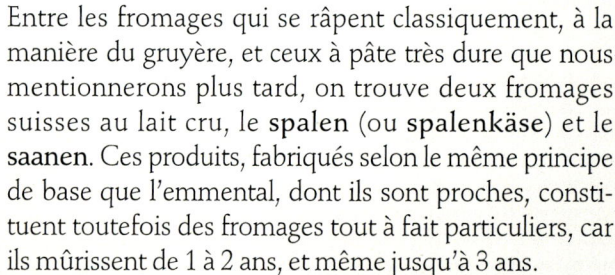

Les instruments destinés à détailler les fromages à pâte dure (ici, un sbrinz) doivent être conçus pour empêcher le fromage de glisser. Cet ustensile présente une encoche le maintenant en place contre le bord du plan de travail.

Les fromages à raboter, comme le saanen (ci-dessous) ou le spalen suisses, sont en fait des produits conçus pour avoir des pâtes demi-dures ; une petite proportion seulement d'entre eux subit une maturation suffisante pour offrir une pâte très dure. Du fait d'une forte teneur en matières grasses, la pâte garde au fil de l'affinage une certaine souplesse permettant de la détailler en lamelles avec une sorte de rabot. Ce type de fromage est très apprécié à table, mais aussi en cuisine car il n'a pas tendance à former beaucoup de fils.

Entre les fromages qui se râpent classiquement, à la manière du gruyère, et ceux à pâte très dure que nous mentionnerons plus tard, on trouve deux fromages suisses au lait cru, le **spalen** (ou **spalenkäse**) et le **saanen**. Ces produits, fabriqués selon le même principe de base que l'emmental, dont ils sont proches, constituent toutefois des fromages tout à fait particuliers, car ils mûrissent de 1 à 2 ans, et même jusqu'à 3 ans.

Le spalen est considéré comme une variante du sbrinz, décrit plus loin ; mais il est plus salé, et le pourcentage d'extrait sec est plus important. Quand il a quelques mois, il se vend pour être tranché ; cependant, il est plus couramment utilisé après rabotage en copeaux ou râpage. Sa teneur en matières grasses (47 % en moyenne) explique la souplesse de sa pâte, qui se constate même après râpage.

Le saanen, appelé aussi **saanen-hobelkäse** (saanen à raboter), doit son nom à la rivière Saane qui arrose le canton de Berne. On le fabrique comme fromage à trancher, et on le fait mûrir, avec un léger brossage, pendant quelques mois à une température comprise entre 13 et 16 °C. Certaines meules, sélectionnées, sont ensuite entreposées pour maturation supplémentaire à un degré d'hygrométrie relativement bas (entre 50 et 70 %), jusqu'à un dessèchement suffisant pour que la pâte se prête à un rabotage en copeaux. Même alors, tout comme le spalen, le saanen garde une pâte souple malgré un affinage prolongé, du fait de la teneur en graisses contenue dans l'extrait sec. Ces deux fromages, sont particulièrement appréciés en cuisine, car ils n'ont pas tendance à former beaucoup de fils quand on les fait cuire.

Les fromages à pâte très dure se fabriquent selon le même procédé de base que l'emmental ; mais, du fait d'une fermentation propionique peu importante, la pâte ne comporte pas d'yeux. Leur extrait sec présente un pourcentage considérable, puisqu'il dépasse la plupart du temps les 65 %. Ils offrent une pâte piquante, compacte et extrêmement dure, dont la structure friable et granuleuse se prête parfaitement au râpage. On peut classer ces fromages en trois types principaux, représentés par le sbrinz, le **grana** et le **pecorino**.

Le **sbrinz** est originaire de la Suisse centrale, qui reste aujourd'hui encore sa région de production. Les meules, fabriquées avec du lait cru, pèsent de 20 à 40 kg, pour un diamètre de 60 cm et une épaisseur de 14 cm. Les fromages jeunes s'utilisent rabotés en copeaux, tout comme le spalen et le saanen ; toutefois, la plus grosse partie de la production subit un affinage, qui dure de 18 mois à 2 ans, au terme duquel le sbrinz se consomme râpé. La pâte, dure et cassante, est de couleur jaune foncé ou brune, avec une saveur relevée à corsée. Du fait d'une teneur en matières grasses de 45 % minimum, le sbrinz offre un rapport favorable entre graisses et protéines : c'est ainsi que, même râpé, le grain de la pâte garde une certaine souplesse.

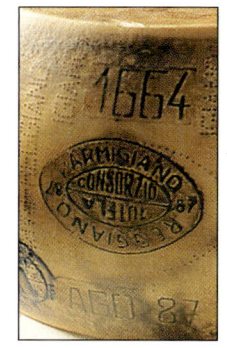

Parmigiano-reggiano *Il est l'un des fromages italiens protégés par une DOC. Sa très haute qualité est garantie par un poinçon marqué au feu.*

Grana padano *(DOC) Il est authentifié par une estampille en forme de trèfle.*

Grana trentino *Fromage au lait cru, il bénéficie lui aussi d'une estampille distinctive.*

Un échantillon parfait de fromages à râper originaires de différents pays. Ils sont utilisés en cuisine pour arrondir les sauces ou relever soupes et plats de riz ou de pâtes : parmigiano-reggiano (Italie), tout en haut ; grana padano (Italie), au centre à gauche ; schabziger (Suisse, en forme de cônes), au centre ; gouda étuvé de plus de 12 mois (Pays-Bas), en bas à gauche ; sbrinz (Suisse), en bas à droite.

L'estampille au feu (ici, sur un asiago vecchio) garantit la qualité du produit, mais aussi sa date exacte de fabrication.

Asiago vecchio (asiago piccante) *Sa pâte devient extrêmement dure après un affinage de 8 à 24 mois. Il s'utilise râpé.*

Montasio vecchio (montasio piccante) *La pâte, souple, devient dure et parfumée après une maturation de plus de 12 mois.*

Provolone piccante *En 6 mois, il devient l'un des fromages italiens à râper les plus relevés et les plus prisés.*

Västerbotten *Fromage suédois à pâte bien dure très parfumée. Il mûrit pendant 8 mois au minimum.*

Tiroler alpkäse *Fromage de montagne autrichien très consommé. Son goût est relevé, presque âpre, légèrement salé.*

Favorel *Produit néerlandais récent, à pâte dure. Il a un goût doucement relevé.*

Mimolette vieille *En partie fabriquée aux Pays-Bas et affinée en France. S'utilise râpée ou rabotée.*

Pecorino romano (DOC) *Se fabrique dans un périmètre strictement circonscrit. L'affinage dure 8 mois au moins.*

Pecorino sardo *Se reconnaît à une croûte présentant l'empreinte de la vannerie. Celui présenté ci-dessus a un âge moyen.*

Ce pecorino toscano a 2 mois : il est prêt à être dégusté à table.

Pecorino toscano *Moyennement mûri, il offre une légère douceur. Il évolue ensuite vers le très fort.*

Fiore sardo *Variante du pecorino fabriquée exclusivement en Sardaigne. Celui-ci est vieux et très mûr.*

Pecorino pepato *Condimenté au poivre, dont les grains noirs concassés ont été incorporés à la pâte.*

Le mot italien *grana* (« grain ») désigne deux sortes de fromages : d'une part le **parmigiano-reggiano (parmesan)**, au terroir circonscrit par une DOC (l'équivalent de notre AOC) ; d'autre part, des produits fabriqués en grande partie en Italie du Nord et présentant une structure granuleuse, comme le **grana padano (plaine du Pô)** ou le **grana trentino (Trentin)**. Ces grosses meules cylindriques de 18 à 25 kg offrent une croûte de 4 à 8 cm d'épaisseur et une pâte titrant au moins 32 % de M.G. Leur arôme est prononcé sans jamais être fort, et leur structure, granuleuse et feuilletée, est compacte et ne comporte que de rares trous. Leur fabrication présente des différences d'une variété à l'autre, mais tous ces fromages sont dès le départ conçus pour donner une pâte très dure. Le grana padano est affiné de 10 à 18 mois entre 15 et 20 °C ; le parmigiano-reggiano, lui, mûrit 24 mois au minimum, d'abord entre 16 et 18 °C, puis entre 10 et 12 °C. On le qualifie de nuovo (neuf) à 1 an, de vecchio (vieux) à 2 ans, de stravecchio (extra-vieux) à 3 ans, de stravecchione à 4 ans.

Les **pecorini** (fromages de brebis) se fabriquent en Italie centrale et du Sud, en Sardaigne et en Sicile. Le terme générique de pecorino, dérivé de pecora (brebis), regroupe des produits extrêmement différents, conditionnés par de nombreux paramètres : nature du lait (brebis, mixte), composition des mélanges de laits, présure utilisée (veau, agneau, chevreau), taille des fragments de caillé, échauffement de celui-ci, durée d'affinage.

Une maturation limitée donne le **pecorino fresco (pecorino frais)**, le **semifresco (semi-frais)**, qui sont tous deux proches parents de la plupart des fromages de type caciotta, ainsi que le **dolce (doux)**, qui n'a subi qu'un très léger salage. Ces produits, à goût assez peu prononcé, sont destinés à la table. Mais leur importance est moindre que celle des fromages à pâte dure et à râper, dont les principaux représentants sont le **pecorino romano**, le **pecorino sardo ou fiore sardo**, et le **pecorino siciliano ou canestrato**. Ces fromages sont eux aussi largement consommés à table quand ils ne sont affinés que quelques mois, mais s'utilisent ensuite râpés quand leur maturation s'est prolongée.

Le **pecorino romano** jouit aussi d'une DOC. Malgré son nom, il est produit à 60 % en Sardaigne, région disposant du plus grand nombre de brebis. La fabrication du pecorino romano et de quelques-uns de ses apparentés est plus complexe et prenante que celle des autres pecorini. Le lait, qui a été thermisé, est coagulé à 39 °C à la présure d'agneau, le caillé est brisé en morceaux de la taille d'un grain de blé. Puis on porte à environ 48 °C le caillé en le remuant, on le verse dans des moules. Les fromages mûrissent ensuite pendant 8 mois au minimum de 12 à 16 °C ; pendant l'affinage, ils sont, à de nombreuses reprises, salés et retournés, frottés d'une saumure puis lavés. Le pecorino romano offre un arôme piquant caractéristique, lié à l'utilisation à la fois de lait

Ragusano *Fromage sicilien à pâte filée, utilisé râpé à l'issue d'une maturation prolongée. On en trouve également une version condimentée avec des grains de poivre entiers (ragusano pepato, ci-dessus, en haut).*

de brebis et de présure d'agneau. Sa pâte, de couleur blanche à paille, va du très ferme au dur, en s'écaillant à la coupe ; elle est souple et facile à trancher quand le fromage est au lait cru, et plutôt granuleuse quand le lait est allégé ; quand le produit est vieux, et quelle que soit sa teneur en matières grasses, il est parcouru de minuscules cristaux. Une faible proportion d'entre eux présente des yeux de petite taille dans lesquels, après affinage prolongé, il se forme un liquide caractéristique lié à la maturation : les larmes de sérosité. Les fromages doivent titrer 36 % de M.G. au minimum, mais il est très fréquent qu'ils dépassent les 40 %. La croûte, lisse, est en général jaune clair à paille, et frottée d'huile, de suif ou de glaise *(terra gialla,* « terre jaune ») ; mais les fabricants utilisent de plus en plus des colorants artificiels donnant diverses teintes plus foncées. Les fromages se présentent en cylindres ayant un diamètre de 20 à 30 cm et une hauteur de 14 à 30 cm, pour un poids compris entre 8 et 22 kg. Ils sont fabriqués en hiver et au printemps, et dans certaines régions la production se poursuit jusqu'en mai ou juin.

Le nom des autres fromages de type pecorino est complété par la localité de fabrication : **pecorino di Norcia** en Ombrie (produit avec un caillé tout frais), **pecorino di Crotone** en Calabre, **pecorino di Moliterno** ou **canestrato di Moliterno** en Basilicate, **pecorino abruzzese** dans les Abruzzes, **pecorino del Frignano** dans les Apennins, **canestrato di Foggia** dans les Pouilles… En Toscane, on fabrique une grande variété de fromages sous le nom de **pecorino toscano** et **toscanello** (qui peut également être *pepato,* poivré), selon diverses méthodes de production, avec des laits de différentes sortes ou des mélanges de lait. On trouve également du **pecorino toscano sotto cenere** (sous la cendre). En Sardaigne, indépendamment du pecorino romano, on fabrique le **pecorino fiore sardo** (encore appelé pecorino sardo ou fiore sardo). Ses meules pèsent entre 1,5 et 4 kg et se caractérisent par un talon légèrement bombé, surnommé là-bas *schiena di mulo* (échine de mulet). Ce fromage, fabriqué uniquement au lait de brebis et coagulé avec de la présure d'agneau ou de chevreau, doit titrer 40 % de M.G. au minimum ; la pâte est blanchâtre ou jaune pâle et, au cours d'un affinage qui dure souvent plus de 9 mois, elle passe du ferme au dur et du piquant au fort. Le **pecorino di Macomer** est un autre fromage à pâte dure fabriqué en Sardaigne, qui doit son nom à un centre important pour la production de fromages de brebis. Signalons aussi le **formaggio sardo pepato**, fromage de table ou à râper très apprécié, fabriqué avec un caillé enrichi de grains de poivre noir.

En Sicile, le fromage à râper le plus connu est le **pecorino canestrato siciliano** (ou pecorino siciliano, ou canestrato siciliano), protégé par une DOC. Il titre au moins 40 % de M.G. On trouve aussi dans l'île un **pecorino pepato**, aux grains de poivre.

Le pecorino offre de multiples applications dans la cuisine sicilienne. En témoigne le plat appelé « sardine alla beccafico » : il est composé de sardines fraîches, fourrées d'une farce où dominent l'ail et le pecorino vieux, et cuites avec des feuilles de laurier.

Dans les régions montagneuses de Sicile, la fabrication du pecorino est encore traditionnelle. Le lait est chauffé au feu de bois dans un chaudron de cuivre. Après coagulation, le caillé est rompu en morceaux, puis transféré pour égouttage dans des corbeilles donnant au fromage un aspect caractéristique.

Éloge du travail manuel

Le pecorino canestrato siciliano, fabriqué encore traditionnellement à la main, bénéficie d'une DOC. Le terme de *canestrato* est dérivé du moule en vannerie (canestra) dans lequel le caillé est mis à égoutter, et qui donne au fromage sa croûte très particulière. Ce fromage doit être fabriqué au lait entier de brebis, et coagulé à la présure d'agneau et de chevreau. La teneur en matières grasses du fromage est d'au moins 40 %.

Le pecorino canestrato siciliano se présente en cylindres pesant de 4 à plus de 20 kg, qui ont un diamètre compris entre 25 et 30 cm pour une épaisseur de 10 à 18 cm. Sa croûte est tout d'abord de couleur blanc-jaune, mais prend une teinte brun doré au fur et à mesure d'un traitement à l'huile *(morchio)*. La pâte, compacte ou percée de rares trous, évolue avec le temps du blanchâtre au jaune paille ; elle contient de 4 à 5 % de sel, et parfois plus. Toutefois, il existe aussi en Sicile un pecorino dolce présentant une teneur réduite en sel : ce fromage assez frais se consomme très modérément affiné.

Par ailleurs, outre le pecorino bianco (ou pecorino calcagno), qui offre déjà un goût piquant, on trouve un pecorino siciliano pepato dont la pâte est agrémentée de grains de poivre noir entiers. On le consomme à table quand il a 4 mois, et on l'utilise râpé quand il a subi un affinage de 4 à 6 mois. Dans la région de Messine, on trouve un fromage similaire, le piacintinu, qui est parfois coloré en jaune avec du safran.

L'élevage des ovins est un secteur traditionnellement important dans l'économie des régions montagneuses de Sicile. Les brebis sont tous les soirs regroupées dans l'enclos pour la traite. Leur production de lait est limitée, mais celui-ci est particulièrement parfumé grâce aux nombreuses variétés aromatiques d'herbes présentes dans les prés des montagnes.

Pecorino siciliano *Il se distingue facilement du romano par la présence d'une croûte caractéristique façonnée à la forme de la corbeille. Le pecorino canestrato siciliano se présente en cylindres pesant entre 3 et 12 kg. Il dispense un arôme très piquant qui le destine tout particulièrement à une utilisation en cuisine, par exemple pour relever un risotto ou un plat de pâtes.*

Des fromages espagnols

Les fromages d'Espagne font partie d'une tradition séculaire ; pourtant, ils sont relativement peu connus. Bien que produisant plus de 40 variétés de fromages, l'Espagne ne connaît en effet que des zones de consommation restreintes aux sites de production relativement limités. D'une région à l'autre, on constate des différences dans les méthodes de fabrication. Dans le nord et le nord-ouest du pays (Galice et Cantabrie), dominent les fromages au lait de vache, car ces régions offrent de riches prairies pour les bovins. Par ailleurs, les régions montagneuses de Catalogne sont le lieu de production du formatge de La Selva (ci-contre, le quatrième à partir du haut). Le lait de vache est également utilisé dans les îles Baléares, avec le mahón, produit à Minorque et offrant un goût prononcé (carré situé en milieu d'illustration). D'autre part, l'Andalousie, l'Estrémadure et d'autres régions de montagne sont connues pour leurs fromages de chèvre : par exemple, los ibores (deuxième à partir du bas), tietar (le dernier en haut), ou la breña (le dernier en bas). Mais c'est le lait de brebis qui est le plus utilisé dans la fabrication des fromages, notamment le manchego.

San Simón
C'est un fromage espagnol au lait de vache, originaire de Galice. Il est souvent fumé au bois de bouleau, ce qui lui confère un arôme caractéristique et en facilite la conservation.

La Manche est une région de plateaux en Nouvelle-Castille, immortalisée par Cervantès dans *Don Quichotte*. Elle donne son nom au **manchego**, le fromage à pâte dure le plus connu d'Espagne. Il se fabrique avec le lait des brebis de la région (race manchega, la plus répandue du pays), qui, très adaptables et peu exigeantes, fournissent un lait au goût caractéristique. Le manchego est depuis 1984 protégé par une AO (Apelación Oficial, équivalant à notre AOC). Il est produit exclusivement dans certaines zones des provinces d'Alicante, Ciudad Real, Cuenca et Tolède, avec un lait contenant au minimum 6 % de graisses, 4,5 % de protéines et 16,5 % de matière sèche. Ce lait est pasteurisé, ne restant cru que lorsqu'il fait l'objet d'une fabrication fermière. Le manchego titre 50 % de M.G. au minimum pour un extrait sec représentant 55 %, mais ces proportions sont souvent dépassées. Il mûrit pendant 2 mois au minimum de 12 à 15 °C, et l'affinage se poursuit à moins de 10 °C. Le manchego se présente en cylindres mentionnant l'inscription «manchego» et la semaine de fabrication. Ces cylindres pèsent de 2 à 3,5 kg et offrent une pâte dure, jaune paille à brun foncé, comportant en superficie de légers sillons. Ils présentent une surface nue ou enrobée de cire ou d'une pellicule en plastique, ou bien immergée dans l'huile d'olive. Le manchego reçoit des qualificatifs différents selon son degré d'affinage : fresco (frais) à quelques jours, semifresco (semi-frais) à quelques semaines, et tierno (tendre) à 1 ou 2 mois. La consommation du manchego au lait cru ne doit pas intervenir avant un délai de 2 mois après la fabrication. Entre cette date et 3 mois, le fromage est appelé **manchego semicurado** ou **mediocurado** (demi-sec), puis **curado** ou **viejo (vieux)** entre 3 et 6 mois, et enfin **añejo** à 1 an. La plupart de ces fromages mûrissent jusqu'à 2 ans dans l'huile d'olive ; dans ce cas, ils prennent au cours de l'affinage une croûte gris-noir caractéristique. Un tel produit est appelé **manchego en aceite** (manchego dans l'huile). Il existe de nombreux fromages proches du manchego, également fabriqués avec du lait de brebis. Parmi ceux-ci, citons le **grazalema** (fabriqué à Cadix, pâte très ferme à dure), le **los pedroches** (coagulé avec de la présure végétale), et le **serena** (originaire de Córdoba, en Andalousie). Indépendamment des fromages au lait de brebis, on trouve, en Espagne comme ailleurs, des fromages de type manchego fabriqués avec un mélange de laits de brebis, vache et chèvre, vendus à maturité moyenne, et moins prisés que les véritables fromages de brebis. Parmi les autres produits du pays, signalons deux autres variétés. Le **roncal**, fabriqué en Navarre, présente une pâte très dure à râper, un goût piquant et un arôme caractéristique de lait de brebis ; il titre au minimum 60 % de M.G. et 60 % d'extrait sec, et s'affine plus de 4 mois. L'**idiazábal**, quant à lui, est un fromage fumé du Pays basque, comportant de très nombreuses variantes aux zones de production limitées : **gorbea, orduña, urbia, aralar, urbasa**…

Le manchego (ci-dessus, en bas) est le fromage le plus consommé en Espagne. La plupart des fromages produits dans ce pays avec du lait de brebis en sont proches, comme le roncal (en haut), à pâte très ferme. Le queso de Huerte (au centre) est un fromage comparable, fabriqué avec un mélange de laits de brebis, de vache et de chèvre. Depuis les années 60, on constate en Espagne une forte expansion des fromages à base de mélanges de laits, ainsi qu'une augmentation de la consommation de fromages de vache.

Ce fromage agréablement piquant, fabriqué selon la même méthode que le manchego et avec les mêmes soins, offre une pâte souple et régulièrement aérée de trous de caillé.

Sous la bannière du **cheddar**, nous regroupons ici des fromages dont le caillé a subi un traitement particulier. Comme toujours, leur fabrication commence par le regroupement par coagulation du caillé en un gros gâteau, que l'on retourne à plusieurs reprises (cheddarisation). On fragmente ensuite cette masse en petits grains (*curd,* en anglais), que l'on sale ; puis le caillé est moulé, pressé et mis en cave pour affinage à 7 °C.

Le **colby** est un fromage américain qui subit un traitement légèrement différent. Le caillé est remué pendant la fermentation, au cours de laquelle il prend de la fermeté ; ensuite, on le sale et on le moule directement, sans passer par la phase de cheddarisation.

Pour résumer, on peut dire que cette famille regroupe des fromages qui ont fermenté en petits grains et ont été salés avant moulage.

Ce procédé particulier de fabrication donne des fromages pouvant s'utiliser de multiples façons. Ils sont très appréciés comme fromages de table, avec des degrés d'affinage variables, et interviennent aussi en cuisine, notamment dans les pays producteurs. Quand ils sont jeunes ou moyennement mûrs, ils offrent en effet une pâte se prêtant aussi à la fabrication de fromages fondus.

Le cheddar est sans doute le fromage le plus consommé au monde. La plus grande partie de la production provient aujourd'hui de grandes fromageries industrielles dont chacune offre aux consommateurs une qualité régulière. Cette tendance se confirme aux États-Unis et même au Royaume-Uni, qui est pourtant la patrie d'origine du cheddar.

Si les principes de fabrication de ce fromage sont très anciens, ils ont été appliqués de différentes manières d'une région à l'autre. De ce fait, la même dénomination désigne des produits présentant des différences de type, de forme, de grosseur et de qualité.

Le **cheddar anglais** est un fromage de vache qui se présente en meules de 35 à 38 cm de diamètre et de 33 à 38 cm de hauteur, pour un poids de 27 kg. Il titre au minimum 48 % de M.G. et comprend au moins 61 % de matière sèche (donc 39 % d'eau au maximum). Certaines fourmes plus petites bénéficient d'appellations différentes : les **truckles** (4 à 6 kg) et les **cheddlets** (1 kg). Quant aux blocs de cheddar sous conditionnement plastique, ils pèsent de 18 à 19 kg ou moins. La pâte va du souple au granuleux selon le degré de maturité ; elle présente en général une teinte neutre, mais peut aussi être colorée en jaune-orangé par addition de rocou. Aujourd'hui, la pâte est le plus souvent fermée, mais on trouve encore des pâtes ouvertes, très crevassées.

Le **cheddar écossais** est, en général, plus ferme et plus fortement coloré au rocou. Le **farmhouse cheddar** est une spécialité offrant une saveur de noisette et de beurre. Il existe par ailleurs de très nombreux fromages britanniques apparentés au cheddar. Les Britanniques considèrent leur pâte comme dure, mais elle

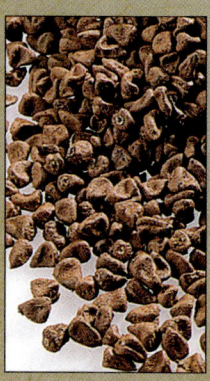

Le rocou (annatto) est un colorant extrait des graines de Bixa orellana. On l'utilise dans la fabrication des fromages, mais aussi pour colorer d'autres aliments. La bixine, qui en est l'agent tinctorial, est apparentée au carotène.

Deux cheddars fabriqués de façon traditionnelle. On voit nettement la différence d'aspect selon la durée de l'affinage : 16 mois ci-dessous, 3 mois en bas.

Longhorn Ce terme américain désigne un cheddar
de dimensions particulières : 15 cm de diamètre et 33 cm
de long environ, pour un poids de 6 kg.

*Le cheddar se fabrique traditionnellement dans une toile
(à gauche) et subit un affinage qui dure 5 mois. Mais,
aujourd'hui, la plupart des cheddars sont mûris sous
conditionnement plastique, et leur pâte est souvent colorée
en orange par addition de rocou.*

La fierté des Britanniques

La ville de Cheddar est située au pied des Mendip
Hills, dans le comté de Somerset. Le fromage
auquel elle donne son nom remonte au XIIe siècle.
Depuis cette époque, le cheddar est fabriqué au sud
de Bristol et dans le sud-ouest de l'Écosse ;
sa production s'est étendue à l'Amérique et
à l'Océanie. Les grandes fromageries assurent
la plus grosse partie de la production, mais
on trouve encore quelques fabricants restés fidèles
aux méthodes du milieu du XIXe siècle.

*Ces cheddars traditionnels sont entreposés
dans des conditions idéales (à droite). Leur
taille, variable, peut sur commande atteindre
des dimensions impressionnantes (ci-dessus).*

41

Après la préparation du caillé en morceaux de la grosseur d'un pois et leur réunion en gâteau, intervient une étape spécifique à la fabrication du cheddar. Le gâteau est fragmenté en galettes, entassées puis retournées régulièrement. Parallèlement a lieu une fermentation lactique permettant l'obtention d'une masse filandreuse que l'on détaille en morceaux. Les phases suivantes sont illustrées ici.

Au Canada et aux États-Unis, le cheddar curd représente un coupe-faim très apprécié. Le curd est constitué par les grains qui sont obtenus par fragmentation du caillé en tout petits morceaux. Ils se vendent frais, soit nature, soit salés.

Sage derby
En anglais, sage signifie « sauge ». Pour la fabrication de ce fromage, cette plante aromatique est incorporée au caillé.

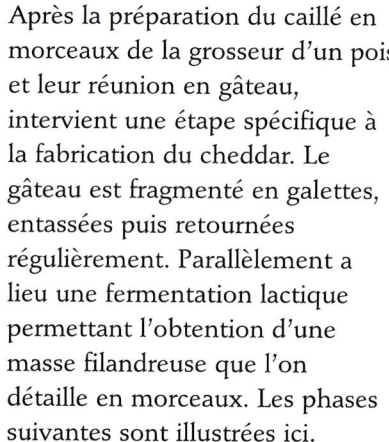

1 *La masse de caillé est fragmentée à la main, puis découpée en morceaux de la taille d'un grain.*

2 *On répand du sel sur ces grains, que l'on répartit en mélangeant bien l'ensemble.*

3 *Les grains de caillé sont ensuite placés sur des toiles et dans des moules cylindriques.*

4 *Les fromages sont pressés sur leurs deux faces pendant 12 à 16 heures (ci-dessus, la presse est horizontale).*

5 *Le fromage, encore jeune et malléable, est démoulé avec précaution.*

6 *On dégage soigneusement la toile. La surface du fromage présente de légères irrégularités (sillons, creux…).*

7 *La meule est plongée dans de l'eau très chaude, ce qui soude la croûte et uniformise la surface.*

8 *Le graissage des meules est une opération traditionnelle, très longue, qui limite l'adhérence de la toile.*

9 *On entoile la meule avec précaution pour un second pressage (face supérieure, puis inférieure).*

10 *La meule est entoilée sur sa circonférence. La toile est ôtée après le second pressage, très puissant.*

11 *La meule est alors affinée dans une cave à 7 °C, ou à 10 °C si l'on souhaite une maturation plus rapide.*

est plutôt mi-ferme. Ces fromages titrent 48 % de M.G. au minimum. Le **derby** est une variante régionale originaire du Derbyshire, dans le centre de l'Angleterre, où s'installèrent les premières fromageries du pays. Sa pâte, colorée, présente naturellement une teinte jaune clair ; elle mûrit sous enveloppe de cire ou conditionnement plastique, pendant 3 à 4 mois, à une température de 14 °C : c'est la raison pour laquelle on l'appelle aussi cheddar à maturation rapide. Le **dunlop**, fabriqué en Écosse, constitue une agréable variante douce du cheddar, avec sa pâte plus riche en eau et donc moins ferme. Ses meules, quand elles sont très affinées, sont souvent recouvertes d'une fleur gris-vert. Le **sage derby** est un fromage au caillé duquel on a mélangé des feuilles de sauge moulues et d'autres épices. Ces condiments sont soit uniformément répartis dans le caillé, soit disposés en couches alternées. Le talon du cylindre peut être décoré de la reproduction d'une feuille de sauge.

Le **double gloucester** est originaire d'un comté bien délimité qui lui a donné son nom, mais aujourd'hui ce fromage est principalement fabriqué dans le sud-ouest du pays. Il se présente en cylindres de 36 cm de diamètre et de 15 cm de hauteur, pour un poids de 28 kg environ. Les meules, fabriquées selon la méthode traditionnelle, sont affinées de 4 à 6 mois, à une température comprise entre 10 et 13 °C ; la maturation des fromages conditionnés sous plastique dure moins longtemps et se fait à une température inférieure : 4 à 6 °C. Le gloucester, qui était autrefois proche du cheddar, est devenu aujourd'hui plutôt un produit hybride.

Le **cheshire** a la réputation d'être encore plus ancien que le cheddar. De nos jours, il est apprécié tout particulièrement dans les Midlands et le nord de l'Angleterre. Ses meules cylindriques mesurent 30 cm de diamètre et de hauteur, pour un poids de 22 kg environ. À la coupe, le cheshire découvre une structure très ouverte, comportant de nombreuses fissures ; sa pâte, luisante et granuleuse, s'émiette légèrement. Aujourd'hui, le cheshire se fabrique aussi en portions individuelles comportant une pâte compacte, plus ferme.

Le **wensleydale** fut, à l'origine, fabriqué dans les vallées du Yorkshire, par des moines arrivés avec les conquérants normands et qui introduisirent dans l'île l'élevage des brebis et le procédé de fabrication de ce fromage. Ces religieux fabriquèrent au départ un **blue wensleydale**, persillé. Toutefois, aujourd'hui, on connaît presque exclusivement le wensleydale ou **white wensleydale**, que l'on vend aussi non affiné sous l'appellation de **white cheese**.

Le **leicester**, appelé aussi **red leicester** en raison de sa forte coloration jaune-orangé, a une pâte ferme ayant une structure ouverte, feuilletée. Le **caerphilly**, d'origine galloise, offre, comme le **lancashire** décrit ci-après, une pâte différente de celle des fromages apparentés au cheddar : elle est en effet notablement plus molle, plutôt mi-ferme que mi-dure. Le **lancashire** se prête en

Chester, *ici sous forme de pain. Il constitue une excellente base pour les produits fondus. En Allemagne et en France, les termes « chester » et « cheddar » désignent le même fromage.*

Mesure du pH du caillé de cheddar. L'acidité de celui-ci est régulièrement contrôlée, car elle exerce une grande influence sur tout le processus de fabrication.

Monterey ou monterey jack *Fromage de Californie. Aux États-Unis, il sert beaucoup dans les pizzas quand il est jeune et de couleur neutre. Plus mûr – il est alors appelé dry jack –, il se râpe.*

Colby *Variante américaine plus douce du cheddar, il est consommé également en Nouvelle-Zélande et dans d'autres pays. Fromage à caillé remué, pâte orangée assez molle.*

Double gloucester
Fromage à consistance fine et soyeuse, de couleur neutre ou orangée. Goût voisin de celui du cheddar, mais moins prononcé et plus doux.

Dunlop Fromage traditionnel écossais, se prêtant bien au passage au four. La pâte, douce et d'un blanc crémeux au départ, offre un goût plus prononcé quand l'affinage est prolongé.

Laguiole (AOC) Fromage de vache à pâte pressée non cuite, originaire de l'Aubrac, mentionné dès 1560 et probablement plus ancien. Proche du cantal, il développe, quand il est vieux, un arôme franc caractéristique.

Cantal (AOC)
Doyen des fromages de France, le cantal est fabriqué avec du lait de vache. Sa pâte, pressée et non cuite, offre une saveur caractéristique allant du doux au fruité et au piquant. Aujourd'hui, la préférence va au cantal jeune, qui représente plus de 70 % de la production, plutôt qu'à l'entre-deux ou au cantal vieux.

particulier à la consommation sur toasts chauds. En tant que farmhouse cheese, le lancashire est ce qu'on appelle un **double curd cheese** : la masse fermentée de la veille est travaillée avec le caillé du matin. Par ailleurs, le **sage lancashire** est une version aromatisée à la sauge ciselée. Le **cheddar américain**, tout en étant proche de son cousin britannique, est toutefois moins granuleux. Sa teneur en matières grasses est d'au minimum 50 %, sa matière sèche d'au moins 61 % (au maximum 39 % d'eau). Les fromages, enveloppés de cire, présentent différentes formes : cylindre (longhorn), pain (loaf), roue (wheel). On en distingue trois types en fonction de la durée d'affinage : mild (doux), medium (moyen) et aged (âgé). Un cheddar mild (affinage de quelques mois) offre encore très peu d'arôme ; un cheddar medium, ou mellow (jusqu'à 6 mois), a déjà une saveur développée ; un cheddar aged, qualifié aussi de sharp ou d'extrasharp, dispense un goût et une odeur très prononcés en raison d'une durée d'affinage supérieure à 6 mois. Le **coon**, qui mûrit 12 mois au moins, est un cheddar américain de grand cru. Le **cheedam**, australien, est une combinaison de cheddar et d'édam : il rappelle en cela l'**egmont**, compromis néo-zélandais entre le cheddar et le gouda.

Il existe, par ailleurs, un cheddar allégé en sel, appelé **low sodium cheddar cheese**. Le colby et le **monterey jack**, appelés aussi tout simplement **american cheese**, se trouvent en petits conditionnements, tranchés ou encore râpés. Le monterey connaît deux variantes : le **high-moisture jack cheese**, très humide et fort utilisé dans les préparations relevées, et le **jalapeño jack**, condimenté au piment.

Le **cantal** (AOC) est l'un des plus anciens fromages français. Sa technique de fabrication et ses caractéristiques sont proches de celles du cheddar. Ses meules cylindriques ont des dimensions différentes et pèsent entre 35 et 45 kg. On trouve aussi des fromages plus petits : le **petit cantal** (20 kg) et le **cantalet** (10 kg). Ce fromage peut bénéficier d'une fabrication fermière (au lait cru) ou laitière (au lait pasteurisé). L'affinage, qui dure de 1 à 12 mois, s'effectue à une température comprise entre 8 et 10 °C (12 °C au plus). La **tomme fraîche**, non affinée et également appelée **aligot**, est utilisée principalement en cuisine. En fonction de la durée de maturation, le cantal reçoit ensuite des qualificatifs différents : jeune ou doux (affinage de 30 jours) ; entre-deux, demi-vieux ou doré (entre 2 et 6 mois) ; vieux, ou cantal caractère (plus de 6 mois). Les véritables amateurs apprécient aussi le cantal affiné plus longtemps (jusqu'à 12 mois), ou des fromages encore plus vieux provenant d'altitudes plus élevées (plus de 850 m) comme le **salers** (dans les monts du Cantal) ou encore le **laguiole** (dans l'Aubrac). Pour ce dernier fromage, le lait doit provenir de vaches de la race aubrac, et l'affinage s'effectue exclusivement dans des burons (habitations des vachers) ou dans les caves de la région.

Cheshire Très apprécié dans les Midlands et le nord de l'Angleterre. Il en existe plusieurs variantes.

Ce cheshire présente une teinte jaune franche du fait d'une coloration au rocou. Comme pratiquement tous les fromages de Grande-Bretagne, le cheshire est disponible avec une pâte soit couleur crème, soit teintée.

Wensleydale Originaire des vallées du Yorkshire. Saveur aigrelette à légèrement aromatisée.

Red leicester Pâte ferme d'un rouge-orangé marqué au goût le plus souvent puissant. Se prête bien à la fonte.

Caerphilly jeune Pâte blanche et très molle. Arôme frais et légèrement acidulé.

Caerphilly vieux Le goût, plus prononcé, présente une légère amertume si l'on pousse l'affinage.

Lancashire Pâte demi-ferme et granuleuse, que l'on peut tartiner sur du pain.

Farmhouse lancashire
Constitué d'un mélange de laits du matin et de la veille au soir, il se fabrique selon le procédé traditionnel. Quand il est à pleine maturité, il se prête très bien à la cuisson. Les Britanniques l'apprécient beaucoup gratiné sur des toasts, ou dans les soufflés.

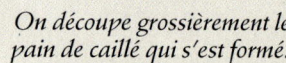

La fabrication
du provolone

*On découpe grossièrement le
pain de caillé qui s'est formé.*

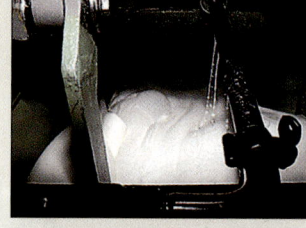

*Les morceaux de caillé
restent entassés les uns
sur les autres pendant la
fermentation, jusqu'à
obtention d'une consistance
filandreuse caractéristique. Ils
sont alors fragmentés en
morceaux plus petits.*

*On verse de l'eau très chaude
sur les morceaux, qui font
alors l'objet d'un pétrissage
afin d'obtenir une pâte
élastique et malléable.*

*On file la masse à la main,
puis on la découpe
en morceaux ayant la taille
d'un fromage. On façonne
ensuite la pâte à la forme
souhaitée, puis on la presse.*

*Les jeunes fromages ainsi
raffermis sont ficelés
et suspendus, puis plongés
dans une saumure.*

*Les fromages, toujours pendus
par leur ficelle, sont immergés
dans un bain de paraffine ou
de cire. Cette opération
d'enrobage ne se pratique pas
sur les produits destinés à
subir un affinage plus poussé.*

Les fromages à pâte filée, de la mozzarella au provolone

En Italie, les fromages à pâte filée sont appelés
formaggi a pasta filata. Les plus représentatifs sont
la mozzarella, le provolone et le caciocavallo, mais
cette famille regroupe de nombreuses autres variétés.
Malgré leur diversité, tous ces fromages ont
en commun une structure de pâte très particulière.
Selon leur procédé de fabrication et leur niveau
d'affinage, ils se présentent sous différentes formes :
frais et non affinés, mous à fermes ou, au contraire,
bien faits et fermes à durs, fumés ou non,
avec une saveur qui va du doux au piquant.

*L'affinage des fromages
pendus s'effectue dans
des caves spéciales. La durée
et la température d'affinage
dépendent, notamment,
du degré de maturation
que l'on souhaite obtenir.*

***Coupe
d'un provolone***
*La face tranchée
du provolone
(ci-contre) montre
que le fromage est
déjà bien affiné. On
n'y distingue presque
plus les couches de
pâte qui se forment
lors du pétrissage.
En revanche,
celles-ci sont visibles
dans la coupe
ci-dessus.*

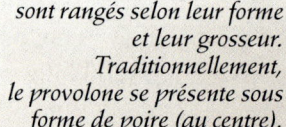

*Dans cette cave, les fromages
sont rangés selon leur forme
et leur grosseur.
Traditionnellement,
le provolone se présente sous
forme de poire (au centre).*

Les fromages à pâte filée pétris à chaud composent une famille très particulière dont les principaux représentants sont italiens.

Lors de la fabrication, on laisse d'abord le caillé se regrouper en un gros gâteau, puis fermenter. On fragmente la masse de caillé ; ensuite commence un processus de fabrication tout à fait spécifique.

On ébouillante les morceaux de caillé, et on les travaille jusqu'à ce que la pâte donne des fils (ce qui explique l'appellation de fromages à pâte filée). Du fait de ce malaxage, la pâte devient élastique et malléable. Elle prend une texture caractéristique en couches, qui s'efface avec l'affinage pour offrir un grain fin.

En Europe du Sud-Est, ce type de fromages est souvent façonné en ronds : c'est le cas du **kaschkawal**, dont les meules salées sont presque toujours affinées plusieurs mois. En Roumanie, ce genre de fromage porte le nom générique de **caşcaval**, complété du nom de l'animal ayant fourni le lait : dobrogea (prononcé « dobroudcha », brebis), dalia (vache), penteleu (mélange de vache et de chèvre). Le **caş** (prononcé « kach ») se déguste également frais, après rompage et pressage du gâteau de caillé. Un fromage analogue existe en Bulgarie (**kashcaval** ou **balkanski kashcaval**), en ex-Yougoslavie (**kackavalj**), en Grèce (**kasseri**, en meules ou en pains, souvent fabriqué avec un kefalotyri jeune), en Turquie (**kaşar peyniri**).

En Italie, les fromages à pâte filée sont fabriqués de façon similaire aux précédents, mais la masse pétrie et devenue élastique est étirée en bandes ou en fils.

Le **provolone** est l'un des plus connus ; il s'agit d'un produit à pâte dure vendu comme fromage de table à l'issue d'un affinage de 2 à 3 mois, à râper quand il a mûri 6 à 12 mois. On distingue ainsi un **provolone dolce** (doux) et un **provolone piccante** (piquant), pour lequel la présure de chevreau active le processus de maturation et intensifie le goût spécifique de ce fromage. Fabriqué au lait de vache, le provolone titre 44 % de M.G. au minimum ; sa matière sèche dépasse 62 %. Traditionnellement, il est suspendu par une ficelle et se présente en boule en forme de poire de 35 à 45 cm de long, pour un poids de 4 à 6 kg. Mais on trouve aussi du provolone de formes et de grosseurs différentes : les boules plus petites sont dites calabresi et silani, les plus grosses gigantini ; les cylindriques sont appelées pancettoni, pancette, salami ou giganti. Quant aux fromages en forme de boule, on les désigne sous les noms de mandarini ou melloni.

Le **caciocavallo**, originaire de la région de Naples, se présente ficelé et par paires ; il se fabrique selon la même méthode que le provolone. On le déguste en fromage de table, ou râpé quand il est rendu plus sec grâce à un affinage prolongé. Le **ragusano**, variante sicilienne du provolone, doit son nom à la ville de Raguse. Il se présente sous forme d'un parallélépipède pesant entre 5 et 10 kg. On produit aux États-Unis un provolone à pâte plus molle, appelé **stretched curd-type cheese**, qui contient 45 % de M.G. au minimum et 55 % de matière sèche.

Kashkaval *Fromage bulgare à pâte filée dure, le plus souvent au lait cru (chèvre, ou chèvre et vache). 50 % de M.G. au minimum, goût piquant, légèrement salé.*

Kasseri *Fromage grec à pâte dure titrant 40 % de M.G. Fabriqué avec du kefalotyri frais (fromage de brebis). Très proche du provolone et du kashkaval.*

Ostiepok *Fromage slovaque à pâte filée. Sa surface est décorée de sculptures qui prennent une teinte brune au fumage.*

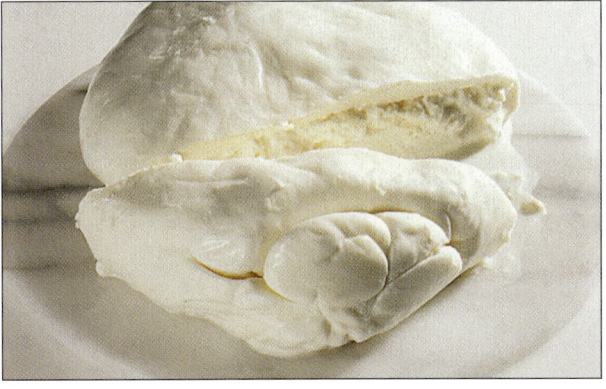

Burrata *Spécialité fabriquée principalement en Italie du Sud. On ajoute à la masse un morceau de beurre ou un mélange beurre-sucre.*

Burrata di Andria *Fromage présenté sous une enveloppe de feuilles fraîches d'asphodèle. Ces feuilles proviennent d'une plante appartenant à la famille des liliacées, très répandue sur le pourtour méditerranéen.*

47

Mozzarella di bufala *(mozzarelle au lait de bufflonne) C'est avec ce type de lait que se fait traditionnellement la mozzarella. Elle est plus douce au goût que celle de vache.*

Mozzarella en pain *Cette présentation est plus commode pour les restaurateurs (confection des pizzas) et les distributeurs.*

Mozzarella en boules *Cette présentation permet de disposer de portions individuelles, idéales dans une salade ou à l'occasion d'un apéritif.*

String cheese *Fromage d'Amérique du Nord, fumé ou non, agrémenté ou non d'ail ou d'oignon. La présentation en portions individuelles en fait un en-cas très apprécié.*

Treccia pugliese affumicata
Fromage fumé originaire des Pouilles, à pâte ferme, fabriqué selon le même procédé que la mozzarella. La pâte filée présente une malléabilité qui permet de très nombreuses variantes pour la présentation.

Mozzarella di vacca *(mozzarella au lait de vache) La véritable mozzarella se fabrique avec du lait de bufflonne ; mais aujourd'hui, pour répondre à la forte augmentation de la demande, on trouve de plus en plus de mozzarella au lait de vache.*

Le **provola**, ou **cicillo**, est un fromage plus petit en forme de boule ; on le fabrique avec du lait de bufflonne ou de vache, ou un mélange des deux. Affiné moins longtemps que le provolone, il est plus riche en eau. Les **provolini**, **provolette**, **topolini** et **bocini** ont des formes plus petites. Ils présentent une pâte mi-molle tirant plus sur le blanc, et sont plus doux au goût.

La **mozzarella** est un autre produit à pâte filée très renommé. Lors de sa fabrication, le pétrissage du gâteau de caillé est moins intense que pour le provolone. C'est un fromage que l'on trouve sous des aspects très variés, et qui se vend non affiné, pratiquement comme un fromage frais ; il doit donc être consommé très rapidement. La mozzarella traditionnelle est fabriquée en Campanie et dans le Latium, exclusivement avec du lait de bufflonne. Mais, aujourd'hui, on trouve souvent de la mozzarella au lait de vache, appelée mozzarella di vacca ou encore *fior di latte* (fleur de lait). La teneur en matières grasses doit être de 44 % au minimum pour la **mozzarella di vacca**, de 50 % pour la **mozzarella di bufala** ; pour cette dernière, le pourcentage minimal de matière sèche est de 35 %. Traditionnellement, la mozzarella est présentée baignant dans une saumure légère, mais on peut aussi la trouver sous forme de pains, sans saumure. D'une région de production à l'autre, et selon sa taille, la mozzarella reçoit différentes dénominations : **bocconcini**, **ciliege**, **nociolini**, **nodini**, **ovaline**…

La **scamorza**, fabriquée selon le même procédé, est originaire des Abruzzes ; on la trouve fraîche, mais également vieillie, ou encore fumée.

Au Danemark, on fabrique une mozzarella titrant 30, 40 et 45 % de M.G., pour une matière sèche de 40 % dans tous les cas. Aux États-Unis, la mozzarella locale se présente en général en pains sous plastique, sans saumure : elle offre 45 % de M.G., et 40 à 48 % de matière sèche (60 à 52 % d'eau). Mais il existe aussi des variantes contenant moins de graisses et d'eau, qui sont surtout destinées à la confection des pizzas. Au Canada, un fromage similaire est appelé simplement **pizza**.

On fabrique également une variété particulière de fromage à pâte filée (burrino), dans lequel le caillé plastique enveloppe une motte de beurre, ou une pâte à base de beurre et de sucre.

Par ailleurs, notamment dans les Pouilles, il existe un autre procédé de fabrication consistant à enfouir de petits morceaux de pâte filée dans de la crème, puis à envelopper le tout dans des feuilles fraîches tressées. Selon leur forme, ces produits reçoivent des noms différents : **butirri** (en forme de poire), **burrate** et **palloni** (en forme de ballon, spécialité de Gravina, dans les Pouilles). Il existe en outre des noms régionaux : **burrini**, **occhi di bufala**, **burielli con occhi**, **uova di bufala** (yeux de bufflonne, œufs de bufflonne). Ces produits offrent, à l'état frais, un goût douceâtre ; si on les laisse mûrir pendant 1 ou 2 semaines, ils prennent un goût piquant rappelant le provolone dolce.

Le leerdamer et les fromages apparentés

Le leerdamer (ci-dessus) est un produit de Hollande qui se présente sous forme de meules pesant soit 6 kg, soit entre 12 et 14 kg. Sa pâte, souple, titre 45 % de M.G. Avec son goût doux et rappelant la noix, ce fromage est aussi bien destiné à la table qu'à la cuisine. C'est le principal représentant d'un nouveau groupe de fromages qui tiennent à la fois du gouda et de l'emmental, dont ils ont pris respectivement la consistance et l'arôme. S'ils sont en fait plus proche de l'emmental, ils se fabriquent selon un procédé demandant beaucoup moins de travail et de temps. Ils ont une forte teneur en eau, et demandent un temps d'affinage réduit. À l'origine, ils titraient toujours 45 % de M.G., mais, aujourd'hui, on en trouve des variantes allégées à 30 % de M.G. Les yeux présentent d'importantes différences de grosseur. Aujourd'hui, ce type de fromage est produit dans plusieurs pays d'Europe.

Jarlsberg *Fromage apparenté au leerdamer, originaire de Norvège. Goût douceâtre.*

Alpsberg *Autre fromage apparenté au leerdamer, mais allemand. Il est disponible en deux versions : 45 % ou 30 % de M.G.*

Le gouda au lait cru, tel que le confectionnent les fermiers hollandais depuis des siècles, est aussi fabriqué aujourd'hui à plus grande échelle sous les appellations de kollumer et texelaar. Sa saveur, qui évolue du doux au puissant et relevé, est souvent renforcée par la présence de condiments dans la pâte : ail, oignon, carvi, cumin, ortie et autres fines herbes.

Le groupe des fromages à pâte demi-dure compte quelques représentants très connus comme le gouda, les autres fromages ayant des yeux comme la fontina d'Italie, mais aussi le cheshire et le derby de la famille du cheddar, ou encore le tilsit et l'havarti (qui présentent des fentes de caillage irrégulières).

La notion de fromage à pâte demi-dure désigne des produits faciles à détailler en tranches. Toutefois, elle ne recouvre pas seulement une qualité de consistance, mais surtout un pourcentage d'extrait sec. Ce type de fromage présente une moindre teneur en matière sèche que ceux à pâte dure, ce qui explique leur durée d'affinage moins longue. Mais la transition entre pâte dure et demi-dure est fluctuante. Certains produits peuvent être rangés dans l'une ou l'autre catégorie, selon leur richesse en eau : c'est le cas du colby.

À l'inverse, la pâte de certains fromages peut devenir dure ou même extradure, du fait de l'évaporation de l'eau au cours de l'affinage et de l'entreposage : c'est le cas de l'asiago, du gouda et d'une catégorie de pecorini (fromages italiens de brebis). D'autres sont à la limite des pâtes dures et demi-dures, comme certaines variétés de gruyère.

Dans ce groupe, le **gouda** est sans conteste l'un des plus renommés. On le connaît, en Hollande, depuis au moins le XVIe siècle, où il était fabriqué dans les fermes des environs de la petite ville de Gouda. Au début du XXe siècle, la production augmenta de plus en plus avec la mise en service d'unités de production ; celles-ci fabriquaient un **goudse kaas** au lait pasteurisé, qui finit par supplanter le **goudse boeren kaas**, fromage fermier au lait cru ; toutefois, celui-ci a recouvré la faveur du public, en raison notamment de l'addition de différents agents gustatifs.

Aujourd'hui, le gouda de Hollande titre 48 % de M.G. ; ses cylindres pèsent entre 2,5 et 15 kg, et jusqu'à 30 kg pour les fromages fermiers. Le **mai** ou **gras kaas** est un gouda jeune qui se fabrique au printemps avec les premiers laits de prairie. De ce fait, il offre une teneur élevée en carotène qui lui confère une coloration jaune.

Autrefois, les fermiers fabriquaient le fromage deux fois par jour, immédiatement après chaque traite : le lait était donc de première fraîcheur. Aujourd'hui, le lait de la veille au soir est conservé et refroidi pendant la nuit, à une température de 8 °C en général, parfois moins, puis mélangé au lait frais du matin : on obtient ainsi le **dagkaas** (fromage du jour).

La plupart des goudas sont affinés entre 1 et 6 mois. Selon leur stade de maturation, ils sont appelés jeunes (1/4 étuvé), moyennement vieux (demi-étuvé) ou vieux (étuvé). Environ 10 % des goudas subissent une maturation supérieure à 6 mois, allant même jusqu'à 1 an ; les meules ainsi affinées sont soigneusement sélectionnées, car elles doivent présenter des caractéristiques leur permettant d'être râpées après maturation. Toutefois, l'âge d'un gouda n'est pas suffisant comme

Minell *Fromage allégé de type gouda (29 % de M.G.) ; pour autant, la pâte reste souple.*

Vitadam *Fromage allégé allemand de type édam (20 % de M.G.), répondant à une forte demande.*

Mimolette *Pâte fortement colorée en rouge-orangé et allant, selon l'affinage, du souple au ferme friable.*

Baby-gouda ou **lunchies kaas** *(200 g à 1 kg). Plus doux et crémeux que le vrai gouda.*

Pain d'édam *avec enrobage jaune en paraffine, tel qu'on le trouve principalement aux Pays-Bas.*

Boules d'édam *comportant une croûte naturelle qui, selon l'affinage, a une teinte jaune clair à brun.*

Boule d'édam traditionnelle *L'édam est presque toujours enrobé de paraffine de couleur rouge ou jaune.*

Geheimratskäse *Ce fromage a la structure souple du beurre. Ses cylindres pèsent 500 g.*

Avec l'affinage apparaissent des modifications de saveur, de consistance, de structure et de couleur du gouda. Jeune et encore doux (en haut), il a une pâte souple et jaune clair. Mi-étuvé (au centre), il peut déjà être râpé. Au bout de 12 mois d'affinage (en bas), sa pâte est devenue jaune foncé : étant friable, elle ne se consomme que râpée.

Friese Nelkenkaas *(fromage frison au clou de girofle) Son goût particulier est dû au cumin et au clou de girofle.*

Leidener *(Leidse kaas) Fromage toujours condimenté au cumin. 20 ou 40 % de M.G.*

Ce n'est pas un hasard si le véritable gouda s'exporte dans le monde entier: sa qualité est constante et parfaite. Grâce à des procédés de fabrication ultramodernes, les fabricants garantissent un produit toujours identique d'un fromage à l'autre. Sur cette page sont illustrées les différentes phases de sa fabrication, dans une fromagerie de taille moyenne.

1 *Avec une harpe, le caillé est rompu en morceaux ayant la taille d'un grain de maïs.*

2 *On ajoute de l'eau très chaude au mélange caillé-petit-lait, afin de « laver » légèrement celui-ci.*

3 *Le gâteau de caillé est pressé une première fois, et on laisse s'écouler le petit-lait par un tuyau en fond de cuve.*

4 *La masse s'est déjà légèrement regroupée; on la fragmente alors en cubes.*

5 *Les blocs de fromage sont placés dans des moules en plastique tapissés d'un linge ou d'un tamis.*

6 *Les fromages sont pressés pendant 1 h 30, puis retournés et pressés à nouveau 1 à 2 heures.*

7 *On écarte le tamis, on démoule les cylindres de fromage, puis on les replace dans les moules.*

8 *Les fromages restent dans les moules jusqu'au lendemain, mais on les retourne à plusieurs reprises.*

9 *On plonge les meules quelques jours dans la saumure. Pâte et croûte se raffermissent, l'arôme se développe.*

10 *Dès que les meules ont suffisamment séché, on passe sur la surface une cire protectrice.*

11 *Les fromages sont entreposés en cave et soigneusement affinés, entre 4 semaines et 12 mois.*

gage de qualité. Au cours de cet affinage prolongé, la pâte devient plus ferme et le goût se renforce.

On constate, par ailleurs, une tendance à découper le gouda en pains s'affinant sous feuille. Le gouda est également commercialisé en variantes nettement plus petites, comme le **baby-gouda** ou **lunchies kaas** (fromage pour déjeuner léger), qui pèse entre 200 g et 1 kg. De nombreux pays fabriquent leur propre gouda : c'est le cas de l'Allemagne, dont le **deutscher gouda** titre 45 ou 50 % de M.G., mais aussi 30 ou 40 % en versions allégées. Dans d'autres pays, les fromages de type gouda possèdent une dénomination locale : **drabant** et **gårda** en Suède, **norvegia** en Norvège, **kol-bi** en Israël, **kostromskoj sir** en Russie, **pategrás** en Argentine, **prato** au Brésil. En Allemagne, on trouve une variante de gouda appelée **geheimratskäse** (« conseiller secret »), dont la pâte relativement molle titre 40, 45 ou 50 % de M.G.

L'**édam** (edamer kaas) est presque aussi connu que le gouda. Il y a des siècles, il était déjà fabriqué au lait entier par des paysans qui travaillaient le lait dès la traite du soir. Aujourd'hui, il est produit avec un mélange du lait de la veille au soir, donc en partie écrémé, et de celui du matin, qui est frais.

Comme le gouda, l'édam se fabrique dans de nombreux pays. D'un pays à l'autre, on note une grande diversité dans la présentation (traditionnelle, en boule, ou sous d'autres formes – blocs ou petits pains), le poids et l'affinage (sous feuille ou avec une croûte revêtue de cire rouge ou jaune). La pâte de l'édam, souple, titre 40 % de M.G. au moins aux Pays-Bas, 30 à 50 % en Allemagne:

Dans la famille des édams, nous pouvons citer aussi le **lappi** finlandais, doux et aromatique (45 % de M.G.), et la **bola**, fromage en forme de boule à 45 % de M.G. Ce dernier est très apprécié en Espagne, au Portugal (où l'on trouve une variante appelée **flamengo**) et en Amérique du Sud.

La **mimolette** est un fromage apparenté au **commissie-kaas** (commission), grosse meule qui était autrefois commandée par la France. Ce produit, fabriqué en Hollande, est la plupart du temps affiné en France, mais aujourd'hui, nous produisons nous-mêmes (dans la Flandre et en Bretagne) une mimolette se présentant en boules de 2 à 4 kg et titrant au minimum 40 % de M.G. et 54 % de matière sèche. La pâte, qui va du demi-ferme au dur, est jaune-orangé à rougeâtre, avec des yeux relativement peu nombreux. On trouve différentes variétés de mimolette selon les lieux de fabrication et la durée d'affinage. Les jeunes fromages (mimolette jeune ou mimolette tendre) sont plutôt destinés à garnir une tranche de pain. Les plus âgés peuvent avoir 6 mois (mimolette demi-vieille ou demi-étuvée), voire 12 mois (mimolette vieille ou étuvée). Ils se consomment de préférence en amuse-gueule avec du vin ou un apéritif, mais peuvent aussi relever des plats chauds.

Fromages de Russie
Les pays européens de l'ex-URSS fabriquent une grande variété de fromages, qui sont de plus en plus exportés. De haut en bas : Rossiskij (50 % de M.G.), fromage à pâte mi-ferme et trous de caillage, rappelant le tilsit. Estonskij (45 % de M. G.), de type gouda, présenté en rouleau. Bauskij (50 % de M.G.), pâte demi-ferme et croûte fleurie, goût agréablement acidulé.

Steppe allemand *Goût doux, pâte souple. 45 ou 50 % de M.G., mais on trouve aussi des versions allégées.*

*Fromage danois
de type danbo,
à pâte demi-dure,
affiné dans
des grottes
naturelles à 8 °C.*

Tilsit suisse *Il n'a plus rien à voir avec le tilsit d'origine, mis à part le nom. En Suisse, les étiquettes diffèrent selon la nature du lait : elles sont rouges (lait cru) ou vertes (lait pasteurisé).*

Danbo *Steppe danois, pouvant ou non comporter une flore. Selon le procédé de fabrication et l'âge, goût parfumé à relevé. Disponible aussi aromatisé au cumin.*

Samsø *(ou Samsoe) Existe sous forme de pains ou de meules, avec une teneur en M.G. de 30 ou 45 %. Saveur douce, allant du légèrement acidulé au douceâtre.*

Asiago pressato, *ou pressato Fromage de Vénétie, région d'origine de l'asiago. Pâte pressée cuite, utilisée relativement fraîche (4 semaines) comme fromage de table.*

Appenzell *Fromage suisse traditionnel au lait cru, très parfumé. Il en existe une version allégée plus relevée, appelée appenzeller räßkäse (fromage fort d'appenzell).*

Geltinger *Steppe allemand originaire du Schleswig-Holstein, se présentant en pains de 6 kg. Goût parfumé à légèrement piquant selon la durée de l'affinage.*

Herrgårdsost *Fromage fermier suédois, à saveur doucement parfumée. Très apprécié accompagné de pain, il s'utilise aussi en cuisine.*

Asiago d'Allevo *Au bout de 3 à 6 mois de maturation, se déguste en fromage de table relevé. Peut être affiné 12 mois ou plus, et se consomme alors râpé.*

*Meules d'asiago
prêtes à être
entreposées. On
distingue nettement
le sigle mentionnant
la DOC.*

L'**appenzell** fut l'occasion de conflits d'origine fiscale entre les paysans et le monastère de Saint-Gall, où se vendaient les plus grandes quantités de ce fromage. Il titre 50 % de M.G. au minimum pour 58 % d'extrait sec. Sa pâte offre des yeux réguliers de la grosseur d'une cerise, en nombre limité. Ses meules (30 à 33 cm, 6 à 8 kg) ont un talon légèrement bombé et une croûte ferme, brun-jaune. Lors de l'affinage, on le traite au sulz, liquide composé de vin, de levure, de sel et d'épices, qui lui confère son goût typique. Il se consomme au plus tôt à 90 jours, mais l'affinage peut durer 6 mois : on parle alors d'appenzell extra.

Le **steppe**, très consommé jadis en Autriche-Hongrie, se déguste en Europe de l'Est et du Nord. Quand il est fabriqué selon la méthode traditionnelle, il présente une fleur rouge et sèche ; mais souvent, celle-ci est lavée, puis séchée et enrobée de cire. Le **danbo** (anciennement **steppeost**) est un steppe danois (30 ou 45 % de M.G.) au goût plus ou moins prononcé selon la durée d'affinage. Le **samsø**, autre fromage danois, ressemblait à l'emmental mais il a pris une personnalité propre. Sa pâte ferme (30 ou 45 % de M.G.), percée de rares yeux ayant la grosseur d'un pois ou d'une cerise, est acidulée à douceâtre. D'autres fromages en sont proches, au Danemark : **elbo**, **fynbo**, **tybo**.

Fabriqué en Italie, l'**asiago** désigne en fait trois fromages différents. L'**asiago d'Allevo** ou **d'Allievo** est originaire du haut plateau d'Allevo ou des sept communes de la province de Vicenza. Il se fabrique surtout en Vénétie, mais aussi dans les territoires limitrophes. Il titre au moins 34 % de M.G., mais monte souvent à plus de 40 %. Il se présente en meules aplaties de 8 à 14 kg. Sa croûte, lisse et jaune rougeâtre, dissimule une pâte jaune paille demi-ferme, percée de quelques trous de petite taille. Dans les meules affinées plus longtemps, la pâte prend une consistance plus compacte et granuleuse, et sa couleur fonce. À l'affinage, la saveur se modifie : elle est doucement relevée pour l'**asiago dolce**, puissante pour l'**asiago medio**. Quant à l'**asiago piccante**, sa pâte dure se consomme râpée. L'**asiago pressato** (44 % de M.G. au moins), de grosseur similaire, a une pâte très aérée. À quelques semaines, on le consomme en fromage de table. L'**asiago grasso di monte** est un fromage gras (45 % de M.G. au moins), fabriqué seulement l'été ; le **monte veronese** et les variétés lombardes de montagne, **bitto** et **branzi**, s'en rapprochent. Selon l'affinage, ces fromages se dégustent à table ou râpés.

Le **montasio**, apparenté à l'asiago, doit son nom à une chaîne de montagnes des Alpes juliennes. Fabriqué au lait cru, il titre au moins 40 % de M.G., et se présente en meules aplaties de 6 à 9 kg, à croûte lisse légèrement rougeâtre.

Le **montasio fresco** (frais) est un fromage de table ; le **montasio mezzano** a été affiné plusieurs mois ; quant au **montasio vecchio**, mûri 1 an au moins, il est piquant et se consomme râpé.

La production du montasio s'est modernisée tout en restant fidèle aux principes traditionnels de fabrication. C'est principalement dans les provinces d'Udine et de Gorizia qu'il est produit, comme l'asiago, et le plus souvent dans des coopératives.

De gauche à droite et de bas en haut : le mélange caillé-petit-lait est versé dans une cuve de prépressage, où le caillé sera réparti de façon uniforme, et le petit-lait évacué. Après un pressage léger, les morceaux de caillé sont coupés, déposés dans des moules et pressés pendant 24 heures. Les meules sont retournées à plusieurs reprises ; on replace les toiles. Les fromages sont immergés dans la saumure pendant 1 ou 2 jours. On les pose à plat, puis on les installe en rangs serrés à une température comprise entre 14 et 16 °C, et à un degré d'hygrométrie de 80 à 85 %.

Montasio mezzano *Se déguste comme fromage de table au bout de 2 à 4 mois. Celui-ci a 6 mois, et peut presque se consommer râpé.*

Montasio fresco *Celui-ci a 4 semaines. Comme pour les pecorini, que l'on connaît surtout bien mûrs et piquants, le montasio s'apprécie aussi très jeune, à peine affiné.*

Les fromages de brebis à pâte ferme du Massif central ont une pâte souple, une saveur douce et un goût riche après un affinage prolongé.

Raclette *Son nom vient du verbe racler. Ce fromage, conçu pour fondre sans couler rapidement, est destiné à confectionner le plat national valaisan qui porte le même nom. Les variétés suisses les plus indiquées sont l'anniviers, le bagnes, le conches, l'orsières ; elles s'accompagnent de préférence de fendant, un vin blanc du Valais.*

Fontina *Elle doit être produite dans le Val d'Aoste, avec du lait cru. Entre juin et septembre, on la fabrique dans les alpages, et les autres mois, dans les fromageries de la vallée. Sa saveur épicée mais agréablement douce se prête bien à une dégustation à table, mais sa bonne tenue à la fonte la fait choisir aussi pour la cuisine.*

Morbier *Fromage français à pâte pressée non cuite (45 % de M.G.), apparenté au bagnes et au conches, fabriqué depuis plus d'un siècle dans la ville du même nom, en Franche-Comté. Il se caractérise par une fine couche centrale noire, traditionnellement de suie, aujourd'hui de poudre de charbon de bois.*

Fontal *Nom donné à une variante de la fontina fabriquée avec du lait pasteurisé. Ce fromage n'est pas produit exclusivement en Italie. Certains pays, comme la France et le Danemark, en confectionnent également, en vendant même à l'Italie. Fromage de table de saveur douce, pâte de blanc à jaune paille. Il titre 45 % de M.G. au minimum.*

Les fromages du Portugal

Au Portugal, les fromages se fabriquent encore souvent de façon artisanale, mais on note une tendance croissante à la production dans des exploitations modernes. En haut à gauche : monte verde (40 % de M.G.). En haut à droite : queijo casteloes (50 %). En bas à gauche : alvorca (50 %), aux laits de vache, de brebis et de chèvre. En bas à droite : queijo serra da estrela, fromage à pâte dure au lait de brebis présenté ici après affinage de 10 à 12 mois (45 % de M.G.). La fabrication du queijo da serra (originaire, de la Serra da Estrela) est réglementée ; parmi les autres produits de type serra, citons le serpa et le queijo da ovelha.

La **raclette** se fabrique principalement en France et en Suisse, et s'utilise surtout comme ingrédient principal dans le plat du même nom. Traditionnellement, on chauffe la surface tranchée près du feu ; puis on racle la partie fondue et on la déguste avec des pommes de terre en robe des champs et des cornichons. En France, on trouve le fromage à raclette (ou raclette tout court), ainsi qu'une petite raclette (45 % de M.G. au moins et 53 % de matière sèche) ; la durée de l'affinage est de 8 semaines.

Mais le meilleur fromage français à utiliser pour une raclette est l'**abondance**. Ce terme désigne à la fois la vallée, la rivière, le village, et une race de vaches, arrivée dans la région il y a environ quinze siècles et sélectionnée à partir de la pie rouge de l'Est par les moines de l'abbaye. L'abondance est un fromage au lait cru à 48 % de M.G., protégé par une AOC. Il se présente sous forme de meules à talon convexe pesant de 7 à 12 kg, pour une hauteur de 7 ou 8 cm et un diamètre de 38 à 43 cm. Il offre une croûte variant de l'ocre au brun et une pâte jaune pâle au goût subtil de noisette. L'abondance est particulièrement savoureux quand il est fabriqué avec le lait donné en été par les vaches qui profitent de la richesse des prairies alpines.

En Suisse, on distingue le **fromage à raclette** et le fromage à raclette du Valais. Le premier peut être fabriqué avec du lait soit cru soit pasteurisé, en meules ou en pains pesant entre 4,8 et 7,5 kg. L'inscription « raclette » doit être gravée dans le talon de la meule. Le fromage du Valais, lui, est fabriqué uniquement avec du lait cru ; il revêt plus d'une cinquantaine d'appellations d'origine, régionale ou locale, qui sont gravées dans la meule : **bagnes, forclac, gomser, valais, wallis**… Leur pâte, dont la couleur va de l'ivoire au jaune clair, se prête très bien à la découpe en tranches et à la fonte. Sa saveur douce devient plus aromatique avec la maturation. La raclette simple se consomme au bout de 60 jours d'affinage, tandis que celle du Valais mûrit pendant 90 jours.

La fondue, quant à elle, se réalise avec un ou plusieurs fromages à pâte cuite, en général **gruyère, emmental, vacherin,** quand elle est préparée en Suisse ou en France. Les Italiens, eux, utilisent la **fontina**, produit fabriqué uniquement avec du lait cru et exclusivement dans le Val d'Aoste, depuis huit siècles. Ses meules (45 % de M.G.) pèsent entre 10 et 18 kg et sont affinées 3 mois. Une mince croûte allant du jaunâtre au brun clair entoure une pâte très claire, de consistance souple et percée d'yeux, avec une saveur douce. La fontina, qui titre 45 % de M.G., présente une très bonne capacité à fondre, mais on peut aussi la déguster crue.

On trouve aussi sous le nom de **fontal**, en Italie mais également hors des frontières, un fromage fabriqué selon le même procédé mais avec du lait pasteurisé, ce qui en atténue la saveur ; ce produit, industriel, utilise le lait de vaches de nombreuses régions, et son nom n'est pas attaché au Val d'Aoste.

Les fromages fumés

Ce traitement concerne principalement les produits à pâte dure et demi-dure. Outre un effet esthétique, le fumage offre l'avantage de parfumer les produits et de permettre leur conservation. Il se pratique surtout en Europe centrale, en Espagne, en Italie.

Queso ahumado *Fromage de Navarre, province espagnole où on le fabrique encore selon la tradition. Ce fromage à 50 % de M.G., fabriqué avec un mélange de laits de vache, de brebis et de chèvre, puis fumé, présente une croûte qui a bruni. La pâte, demi-ferme, dispense une agréable saveur fumée.*

Le **tilsit** doit son nom à une ancienne ville prussienne, aujourd'hui russe. L'appellation de tilsit est maintenant utilisée par un certain nombre de pays producteurs. La consistance du fromage est assez molle à assez compacte, le goût et l'arôme vont du doux au relevé. Des fromages similaires ont reçu des appellations différentes : **kreivi** en Finlande (**kesti** quand il est au cumin), **edda** en Norvège, **ambrosia** en Suède, **tollenser** dans la partie orientale de l'Allemagne. En Autriche et dans le Sud-Tyrol, le nom rappelle souvent un lieu géographique. Le **tilsit suisse** (**royalp** à l'exportation) rappelle l'appenzell par la présence d'yeux ronds.

Le tilsit titre 45 % de M.G. au minimum, pour une masse sèche de 55 % (lait cru) ou 52 % (pasteurisé). Il se consomme au bout de 50 jours (lait cru) ou de 3 semaines (pasteurisé). Au Danemark, ce produit a pris, en 1952, le nom d'une ferme, pour s'appeler **havarti**. Le havarti doux est proposé à 30, 45 ou 60 % de M.G. ; sa pâte est relativement molle et parfois traversée de fentes de caillage assez grosses ; sa saveur, légèrement acidulée, évolue vers le puissant avec l'âge. On trouve aussi des havarti à l'aneth (paraffinage vert) ou au cumin. Le **wilstermarsch**, fromage du Holstein, en Allemagne, est très proche du tilsit, mais présente traditionnellement des yeux répartis de façon régulière. Il titre 45 ou 50 % de M.G. et, au bout d'un affinage de 4 semaines, offre une saveur douce, souvent acidulée. Le **maribo** danois présente, ou non, une croûte fleurie, avec un arôme respectivement doux ou puissant ; il titre 30 ou 45 % de M.G. Le **turunmaa** est un fromage de Finlande qui s'en rapproche.

À l'origine, l'expression « fromage des Pyrénées » désignait les produits fabriqués dans cette région de France. Aujourd'hui, elle s'applique plutôt aux fromages de vache présentés sous une enveloppe noire. Le **pyrénées de brebis**, qui titre la plupart du temps plus de 45 % de M.G., est fabriqué avec du lait de brebis pur. L'**ossau-iraty-brebis-pyrénées** (AOC) est fabriqué dans le Béarn et le Pays basque, c'est-à-dire dans les Pyrénées-Atlantiques et une petite partie des Hautes-Pyrénées. Il doit contenir 50 % de M.G au minimum. Il se présente sous forme de cylindres pesant de 4 à 5 kg, mais les fromages fermiers peuvent aller jusqu'à 7 kg ; on propose aussi un petit ossau-iraty (entre 2 et 3 kg). La croûte épaisse de ce fromage varie, en teinte, du jaune-orangé au gris ; la pâte, ferme et souple à la fois, offre une saveur de noisette et riche de terroir. L'ossau-iraty fait l'objet de variantes à base d'un mélange de laits de vache ou de brebis, vendues sous le nom d'**iraty** ou de **pyrénées fermier**. On trouve des fromages comparables, par le procédé de fabrication et les caractéristiques, du côté espagnol, au sud et au sud-ouest de la chaîne des Pyrénées.

Par ailleurs, l'Ariège propose le **bethmale**, qui est un fromage au lait de vache se présentant sous forme de cylindres de 5 à 7 kg. Avec l'âge, sa pâte souple devient ferme puis dure, la saveur évoluant du doux au prononcé puis au piquant.

Havarti *Fromage danois vendu sous le nom de tilsit danois jusqu'en 1952. Sa pâte, blanche à jaune clair, est souple et aérée de nombreux trous de forme et de grosseur irrégulières. Au premier plan, un tilsit allemand, qui est très proche.*

Tilsit allemand *(ici, 45 % de M.G, mais peut aussi titrer de 30 à 60 % de M.G.) Il se caractérise par la compacité de sa pâte, agrémentée de nombreux trous de caillage.*

Maribo *Originaire de l'île de Lolland (Danemark). Pâte percée de petits trous, goût parfumé-acidulé.*

Wilstermarsch *Spécialité peu répandue du Holstein. Proche du tilsit d'origine.*

Svecia *(Suède) Disponible en nombreuses variantes, jeune ou mûr, ou condimenté aux épices.*

Prästost *(fromage de prêtre) Fromage suédois (50 % de M.G.), saveur herbeuse à relevée.*

Kryddal *Apparenté au prästost, très épicé par adjonction de carvi. 50 % de M.G.*

Hushållsost *Fromage doux à pâte assez molle, originaire du Westgotland (Suède) 30 ou 45 % de M.G.*

Pyrénées pur brebis *Exclusivement au lait de brebis, sa teneur en matières grasses est de 45 % au minimum.*

Hautes-pyrénées *Croûte naturelle et épaisse, saveur de brebis très prononcée.*

Pyrénées de vache *Désigne de façon générique les fromages de vache, particulièrement pour l'exportation.*

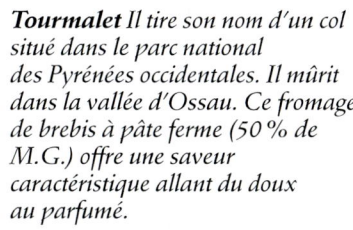

Tourmalet *Il tire son nom d'un col situé dans le parc national des Pyrénées occidentales. Il mûrit dans la vallée d'Ossau. Ce fromage de brebis à pâte ferme (50 % de M.G.) offre une saveur caractéristique allant du doux au parfumé.*

Esrom *Fabriqué par des moines du monastère d'Esrom, au nord de l'île de Seeland, puis tombé dans l'oubli. Il fut redécouvert et promu dans les années 1937-1938 par un organisme laitier d'État.*

L'esrom est apprécié également quand il est additionné de certains condiments, tout particulièrement de cumin (en haut, à gauche), de poivre (en haut, à droite), de paprika (en bas, à gauche) et d'herbes de Provence (en bas, à droite).

Les fromages à pâte demi-ferme sont très répandus dans la plupart des pays, au point que la nomenclature internationale les désigne sous le terme générique de «semi-soft cheese». Sous cette appellation sont regroupés des produits très différents.

Le **Bel Paese** est un fromage italien très apprécié. Titrant 50 % de M.G., il se présente en cylindres de 2 kg. En France, le **Bonbel** est un produit doux en pains de 2,3 kg titrant 50 % de M.G., ou allégé à 25 %. On trouve aussi un **Babybel** et un **mini-Babybel** (respectivement 200 et 20 g), protégés par une cire épaisse facile à détacher. L'**esrom** est un fromage danois dont la renaissance remonte aux années 30, mais il était appelé à l'époque **Port-Salut** ; il ne reçut son nom actuel qu'en 1952. Il se présente en général en pains d'environ 1,3 kg ; cependant, il existe différents autres formats. Il offre une peau mince et jaunâtre qui est soit enrobée de cire, soit recouverte d'une légère fleur. Sa pâte, jaunâtre, titre 45 ou 60 % de M.G. et comporte de nombreux petits trous de formes irrégulières ; elle offre un arôme allant du piquant au puissant. Ce fromage est aussi appelé **butterkäse danois**.

Au Canada, le **butter cheese** s'est imposé (50 % de M.G.). En Allemagne et en Autriche, on parle de **deutscher butterkäse**, qui peut titrer 45, 50 ou 60 % de M.G. Selon la teneur, la pâte évolue entre le souple et le fondant-crémeux. Ce fromage est doux à l'arôme et au goût, en apportant toutefois une note particulière. Le **brick** titre au minimum 50 % de M.G. aux États-Unis et 45 % en Allemagne. Le brick cheese traditionnellement fleuri se situe entre le limbourg et le tilsit. Quand il a mûri 3 semaines à 15 °C, il offre une saveur douce, qui prend de la puissance si on prolonge l'affinage pendant 1 ou 2 mois.

Les fromages monastériens, ou de trappistes, sont très nombreux, notamment en France. L'appellation **Port-Salut** ou **Port-du-Salut** est réservée aux fromages fabriqués sous licence de la trappe d'Entrammes. Celle-ci a conduit au développement d'un produit fabriqué selon le même procédé, le **saint-paulin**. Ce fromage, d'au moins 40 % de M.G., se présente en cylindre de 20 cm de diamètre et de 4 à 6 cm de hauteur. Le **petit Saint-Paulin**, lui, a un diamètre de 8 à 13 cm pour une hauteur de 3 à 4,5 cm.

L'**échourgnac**, du genre Saint-Paulin, est un fromage plus petit (300 g) du Périgord ; il est proche du **mont des Cats**, fabriqué en Flandre française. Ces deux fromages ont une croûte lavée jaune-rouge demi-sèche et offrent un goût doucement bouqueté. Citons d'autres fromages français de trappistes : **chambarand** (Dauphiné), **campénéac** (Bretagne), **cîteaux** (Bourgogne), **igny** (Champagne), **oelenberg** (Alsace), **beaumont** et **tamié** (Savoie), et le **bricquebec** (Normandie), qui est plus gros.

Le **trappistenkäse** est un fromage autrichien à pâte demi-dure, dont le monastère Maria Stern de Banja

Bel Paese *C'est l'un des fromages industriels les plus connus d'Italie. Pâte pressée, croûte de couleur paille, pâte souple finement acidulée. Le nom de Bel Paese (beau pays) est une marque d'entreprise. Pour désigner des fromages similaires, on a créé le nom « italico » en 1941.*

Bonbel *Fromage industriel français, à pâte douce. À l'origine, il n'existait que sous la forme de petites meules, mais aujourd'hui on le trouve aussi dans le commerce sous forme de pains, plus adaptés à la distribution. La surface peut présenter plusieurs couleurs, ce qui renseigne sur la teneur en M.G. : 50 % pour les croûtes rouges, 25 % pour les jaunes.*

Babybel et **mini-Babybel** *Ces petites meules sont protégées par un enrobage de cire qui, aujourd'hui, s'ouvre et se referme commodément, grâce à une bande le séparant en deux.*

Butterkäse allemand *Traditionnellement, il offre une peau fine allant du brun-jaune au rouge, une pâte souple rappelant le beurre (d'où son nom), avec de rares trous et une saveur caractéristique doucement acidulée. Aujourd'hui, on produit plutôt un fromage sans peau, avec une pâte plus ferme et des trous plus nombreux.*

Brick *Fromage à pâte pressée non cuite, à l'origine américain, dont le nom provient de sa forme. Il fut créé en 1875 dans le Wisconsin. Traditionnellement, il est fabriqué avec une fleur brun-rouge légèrement séchée. Aujourd'hui, on l'affine le plus souvent sans fleur rouge. Saveur douce à un peu piquante, noisetée.*

Schwäbischer landkäse *Variété nouvelle (50 % de M.G.), dont la production associe différentes caractéristiques de fabrication traditionnelle. Il est recouvert d'une fleur brun-rouge plutôt sèche, et sa pâte perforée de petits trous est légèrement jaunâtre, finement souple. Son goût évolue avec l'affinage du doucement acidulé au parfumé.*

Bianco *Fromage allemand (55 % de M.G.), à croûte claire et lisse, de goût légèrement acidulé à puissant. Comme celui représenté à droite, il est caractéristique d'un groupe de produits mis au point ces dernières années. Ils se signalent par une pâte demi-ferme, la plupart du temps très aérée par des nombreux trous de caillage.*

Almkäse *Goût riche et prononcé, évoluant avec l'affinage vers le fortement parfumé. Comporte une légère fleur. Titre 50 % de M.G.*

Les trappistes

Contraints à l'exil par la Révolution, les premiers trappistes autorisés à rentrer en France s'installèrent, en 1815, à l'abbaye de Port-du-Salut, près d'Entrammes, où ils fabriquèrent un fromage qui, bientôt, fut commercialisé sous le nom de « port-de-salut ». Aujourd'hui, il existe en France, plus de dix fromages similaires à celui-ci.

Port-du-Salut ou **Port-Salut** *Appellation réservée aux fromages fabriqués à Entrammes.*

Échourgnac *Petit fromage de trappistes du Périgord. Pâte pressée, croûte lavée, goût agréablement relevé.*

Trappiste de Belval *(ou belval, simplement) Fromage à pâte pressée et croûte lavée, fabriqué en Picardie.*

Trappistenkäse allemand *Disponible sous deux formes, ronde ou en pain. Goût allant du doux au puissant.*

Mondseer *Fromage autrichien de la région de Salzbourg. Croûte lavée visqueuse, goût relevé, puissant.*

Loo véritable *Fromage belge recouvert d'une pellicule noire. Saveur douce à puissante selon l'affinage.*

Ridder *Originaire de Norvège, pâte souple demi-ferme. Goût crémeux-aromatique.*

Brigand *Fromage flamand. La saveur, douce, évolue avec l'affinage vers le puissant et au légèrement amer.*

Tamié *(ou trappiste de Tamié) Fabriqué en Haute-Savoie. Pâte pressée, croûte lavée, arôme riche, goût puissant.*

Steinbuscher *Fromage à peau brun-rouge et croûte lavée. Saveur douce à aromatique.*

Pavé d'Auge, pavé de Moyaux *Originaire du pays d'Auge, pâte non pressée, goût piquant.*

Pont-l'évêque *(AOC) L'un des plus grands fromages normands. Pâte molle, croûte lavée, goût relevé.*

Nantais *Appelé aussi curé. Croûte lavée paille à ocre, pâte souple, odeur et goût prononcés.*

Saint-Paulin *Fromage industriel français, proche du Port-Salut. Croûte lavée dans une saumure, puis séchée et colorée. Se présente sous film plastique à la vente.*

Kernhem *Il doit son nom à un domaine agricole des Pays-Bas. Ce fromage industriel de table offre une pâte souple et crémeuse et un goût qui peut aller jusqu'au piquant.*

Reblochon de Savoie *Protégé par une AOC, fabriqué sur un terroir très limité, présenté sur un disque de bois. Fromage offrant une saveur délicatement noisetée.*

Tomme de Savoie *À l'origine, elle n'était fabriquée qu'en Savoie, mais la tomme est aujourd'hui produite dans d'autres régions.*

Luka (Bosnie) était un lieu de production important. Autrefois, il se consommait dans toutes les régions composant l'Empire austro-hongrois. Aujourd'hui encore, le trappistenkäse est répandu dans de nombreux pays, où il présente des propriétés différentes. La surface peut être sèche, lavée ou enrobée de cire.

On trouve aussi ce type de produits en Grande-Bretagne (**penbryn**), au Canada (**oka**), en Allemagne (**deutscher trappistenkäse**). Le **ridder** (**riddar** en Suède) est un fromage renommé en Norvège. Sa peau de couleur orangé doré dissimule une pâte crémeuse titrant 60 % de M.G. Le **passendale** (50 % de M.G.) est un produit particulier fabriqué en Belgique ; il se caractérise par une pâte souple, et un arôme allant du doux au raisonnablement piquant. Il se présente en meules au talon convexe et à croûte légèrement moisie. En Allemagne, le **steinbuscher** est un fromage connu depuis longtemps, avec une peau brun-jaune rougeâtre recouverte d'une fleur limitée. Il peut titrer 30, 45 ou 50 % de M.G. et offre un arôme allant du doux au légèrement aromatique.

En Normandie, le pays d'Auge est la région de production de fromages très étroitement apparentés, le **pont-l'évêque** (AOC) et le **pavé d'Auge**, appelé aussi **pavé de Moyaux**. Ces fromages ont une pâte souple, une croûte lavée, parfois seulement brossée, une saveur relevée.

Le **curé**, appelé aussi **petit breton** ou **fromage du curé**, fut fabriqué pour la première fois par un ecclésiastique. Il se présente en carré, ou en meule, ne pesant que 200 g, avec une croûte lavée jaune et une pâte souple. Le **kernhem**, originaire des Pays-Bas, développe un arôme piquant au terme d'un affinage à 15 °C en cave humide ; sa pâte est particulièrement souple en raison d'une teneur en matières grasses de 60 %.

Le **reblochon de Savoie** est un fromage AOC. Il est fabriqué avec du lait entier cru, titre au minimum 45 % de M.G. mais dépasse souvent les 50 %. Il se présente en cylindres plats pesant 450 à 500 g, et entre 240 et 280 g pour le **petit reblochon**. Sa croûte, sèche, va du rosé pâle au jaunâtre et au brunâtre, avec souvent un duvet de fleur blanchâtre ; sa pâte, légèrement pressée, comporte des trous en nombre limité. Quand il est bien mûr, le reblochon de Savoie offre une saveur délicatement noisetée. On trouve par ailleurs des fromages similaires au lait pasteurisé. Le reblochon se fabrique également en Suisse romande, ainsi que dans quelques régions alpestres d'Italie, où il est appelé **reblosson**. Il existe des fromages ronds similaires que l'on désigne sous le nom de **tomme** (autrefois **tome**, en italien **toma**), terme que l'on complète par une indication géographique ; ils présentent une très grande diversité et aussi parfois une version allégée. La **tomme de Savoie** existe en différentes dimensions. Ce fromage protégé par une AOC n'est produit qu'en Savoie, mais il y a des fromages similaires plus au sud et dans le Massif central. Le terme **vacherin** désigne plusieurs fromages fabri-

Schweizer mutschli *Petits fromages de montagne originaires de Suisse, présentant selon l'affinage des consistances de pâtes variées.*

La coupe de cette tomme de Savoie révèle l'épaisseur de la croûte, caractérisée par sa couleur grise.

Vacherin fribourgeois *Il se vend avec une pâte plus ou moins ferme en fonction de sa destination (en fondue, ou à table). Goût acidulé à parfumé selon le degré d'affinage.*

La cave de Pierre Androuët, fromager-affineur à Paris.

Vacherin Mont-d'Or *Fromage fabriqué dans le Jura suisse (ci-dessus) ou dans le Jura français. Fromage doucement parfumé présentant une fleur brun-rouge.*

Saint-nectaire *(AOC) Fromage à pâte pressée d'Auvergne, croûte à fleur variée en couleurs et assez sèche. Fine saveur noisetée.*

Pavin *Ce fromage d'Auvergne rappelle le petit saint-nectaire, à la fois par l'aspect et le goût.*

Les éléments enveloppant les fromages ont traditionnellement un rôle de protection ; s'y ajoute aujourd'hui un avantage décoratif.

qués en Suisse romande et dans l'est de la France. En Suisse, le **vacherin fribourgeois**, qui peut être confectionné avec du lait cru ou pasteurisé, titre 45 % de M.G. pour un extrait sec de 52 %. Il se consomme, au plus tôt, à l'issue de 60 jours d'affinage, et se présente en deux variantes : vacherin assez ferme appelé vacherin à main, à consommer tel quel à table, et vacherin pour fondue. Les meules, qui pèsent de 6 à 10 kg, ont une fine peau recouverte d'une viscosité brun jaunâtre et une pâte jaunâtre, dont le goût évolue du légèrement acidulé au parfumé au fur et à mesure de l'affinage. Le **vacherin Mont-d'Or** est un fromage suisse tout à fait différent, qui se fabrique au pied du Jura suisse entre septembre et mars : c'est typiquement un fromage à pâte molle. Ses meules pèsent entre 500 g et 3 kg, et présentent une croûte brun-rougeâtre. La pâte, qui titre souvent plus de 50 % de M.G. pour 42,5 % de matière sèche, est blanchâtre avec une saveur parfumée et onctueuse quand le fromage est idéalement affiné. Parfois, il a un léger goût de sapin, du fait qu'il mature cerclé dans une boîte élaborée avec cette essence. Indépendamment des vacherins suisses, il existe des vacherins français, comme celui de **Joux**, produit dans la région du lac de Joux. Le **mont-d'or** ou **vacherin du Haut-Doubs** (AOC) est fabriqué dans le département du Doubs, à plus de 700 m d'altitude. Il se présente en meules pesant 500 g à 1 kg et moulées dans des boîtes en épicéa ou en sapin. Sa surface, ondulée, est jaune à jaune pâle, et la pâte va de l'onctueux au coulant quand l'affinage est correct. Le **vacherin des Bauges**, originaire de Savoie, en est un proche parent. La plupart du temps, il est si mou qu'il peut se déguster à la cuillère. Pendant la période d'affinage, on le frotte avec un mélange de vin blanc, de sel et d'épices ; il est vendu exclusivement dans des boîtes en bois.

Citons aussi une spécialité suisse appelée **tête-de-moine**. L'origine du nom n'est pas claire : il s'agirait soit d'un nom donné par dérision pendant la Révolution française, soit il indiquerait une portion, le prieur se réservant un fromage par tête de moine et vendant le reste de la production. La tête-de-moine est également appelée **bellelay**, par allusion à la ferme d'une abbaye de prémontrés située à Bellelay, dans le Jura suisse. Autrefois, la tête-de-moine était tronconique ; aujourd'hui, elle se présente en meules cylindriques d'un diamètre compris entre 8 et 20 cm pour un poids de 700 g à 4 kg. Sa croûte est recouverte d'une fleur brun-rouge. Sa pâte (51 % de M.G.), parsemée de rares trous, va de l'ivoire au jaune pâle et, avec l'affinage, sa saveur devient franche et fruitée ; elle peut se trancher ou se racler à la girolle.

Le **saint-nectaire** (AOC) est un fromage d'Auvergne fabriqué dans un périmètre précis situé dans les départements du Puy-de-Dôme et du Cantal. Il existe en deux dimensions, pesant respectivement 600 g et 1,7 kg. Il doit titrer au minimum 45 % de M.G. Les fromages

Tomme de brebis *Fromage français doux au goût, adoptant la forme ronde de la tomme de Savoie.*

Tomme du Beaujolais *Fabriquée dans la région viticole située entre Lyon et Mâcon.*

Crimlin *Fromage irlandais de type Port-Salut, à 45 % de M.G., ce qui lui confère un goût caractéristique.*

Plateau d'Herve *Fabriqué en Belgique. Arôme de fromage prononcé ; goût puissant mais non fort. 45 % de M.G.*

Airiños *Au lait de vache, originaire des Asturies. Croûte fleurie, pâte crémeuse doucement parfumée (60 %).*

Marzolino *Fabriqué en Toscane avec du lait de brebis, ou un mélange de laits de vache. Doux à légèrement piquant.*

Murol *Caractérisé par un trou central réalisé à l'emporte-pièce. Arôme doux à puissant.*

Trou du murol *Constitué par la partie centrale du murol, enrobée de cire rouge. Doux au goût.*

Robiola valsassina *Se vend doux ou piquant. Celui présenté ci-dessus, « tipo dolce », présente une fleur limitée.*

Passendale *Fabriqué en Belgique. Il présente ici une légère fleur blanchâtre. Goût évoluant du doux au puissant.*

Gaperon *Fromage d'Auvergne qui doit son goût particulier à l'adjonction de poivre et, surtout, d'ail.*

Tête-de-moine *Fromage suisse très savoureux, se prêtant bien au raclage en copeaux (voir ci-contre).*

C'est avec une girolle que la tête-de-moine se détaille le mieux. On prélève une calotte sur le dessus, on coupe des lamelles, et on replace la calotte pour éviter le dessèchement.

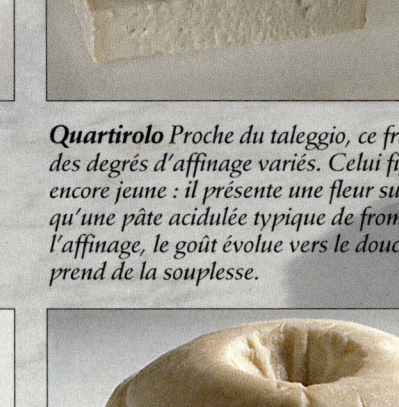

Pan(n)erone
Ce fromage d'Italie du Nord est produit par une puissante fermentation provoquée principalement par des bactéries et des levures spéciales.

Taleggio *Il doit son nom à une vallée au nord de Bergame. Jusqu'au début du XXe siècle, il était appelé stracchino quartirolo. Ce fromage à 48 % de M.G., à pâte pressée et croûte lavée, connaît de nombreuses variantes. Son arôme caractéristique est dû à un affinage en grottes naturelles à 5 ou 6 °C seulement.*

Quartirolo *Proche du taleggio, ce fromage est vendu à des degrés d'affinage variés. Celui figurant ci-dessus est encore jeune : il présente une fleur superficielle légère, ainsi qu'une pâte acidulée typique de fromages peu âgés. Avec l'affinage, le goût évolue vers le doucement parfumé, et la pâte prend de la souplesse.*

Évora *Doit son nom à une ville du sud du Portugal. Fabriqué avec du lait de brebis ou de chèvre, ou un mélange. Se présente en petits cylindres fermes bien salés (45 % de M.G.), le plus souvent sans croûte, en général conservés dans l'huile. On le laisse aussi mûrir plusieurs mois jusqu'à ce que la pâte soit dure : il offre alors un goût fort, parfois salé.*

Aragón *Appelé également tronchón. Fabriqué en Espagne avec du lait de brebis, ou un mélange brebis-chèvre. La pâte (50 % de M.G.) est blanc-jaune et percée de nombreux trous de petite taille. Ce fromage présente une forme caractéristique, avec un creux en son centre. Il mûrit 1 à 2 semaines et dispense un goût à la fois doux et typique.*

Corsica *Fromage au lait de brebis (50 % de M.G.) fabriqué selon la tradition pastorale. Sa croûte est recouverte d'une moisissure blanche qui développe avec le temps une légère fleur brun-rouge. La pâte, souple, présente de petits trous de caillé. Le goût et l'arôme évoluent du doux au puissant et au fort.*

Bambolo *Fromage italien mixte (vache-brebis). La superficie présente des empreintes distinctes et très caractéristiques du moule, et la pâte est assez souple. Il se vend soit peu affiné (ci-dessus), auquel cas il est recouvert d'une légère moisissure, soit bien mûr. Goût légèrement acidulé.*

mûrissent entre 3 et 8 semaines dans des caves naturelles ; ils présentent une fleur superficielle sèche composée de différentes bactéries, levures et moisissures. La croûte montre parfois des taches jaunes ou rougeâtres et un revêtement fleuri gris-blanc, qui est souvent aussi ocré.

Le **saint-nectaire fermier** se reconnaît à une marque en caséine verte. Le **pavin** et le **savaron** en sont de proches parents. Le **gaperon**, originaire lui aussi d'Auvergne, doit sa structure souple (avec de nombreux trous de caillé ou de fermentation) à une teneur en matière grasse de 40 % et à l'utilisation de babeurre ou de lait partiellement écrémé. Son arôme et son goût particuliers tiennent à l'addition de grains de poivre concassés et d'ail, ainsi qu'à une maturation à sec donnant une légère fermentation sur la croûte.

Murol est une localité d'Auvergne située près de Saint-Nectaire et où se fabriquent deux produits différents mais apparentés, dérivés de leur voisin. Le murol, ou grand murol, est un cylindre se caractérisant par un trou central. Cette partie, découpée à l'emporte-pièce, se vend séparément après enrobage à la cire rouge, sous le nom de **trou du murol**. Le **murol** a un diamètre de 12 à 13 cm pour une hauteur de 3,5 cm. Il pèse entre 400 et 500 g, le trou médian représentant 4 cm de diamètre. Sa croûte est rosée, sa pâte est souple ; doux à l'origine, il évolue avec l'affinage vers un goût plus affirmé.

Le **robiola valsassina** est un fromage lombard à fleur superficielle diversement colorée. On distingue le **robiola doux** (tipo dolce) et le **robiola piquant** (piccante). La forme et la grosseur des différents types n'est pas homogène. Ce type de fromage est également vendu sous une forme fraîche, proche de la **caciotta**. Le terme de caciotta désigne une grande quantité de fromages qui se différencient selon la nature du lait et la durée d'affinage. Ceux que l'on trouve le plus souvent, au lait de brebis, sont vendus frais ou très peu mûris (par exemple pecorino non affiné), mais le terme désigne aussi des fromages affinés plus longtemps, fabriqués avec un mélange de laits de brebis et de vache ou seulement au lait de vache.

Le **taleggio** (Italie du Nord) est encore en partie fabriqué de façon traditionnelle et au lait cru ; mais, on utilise de plus en plus du lait pasteurisé. Il titre de 48 à plus de 50 % de M.G. et offre une saveur fruitée. Le taleggio se présente sous la forme d'un parallélépipède dont la peau, souvent légèrement ondulée, comporte une moisissure allant jusqu'au brun verdâtre ou au rougeâtre. Les procédés de fabrication, divers, fournissent plusieurs variantes de taleggio. On retrouve de telles variations dans les mélanges de laits (brebis, vache, chèvre) dans un certain nombre de pays : Italie avec le **bambolo**, Espagne avec l'**aragón** (tronchón), Portugal avec l'**évora** (dont la consistance de la pâte va du demi-dure au dure). Le **corsica** (50 % de M.G.) reste un fromage traditionnel fabriqué exclusivement au lait de brebis.

Ci-dessus, deux variétés nouvelles de fromages autrichiens.
*En haut : **steirischer hirtenkäse** (fromage de berger de Styrie), fait avec un mélange comportant du lait de brebis qui lui apporte une saveur particulière.*
*En bas : **steirischer bauernkäse** (fromage fermier de Styrie), fait d'un mélange de laits de vache et de brebis. Goût finement acidulé. Ces deux fromages, titrant 45 % de M.G., sont fabriqués avec un mélange de laits de brebis et de vache en proportions identiques dans les deux cas, respectivement 55 et 45 %.*

Franken-rolle
Cette spécialité bavaroise est constituée d'un fromage à croûte fleurie, condimenté à l'ail.

Latvijas siers *Fromage très savoureux fabriqué en Lettonie, caractérisé par une croûte substantielle à fleur rouge. La pâte, souple, titre au minimum 45 % de M.G.*

Cushlee *Fromage irlandais de type port-salut (45 % de M.G.), présentant une croûte sèche, une pâte blanche percée de trous de caillage et une saveur doucement parfumée.*

St. Achatz *Fromage à pâte relativement ferme titrant 55 % de M.G. Goût relevé.*

Coburger knappenvesper *Parfumé à l'ail et à la ciboulette (à droite), et Comtesse (à gauche), titrant tous deux 56 % de M.G. Croûte fleurie, pâte doucement acidulée.*

Mainauer *Fromage fabriqué près du lac de Constance. Titre 45 et 50 % de M.G., mais il existe des versions allégées (30 et 40 %). Pâte souple, saveur douce.*

Wasserburger bauernkäse *(en haut), fromage à croûte ocrée, goût évoluant du doux au prononcé (45 % de M.G.). Rahmkäse (56 %), à saveur douce et acidulée.*

*Il existe plus de trente sortes différentes de **caciotta**, produites majoritairement dans les provinces d'Italie centrale (Toscane, Ombrie, Latium, Marches) ainsi qu'en Sardaigne. Ces fromages sont la plupart du temps fabriqués avec du lait de vache, mais aussi parfois avec du lait de brebis ou encore un mélange de laits de vache et de brebis ou de chèvre. La consistance de la pâte va du mou au ferme et peut présenter une structure de beurre selon l'âge. Le goût et l'arôme sont agréablement doux.*

La conservation des fromages dans la saumure, l'huile, le vin ou le vinaigre est un procédé traditionnel dans de nombreux pays. Cette immersion permet, pendant la phase de maturation, d'éviter la prolifération de bactéries ou de moisissures, ou encore le dessèchement. Elle augmente le temps de conservation, qui peut être prolongé d'un délai supplémentaire compris entre quelques semaines et plusieurs mois ; cet avantage est particulièrement appréciable pendant les périodes où la production de lait est restreinte. Ces fromages se vendent frais ou immergés quelques jours, en petits tonneaux ou en grandes boîtes de fer-blanc, mais aussi aujourd'hui souvent en conditionnements au détail.

La **feta** est un terme qui désigne un fromage conservé dans une saumure (solution à 5 à 15 % de sel). Ce produit d'origine grecque est de plus en plus consommé en Europe occidentale. On en distingue trois sortes : la feta au lait de brebis, éventuellement mélangé avec du lait de chèvre ou de vache ; le fromage à la manière de la feta au lait de vache, qui est fabriqué selon le procédé traditionnel ; enfin, la feta produite selon des méthodes de fabrication modernes (ultrafiltration), mais qui s'écarte au niveau de la composition et de la structure de la pâte de la feta d'origine pour représenter un fromage distinct. Il existe, en Europe du Sud-Est et au Proche-Orient, un certain nombre de fromages conservés dans la saumure, dont le procédé de fabrication est le plus souvent issu de cultures nomades ou pastorales : **bjalo salamureno sirene** en Bulgarie (lait de brebis), **brinza** en Israël (pouvant comporter jusqu'à 25 % de lait de vache), **beli sir** et **bijeni sir** en ex-Yougoslavie, **telemea** en Roumanie, **beyaz peiniri** en Turquie. Citons encore d'autres fromages produits dans des régions plus lointaines : **baladi**, **gibbneh beda** (fromage de couleur blanche), **daani** (brebis), **domiati** ou **damietta**, **kariesch** (en Égypte au lait de bufflonne et/ou de vache), et en ex-URSS, notamment, **ierevanskij sir**. Mais, plus près de nous, la mozzarella est elle aussi, traditionnellement, vendue dans un bain de saumure.

L'huile est aussi un bon conservateur et contribue à apporter une saveur particulière au fromage. C'est bien sûr l'huile d'olive qui est la plus utilisée. Ainsi par exemple, certains picodons y séjournent en même temps que des feuilles de laurier, tout comme des petits chèvres frais avec du poivre et des herbes de Provence. Ailleurs, dans le Dauphiné par exemple, on fait mariner des saint-marcellins dans de l'huile de pépins de raisin. L'évora d'Espagne est elle aussi souvent conservée dans l'huile. L'immersion dans un liquide alcoolisé se pratique par ailleurs dans quelques régions : par exemple en Dauphiné, où la rigotte des Alpes séjourne un certain temps dans le vin blanc avant d'être consommée rapidement ; dans le Lyonnais, avec l'arôme au gène de marc. L'alcool sert par ailleurs à des préparations fortes à base de fromage : le brous niçois (avec de l'eau-de-vie du pays) ou le bruss italien (avec de la grappa).

Feta *Fromage grec au lait de brebis, se caractérisant par une couleur très blanche. C'est le plus connu des produits conservés dans la saumure. Consistance demi-ferme à molle. 50 % de M.G.*

Halloumi *Fromage dans la saumure originaire de Chypre, obtenu après ébouillantage et pétrissage.*

Les fromages de style feta, conservés dans une saumure, sont aujourd'hui fabriqués dans de nombreux pays. De plus en plus, ce type de fromages est produit avec du lait de vache.

Les Causses sont constitués par des plateaux calcaires peu fertiles, situés au sud-ouest du Massif central. Plus de 500 000 brebis y paissent : ce sont elles qui procurent la plus grosse partie du lait destiné à la fabrication du roquefort. Le reste de la production provient de la Corse et des Pyrénées-Atlantiques. Les jeunes fromages, encore frais, sont ensuite acheminés dans la région de Roquefort pour y être affinés dans des grottes calcaires, en même temps que les produits fabriqués sur place. Ils bénéficient, dans ces caves naturelles, de conditions parfaites : une température constante, un degré d'hygrométrie élevé, une ventilation idéale.

Le roquefort, un fromage chargé d'histoire

Une légende attribue la naissance du roquefort à un jeune berger qui se serait abrité dans une grotte fraîche pour manger du pain et du fromage frais de ses brebis. Mais il oublia sa faim en voyant passer une belle jeune fille, qu'il suivit pour lui conter fleurette. Ce n'est que plusieurs semaines plus tard qu'il retourna dans la grotte et y retrouva son pain et son fromage moisis ; mais, étant très affamé, il se jeta sur le fromage, qui s'était marqué de veinures de couleur bleu-vert. Le trouvant délicieux, il prit l'habitude de faire séjourner tous ses fromages dans la grotte. Depuis, c'est dans les caves naturelles de Roquefort et de ses environs que s'affine ce fromage à la saveur unique.

Roquefort
Le roquefort est protégé par une appellation d'origine contrôlée. Seuls peuvent en bénéficier les fromages titrant au minimum 52 % de M.G., qui ont été fabriqués avec du lait cru de brebis et affinés dans les grottes de la région.

Les fromages à pâte persillée se caractérisent par une moisissure interne se logeant dans les trous et veines de la pâte, ou encore dans des canaux de piquage. Le plus souvent, il s'agit de souches provenant du *Penicillium roqueforti,* qui donne une pâte persillée d'un bleu-vert plus ou moins prononcé. Le niveau d'affinage, qui conditionne l'arôme et le goût du produit fini, dépend de la nature de la moisissure et de sa puissance, mais il est aussi fonction de la forme, de la grosseur, de la composition et de la surface du fromage. Les conditions d'affinage sont primordiales aussi, le microclimat de la cave étant aussi important que la durée du séjour.

De tous ces fromages bleus, le plus connu est sans conteste le **roquefort**, qui bénéficia dès l'an 1411 d'une protection de fabrication royale. À l'origine, sa production était limitée aux environs de Roquefort-sur-Soulzon, petite ville de la limite sud des Cévennes, dans l'actuel département de l'Aveyron. Dans les années 1870, on assista à une augmentation de la demande telle que le périmètre de fabrication fut agrandi, englobant même la Corse et la partie occidentale des Pyrénées françaises.

Dans tous les cas, la fabrication s'effectue avec du lait cru de brebis qu'on ensemence de *Penicillium roqueforti.* Cette moisissure est aujourd'hui utilisée principalement sous forme de cultures liquides bien contrôlées. Traditionnellement, on laisse la moisissure se développer dans un pain spécial, puis on la sèche soigneusement, et on la réduit en poudre que l'on mélange ensuite au caillé. À Roquefort, ainsi que dans les autres régions de production, le fromage jeune de 2 jours, appelé fromage blanc, est acheminé dans les cavernes à plusieurs étages du massif du Combalou. En conséquence, l'appellation roquefort peut s'appliquer à des fromages fabriqués avec du lait provenant d'autres régions, pourvu qu'ils soient affinés dans la région de Roquefort, dans des conditions parfaitement contrôlées. Pendant les 3 à 5 premiers jours, on procède à plusieurs salages à la main, puis les cylindres sont piqués pour permettre la pénétration de l'air de la cave apportant l'oxygène indispensable à la croissance de la moisissure. On porte ensuite les fromages dans les caves d'affinage, qui présentent une température de 7 à 10 °C et un niveau élevé d'hygrométrie. Ces conditions sont présentes de façon naturelle grâce à une légère circulation d'air qui passe en permanence dans les fleurines, les nombreuses excavations de la montagne calcaire. Les fromages y restent entre 3 et 4 semaines, stockés de chant sur des étagères. Une fois apparues les premières taches vertes à la surface des cylindres, on les conditionne hermétiquement et on procède à un affinage strictement contrôlé en permanence pendant 3 à 4 mois. On obtient ainsi un fromage qui, selon le degré d'affinage, offre une saveur relevée à piquante, et qui titre 52 % de M.G. au minimum. Lorsque le roquefort est parfaitement mûr, il présente une pâte souple et grasse.

La fabrication des fromage à pâte persillée passe par une opération essentielle, celle du piquage ; elle consiste à percer la pâte avec des aiguilles, de façon à créer des canaux permettant la ventilation d'air nécessaire à un développement uniforme de la moisissure.

Cette machine à piquer fonctionnait autrefois à Roquefort ; elle permettait de réaliser trente piqûres d'un coup.

La comparaison de ces trois fromages à pâte persillée permet de constater l'évolution de la moisissure, qui s'effectue de l'intérieur vers l'extérieur. On la voit distinctement se développer dans les bulles de caillé et dans les canaux créés par les piqûres.

On voit ici comment, à mesure que se poursuit l'affinage (de bas en haut), se forme sur la surface une moisissure blanche à la fois fine et régulière.

L'edelpilz
(ci-dessus, un
fromage bien fait, à
50 % de M.G.)
se présente
également en pain,
ce qui permet
un découpage
en tranches
régulières, faciles
à déposer
sur des toasts.

Les fromages bleus allemands (ci-dessus, un bergader) sont fabriqués selon le même procédé que le roquefort, mais avec du lait de vache. Il s'agit de fromages à marbrures abondantes, sans croûte, à surface blanchâtre. Une pâte qui s'émiette tout en montrant de la souplesse est un signe de qualité. La saveur, prononcée, devient piquante à mesure que l'affinage se poursuit.

Bleu d'Auvergne (AOC) Fromage au lait de vache, titrant 50 % de M.G. au moins. Si l'on trouve encore des fromages fermiers, le bleu d'Auvergne est de plus en plus fabriqué dans des fromageries ; encore aujourd'hui, il s'affine en cavernes. La croûte, de couleur brun-jaune, présente une légère fleur. La pâte, bien marbrée et souple, offre un goût corsé et puissant.

Castello blue Ce fromage danois présente une pâte blanche correspondant à une teneur très élevée en matières grasses (70 %). En coupant le cylindre de fromage à l'horizontale, on constate nettement les canaux dus au piquage. Ce fromage mûrit habituellement entre 10 et 20 jours, parfois plus longtemps. Il offre un goût crémeux et doux.

Bleu des Causses Protégé par une AOC, le bleu des Causses est un fromage de vache au goût très prononcé, contenant au minimum 45 % de M.G. L'ensemencement à la moisissure intervient au moment où le caillé est versé dans les moules. Les cylindres, qui pèsent environ de 2,5 à 3 kg, sont affinés entre 70 jours et 6 mois en grottes humides.

Bleu de Laqueuille
Ce fromage est
produit depuis 1850
dans la localité de
Laqueuille, située au
sud-ouest du Puy-
de-Dôme. Son goût
est légèrement plus
doux que celui du
bleu d'Auvergne.

Bleu de Gex, appelé aussi bleu du Haut-Jura ou bleu de Septmoncel (AOC) Fromage traditionnel titrant 50 % de M.G. au minimum fabriqué dans les départements de l'Ain et du Jura. On le reconnaît à une croûte très caractéristique, ainsi qu'à l'empreinte « Gex » gravée sur la face inférieure. Son affinage dure de 1 à 4 mois.

Danablu Ce fromage au lait de vache est le plus consommé au plan international. Il se présente sous forme de cylindres de 3 kg, ne comportant pas de croûte. La pâte, fortement veinée, est légèrement friable, mais permet toutefois une coupe facile. Le danablu existe avec deux teneurs différentes en matières grasses : 50 % (goût prononcé) et 60 % (doux).

D'autres fromages de brebis séjournent de la même façon dans des caves naturelles : c'est le cas du **bleu de Corse**.

Aujourd'hui, cependant, la plus grande partie des fromages à pâte persillée ne se fabrique plus avec du lait de brebis mais de vache. Dans ce cas également, c'est surtout la culture de *Penicillium roqueforti* qui est utilisée, l'affinage ayant ensuite lieu dans des caves humides. Parmi les principaux représentants de ce type de fromages, citons le **bleu d'Auvergne**, fromage à 50 % de M.G. bénéficiant d'une appellation d'origine contrôlée. Il existe dans la même région d'autres fromages qui lui sont apparentés : c'est le cas du **bleu des Causses** (AOC) et du **bleu de Laqueuille**.

La région du Jura a, elle aussi, une longue tradition dans la fabrication de fromages à pâte persillée, avec le **bleu de Gex** (AOC), appelé également **bleu de Septmoncel** ou **bleu du Haut-Jura** (50 % de M.G. au minimum). Le **sassenage**, que l'on trouve sous de nombreuses formes, en est proche.

La **fourme d'Ambert** ou **fourme de Montbrison** (AOC), quant à elle, est originaire du nord du Massif central. Elle est fabriquée à une altitude comprise entre 600 et 1 600 m. Il existe localement de nombreux fromages qui lui sont apparentés et désignés sous des noms locaux : **fourme du Forez, de Pierre-sur-Haute**... Ces fromages titrant 50 % de M.G. au minimum se présentent sous forme de cylindres d'un diamètre de 13 cm et d'une hauteur de 20 cm, pour un poids de 2 kg. Pendant la fabrication, au moulage, on ajoute du sel, de préférence du gros sel de mer. On égoutte soigneusement le petit-lait, puis on place les moules dans l'étable à température ambiante.

Si tous ces fromages se caractérisent par leurs moisissures internes, leur surface peut être très différente, ainsi que leur consistance, demi-molle dans la plupart des cas, molle dans les autres. Ces produits ont reçu des dénominations génériques, par exemple dans les pays francophones (fromage persillé ou bleu), anglophones (blue veined cheese, blue cheese, ou simplement blue), italianophones (formaggio erborinato), hispanophones (azul, queso azul ou pasta azul, et azul de oveja pour les fromages de brebis) ou germanophones (blauschimmelkäse, en abrégé blaukäse ou blaugrünkäse). Les souches de *Penicillium roqueforti* constituent ce que l'on appelle de la moisissure noble (en allemand, Edelschimmel ou Edelpilz). Cela explique pourquoi le terme « Edelpilzkäse » revêt deux sens différents : il désigne, d'une part, tous les fromages à moisissure interne, d'autre part, un type particulier de fromages aux caractéristiques clairement définies.

L'**edelpilz** titre 45, 50 ou 60 % de M.G. Il peut être fabriqué avec du lait de vache ou de brebis, ou encore avec un mélange des deux. Parmi ces fromages allemands à pâte persillée, citons le **bergader** et le **paladin** (50 % de M.G.), ainsi que le **montsalvat** (60 et 65 % de M.G.).

Blue bayou *Fromage bleu originaire de Bavière (60 % de M.G.). Il se présente en cylindres de 1 kg dont la surface ne présente pas de fleur, et qui développent un goût agréablement piquant. Une coupe en longueur du cylindre montre la régularité des piqûres, avec une impression de disposition en perles de collier.*

Bleu de Termignon *Originaire de la localité du même nom située au pied du col du Mont-Cenis. La moisissure bleue se développe dans les nombreux petits trous du caillé. Quand il est bien fait, comme ci-dessus, il offre un goût équilibré et prononcé.*

Bayerhofer blue *Autre fromage à pâte persillée fabriqué en Bavière, à la surface garnie d'une fleur rouge responsable du mûrissement de l'extérieur vers l'intérieur. Pâte agréablement molle, crémeuse, titrant 60 % de M.G. L'arôme et le goût évoluent avec le temps, de délicatement piquant à très épicé.*

Fourme d'Ambert *ou fourme de Montbrison (AOC) Fromage fabriqué depuis plus d'un millénaire au nord du Massif central. Goût très relevé, grâce, notamment, à un affinage de 4 à 5 mois.*

73

Fineform blue
Fromage bleu français, industriel, présentant une légère croûte fleurie de couleur blanchâtre. Du fait d'une faible teneur en matières grasses (20 %), la pâte est légèrement plus ferme que celle de variétés plus grasses.

Cabrales, cabraliego
Fromage bleu à pâte dure titrant 44 % de M.G., provenant de la région autour des picos de Europa (monts Cantabriques), et se présentant sous forme de cylindres pesant entre 1 et 5 kg. Il est fabriqué avec du lait de vache, souvent mélangé avec du lait de brebis et de chèvre. Enveloppé dans des feuilles de platane, il mûrit 6 mois dans les grottes calcaires bien ventilées des montagnes des Asturies.

On trouve également des variantes de ces fromages présentant une teneur moindre en matières grasses. Le **danish blue cheese**, appelé aussi **danablu**, est le fromage persillé au lait de vache le plus répandu. Son goût varie selon sa teneur en matières grasses : de puissant et fort (50 %) à doux (60 %), et, lui aussi, originaire du Danemark, il est proche du gorgonzola.

Le **gorgonzola**, qui vient d'Italie du Nord, est un fromage dont les variétés sont nombreuses, qui titre 48 % de M.G. au minimum. Les fromages, de première qualité, doivent leur arôme et leur goût tout à fait uniques à l'association d'une moisissure interne et d'une fleur en superficie. La diversité des variétés est due aux différents procédés de fabrication et d'affinage, mais on distingue deux types de base : le **gorgonzola dolce** (doux) et le **gorgonzola piccante** (relevé à puissant), dont la teneur en sel est comprise entre 2 et 3 % (moins pour le gorgonzola dolce, plus pour le piccante). Ce fromage doit son nom à une ville située au nord-est de Milan, où descendaient pour passer l'hiver les troupeaux des alpages environnants, et où naquit le précurseur du gorgonzola, le **stracchino di Gorgonzola**. Au fil du temps, on sophistiqua la fabrication avec l'introduction de cultures et de bactéries de fermentation sélectionnées, ainsi que de souches de moisissures contrôlées. Ces dernières sont désignées en Italie sous le nom de *Penicillium gorgonzola,* ou *Penicillium glaucum,* considéré comme la souche du *Penicillium roqueforti.*

Le **dolcelatte** est un fromage de type gorgonzola particulièrement doux. En outre, indépendamment du gorgonzola dolce et du gorgonzola piccante, on trouve un produit composé de couches alternées de gorgonzola et de mascarpone ; sa durée de conservation est limitée du fait de l'association d'un fromage frais riche en matières grasses et de moisissures activant la maturation. D'autre part, comme c'est le cas pour plusieurs variétés traditionnelles de fromages bleus, on commercialise du gorgonzola avant développement de la moisissure, non mûr ou peu mûr : on parle alors de **gorgonzola bianco** ou de **pan(n)erone**, dont la qualité n'est pas constante. Le **castelmagno**, quant à lui, est un fromage bleu originaire de la partie occidentale du Piémont, qui titre 34 % de M.G.

Il existe des fromages présentant une pâte persillée, mais également une croûte fleurie plus ou moins développée, évoluant du blanc au rouge, le plus souvent à partir de la superficie, au fur et à mesure de l'affinage. Parmi ces fromages, citons le **bavariablu**, le **cambozola** et le **ramee blue**, dont la pâte et l'arôme montrent des différences marquées d'une variété à l'autre. En France, le **bresse bleu** ou **bleu de Bresse**, mis au point dans les années 50 à partir du **saingorlon**, une variante du gorgonzola, titre au minimum 50 % de M.G. À mesure que se poursuit la maturation, la croûte, blanche à l'origine, prend une fleur brun-rouge orangé, ainsi qu'un arôme renforcé. Le **lymeswold**, fromage britannique, a

Ci-dessous, trois représentants typiques de fromages à pâte persillée et croûte fleurie à la manière du camembert : **bavariablu** (en haut) et **cambozola** (en bas) sont des fromages titrant 70 % de M.G., à pâte crémeuse et doucement aromatisée. Le **bleu de Bresse** ou bresse bleu (au centre) est un fromage titrant 50 % de M.G., représentant une variante du gorgonzola, qui fut mis au point dans les années 50. Selon son degré d'affinage, il offre un goût allant du doux au fortement aromatisé.

Gorgonzola C'est le grand classique des fromages italiens à pâte persillée, à tel point qu'il est devenu l'une des variétés de fromage les plus connues. Il doit son nom à la ville de Gorgonzola, en Italie du Nord, étape des troupeaux transhumants descendant des régions de Côme et de Bergame pour y passer l'hiver. La fabrication déborda ensuite ce périmètre limité pour s'étendre aux régions voisines. Aujourd'hui, le gorgonzola est protégé par une DOC. Ci-dessus, un gorgonzola dolce (au premier plan) et un gorgonzola piccante (à l'arrière-plan).

Saint-Agur
Fromage français ayant subi un affinage peu poussé : il est à la fois fort et épicé.

Mycella Il s'agit d'une version danoise du gorgonzola, dont le nom provient du mycélium. Goût aromatique doux, en raison d'une teneur en M.G. de 50 %.

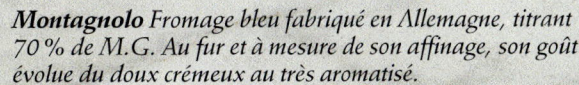

Montagnolo Fromage bleu fabriqué en Allemagne, titrant 70 % de M.G. Au fur et à mesure de son affinage, son goût évolue du doux crémeux au très aromatisé.

Chez Paxton & Whitfield, à Londres
Ce fromager, à la réputation méritée, ne procède pas seulement à la vente au détail de ses produits, mais aussi à leur affinage. La maturation des fromages britanniques, entre autres du stilton, y est surveillée avec beaucoup d'attention.
À droite, ce fromage est présenté en pot de grès de 12 ounces (340 g) ; il est surtout destiné à l'exportation, mais c'est un cadeau très apprécié aussi en Grande-Bretagne.

Le stilton, roi des fromages britanniques

Stilton, située au centre de l'Angleterre, se trouvait sur une voie de circulation très importante, la Great North Road, qui reliait Londres à l'Écosse. Certains voyageurs, faisant étape à l'auberge Bell Inn, se restauraient de pain et d'un délicieux fromage crémeux et persillé. Ils furent nombreux à en emporter pour la suite de leur voyage : ainsi se diffusa la réputation du stilton, à partir du milieu du XVIIIᵉ siècle. Mais sa fabrication était déjà bien établie dans le Leicestershire (où on l'appelle aussi leicester cream cheese, ou cream cheese), ainsi que dans le Derbyshire et le Nottinghamshire, limitrophes. C'est là que, encore aujourd'hui, s'élabore le stilton.

Stilton Ce fromage britannique est disponible en deux variétés : soit uniformément marbré bleu (veines bleues à brunâtres bien visibles et pâte de couleur blanc crémeux), soit marqué de veinures de teinte bleu-brun foncé (pâte de couleur crayeuse). Selon le procédé de fabrication, le degré d'affinage, l'évolution de la moisissure et la fleur de la surface, le stilton offre un goût allant du doux au puissant, ou de l'acide au salé.

Shropshire blue Fromage originaire du sud de l'actuel comté du Cheshire.
Extérieurement, il ressemble à un vieux stilton, non seulement par sa surface brun-rouge et ses taches gris-blanc, mais aussi par son arôme très prononcé.

la forme d'une meule aplatie. Le **montagnolo**, fabriqué à la main, contient 70 % de M.G. au minimum. Sa surface est gris blanchâtre au départ, puis elle vire avec le temps à une coloration gris foncé légèrement brunâtre, le goût crémeux et relevé évoluant vers le très puissant. Le **saint-agur**, fromage français (60 % de M.G.), présente une abondante veinure bleue.

Le **stilton**, appelé « roi des fromages » par les Britanniques, est le bleu le plus connu parmi les produits anglais. Il titre 48 % de M.G. et, aujourd'hui, il est le plus souvent fabriqué avec du lait pasteurisé. Il présente une couleur de moisissure interne et une croûte tout à fait particulières. Les fromages au lait cru développent souvent des croûtes d'un brun-rouge prononcé. Les jeunes cylindres, encore peu affinés et exempts de moisissure, sont vendus sous le nom de **white stilton** ou encore **white cheese**. Le **wensleydale** est un fromage qui fut introduit en Angleterre par des moines cisterciens à l'époque normande. On le commercialise sous deux formes : le **white wensleydale**, mûri seulement quelques semaines, et le **blue wensleydale**, fromage particulier dont le goût, au cours d'un affinage de 2 à 6 mois, va de l'aromatique au puissant. Le **shropshire blue** est proche du **blue cheshire**. Ces deux fromages, grâce à une structure de pâte traditionnellement ouverte, offrent un bon milieu pour l'évolution de la moisissure et développent un goût allant du puissant au pénétrant. Le **cashel irish blue**, irlandais, présente des similitudes avec ces fromages au niveau de la forme, de la structure de la croûte et de la marbrure. Le **dorset blue**, appelé aussi **blue vinny** ou **blue veiny**, est fabriqué avec un lait écrémé à la main, qui a reposé pendant la nuit.

On trouve des fromages comparables dans les autres pays, notamment aux États-Unis : le **roquefort cheese** et le **blue mold cheese from sheep's milk** doivent titrer 50 % de M.G. au minimum. Le **nuworld** est un fromage à moisissure blanche qui est une mutante du *Penicillium roqueforti*. L'**american blue** est produit dans certains États selon la méthode du roquefort, mais avec du lait de vache et contient 50 % de M.G. au minimum. La pâte, moyennement ferme, comporte des veinures gris-bleu et offre un goût allant du puissant au légèrement salé. Le **blue cheese**, quant à lui, doit avoir au minimum 60 jours.

L'**oryzae** est un fromage bleu japonais fabriqué avec une moisissure spéciale. Citons encore les productions d'autres pays : **ermite** (Canada), **blue vein** (Nouvelle-Zélande), **ædelost** (Suède), **aura** (Finlande), **normanna** (fort) et **norzola** (Norvège), **österola** (Autriche), **galil** (Israël), **cabrales** (Espagne). Les Hongrois apprécient le **marvány sáyt**, tandis qu'en Russie le **syr rokfor** désigne indifféremment des fromages fabriqués avec du lait de vache, de brebis ou de chèvre. Enfin, la Tunisie fabrique un fromage au lait de brebis au goût très fort, appelé **numidia**.

Blue wensleydale *Fromage fabriqué à l'origine dans les vallées du Yorkshire par les moines cisterciens. À l'époque, on utilisait du lait de brebis ; aujourd'hui, c'est du lait de vache. Quand il est bien fait, ce fromage est crémeux et corsé et peut concurrencer un stilton, avec un goût toutefois un peu plus prononcé.*

Galil *Fromage israélien à pâte persillée titrant 42 % de M.G., du type roquefort. Fabriqué traditionnellement avec du lait de brebis, mais que l'on peut mélanger à du lait de vache dans une proportion allant jusqu'à 25%. Goût agréablement piquant, légèrement salé.*

Blue cheshire *Variante persillée du cheshire, avec une moisissure bleu-vert qui contraste fortement avec une pâte de couleur orangée. Il titre 48 % de M.G., et présente un goût puissant dû à un affinage prolongé. Il se fabrique à partir d'un fromage comportant déjà une légère moisissure et d'un caillé nouveau.*

Beenleigh blue *Fromage de chèvre originaire du sud du Devonshire. Qualité et arôme rappelant ceux du roquefort.*

Cashel irish blue *Variante irlandaise récente, avec une moisissure gris-vert évoluant principalement dans les trous du caillé, qui sont généralement gros. Ce fromage titrant 45 % de M.G. se présente sous forme de cylindres pesant 1,5 kg. Son goût est épicé, légèrement salé et amer. Il s'utilise comme l'edelpilz ou le danablu.*

Munster *Ce fromage, qui doit son appellation à la vallée du même nom, se caractérise par une croûte humide d'un rouge-orangé prononcé, une pâte onctueuse et un arôme relevé et franc.*

Géromé
Originaire de Lorraine. Aujourd'hui, les appellations géromé et munster ne sont plus différenciées et bénéficient d'une même AOC.

Dauphin *Fromage originaire de Thiérache, dans le nord de la France. Se présente le plus souvent en baguette, mais aussi sous des formes plus fantaisistes : cœur, dauphin, croissant…*

Baguette laonnaise *Il s'agit d'une des nombreuses variantes du maroilles. On la trouve sous forme de baguette, mais aussi de cube. Son affinage dure jusqu'à 3 mois.*

Les beaux prés *Il présente les caractéristiques des fromages de Herve : croûte mince rouge et humide, qui contribue fortement à l'affinage et à la force de l'arôme.*

Parmi les fromages à pâte molle, un sous-groupe important est représenté par les fromages à croûte lavée. Celle-ci peut, selon la souche, devenir jaunâtre ou dorée, et être plus ou moins sèche ou visqueuse en fonction de l'affinage et du degré d'hygrométrie présent dans les caves.

En font notamment partie le **munster**, ou **munster-géromé** (Alsace, Lorraine). Ce fromage (AOC) tire sa particularité d'une maturation préalable du lait. Le munster est vendu en cylindres plats d'au moins 450 g, ou d'au moins 120 g (petit munster). Les fromages mûrissent pendant 1 à 2 mois à une température de 15 °C. La pâte, jaune clair, offre une consistance onctueuse et souple, et même légèrement coulante à maturité totale. On trouve, par ailleurs, du munster au cumin. Aujourd'hui, le munster et le géromé ne constituent plus deux fromages distincts, comme autrefois : on les considère simplement comme des variantes d'un même fromage, protégées par une appellation d'origine contrôlée commune. Le **gérardmer** est un fromage proche, mais nettement plus gros (5 à 6 kg). Ce fromage a inspiré les fabricants d'autres pays, que ce soit au niveau de l'appellation ou des caractéristiques. Le münster d'Allemagne, à croûte jaunâtre, offre une pâte jaune pâle et souple et une saveur douce. Quant au munster, ou muenster, des États-Unis, légèrement plus ferme et avec une croûte plus dorée, il titre au moins 50 % de M.G.

Le **maroilles** (AOC), originaire de l'Avesnois, dans le département du Nord, a lui aussi beaucoup de personnalité. Sa forme est carrée et sa croûte brun-jaune ; sa pâte, molle à demi-ferme, contient au minimum 45 % de M.G. Son affinage en cave dure de 2 à 5 semaines. Au cours de ce processus, le maroilles est salé plusieurs fois par frottement d'une saumure. Il reçoit diverses dénominations selon son degré de maturation : blanc quand il est frais, blondin quand il est à moitié mûr, vieux quand il est mûr et de goût prononcé (qualificatif que l'on retrouve dans le **vieux gris**, le **vieux lille** ou le **vieux puant**).

Le maroilles fait par ailleurs l'objet de produits dérivés de formes et de tailles diverses : sorbais (pavé de 540 g), mignon (360 g), quart (180 g). Le **rollot**, de forme ronde, et le **rollot cœur**, en forme de cœur, présentent une peau mince de couleur légèrement ocre, et rappellent le **cœur de Thiérache**. Le nom de **dauphin** lui fut donné en hommage au fils de Louis XIV, qui était grand amateur de maroilles. Il se fabrique avec du maroilles blanc, c'est-à-dire jeune ; on écrase celui-ci, on le mélange avec du poivre et de l'estragon, parfois aussi avec de la poudre de petit-lait et de la ciboulette ; puis on le façonne à la main, et on le laisse mûrir pendant 2 à 3 mois. Sa pâte, onctueuse, contient 45 à 50 % de M.G. La **baguette laonnaise**, ou baguette de Thiérache, est elle aussi une variante du maroilles. Elle se présente en brique de 500 g.

Saint-Rémy Fromage à forme carrée apparenté au munster-géromé. Goût relévé et saveur prononcée.

Fromage d'Herve (en flamand, herve kaas) L'un des principaux fromages de Belgique. Goût fort à piquant.

Weißlacker Appelé aussi bierkäse en Bavière. Disponible également en cubes individuels. Goût prononcé.

Affinage de Limbourg Pendant l'affinage, on frotte la fleur qui se forme sur la croûte, ce qui explique l'expression « croûte lavée ».

Knappenkäse Fromage très fait, croûte brunâtre, participant à l'arôme, goût épicé.

Langres Sa partie supérieure présente une dépression centrale se formant au cours de l'affinage.

Tartufella Saveur très légèrement piquante, la fleur superficielle influençant l'intérieur de la pâte.

Schloßkäse Très apprécié en Autriche. Croûte rouge, pâte molle et savoureuse. Goût doux à piquant selon l'affinage.

Trois fromages parmi les plus estimés en Allemagne, présentés ici encore peu affinés (ci-contre) : **weinkäse** (à gauche sur le plateau) ; **romadur** (au centre) ; **limburger** ou **limbourg** (à droite). Les fromages ci-dessus sont plus affinés et comportent sous la croûte une périphérie mûre et molle devenant de plus en plus ferme et blanchâtre à mesure qu'on se rapproche du cœur.

Andechser Fromage originaire d'Andechs, lieu de pèlerinage bavarois. Moisissure rouge légère, goût relevé.

Le **langres** (AOC) doit son nom à une ville qui, au Moyen Âge, était une place commerciale très réputée pour le fromage ; le **chaumont** lui ressemble fort.

L'**époisses** (AOC), le **pierre-qui-vire**, le **soumaintrain** et le **saint-florentin**, proche du précédent, ainsi que le **cendré d'Aisy** sont bourguignons. Pendant l'affinage, ils sont frottés soit avec une saumure soit, dans certains cas (comme l'époisses et parfois le saint-florentin) avec du marc de Bourgogne ou de l'eau-de-vie. Grâce à un caillage fortement acide (présure intervenant peu), ils sont la plupart du temps mous à l'état mûr.

Dans le Lyonnais, la **rigotte** est en général fabriquée au lait de vache. Celle de Condrieu est un petit fromage affiné une quinzaine de jours, puis lavé, frotté dans le vin ou coloré au rocou. La rigotte blanche, quant à elle, est immergée dans l'huile pendant son affinage.

Livarot est une petite localité de Normandie ; on y produit un fromage AOC, à croûte lavée, très parfumé, disponible en quatre tailles (poids variant entre 350 et 500 g). Il est surnommé colonel, en raison des cinq brins de laîches *(Typha latifolia)*, un jonc caractéristique, qui l'entourent traditionnellement.

Le **fromage des Chaumes**, industriel, se présente sous la forme d'un disque plat à talon convexe, à croûte légèrement visqueuse, qui titre 50 % de M.G. Le **vacherol** est un fromage similaire, quoique plus ferme de consistance.

Le **fromage d'Herve** (herve kaas, en flamand) originaire de la province de Liège (Belgique). Il se présente en carrés ou en blocs de 200 à 400 g, ou en produits plus petits, appelés bouchées. Il a une croûte humide de couleur brun-jaune à rose orangé, et contient de 45 à plus de 50 % de M.G. Si l'on prolonge l'affinage tout en augmentant la teneur en sel, on obtient un produit appelé piquant, ou remodou. En Allemagne du Sud, il existe une spécialité nommée **weißlacker** ou **bierkäse** – car ce fromage est excellent avec de la bière. Sa surface, dépourvue de croûte, présente une viscosité blanchâtre rappelant la laque : c'est ce qui explique son nom, weißlacker (laque blanche). Sa pâte, qui va du légèrement friable au gras, titre entre 40 et 50% de M.G. Les Tchèques ont un fromage analogue, le **krkonossky pivní sýr** (bierkäse des monts des Géants).

Le **weinkäse**, le **romadur** et le **limbourg** présentent une croûte mince et visqueuse. Jeune, la pâte est mate et blanchâtre ; plus affinée, elle doit être jaune pâle et demi-ferme, souple la plupart du temps pour le weinkäse (40 à 60 % de M.G.), façonné en meules. Le romadur et le limbourg se présentent sous forme de pains titrant entre 20 et 60 % de M.G. Plus ce pourcentage est élevé, plus la pâte est molle et l'arôme prononcé. Selon leur grosseur et la température ambiante, le weinkäse et le romadur s'affinent entre 1 semaine et demie et 2 semaines, le limbourg entre 2 et 4 semaines. Aux États-Unis, il en existe une variante appelée **liederkranz**.

L'affinage des livarots

En Normandie, on ne parle pas d'affineur, mais de caviste, que celui-ci exerce ou non sur le lieu de production. Les fromages frais, juste moulés, sont séchés, salés, et entreposés à une température comprise entre 16 et 18 °C pour que le petit-lait s'égoutte. Au bout de 3 ou 4 jours, on transfère les livarots dans un séchoir à 16 °C, où ils restent 2 semaines. Pendant cette étape, on les frotte, deux ou trois fois par semaine avec une solution faiblement saline, ce qui crée une viscosité. L'affinage se poursuit au moins 3 semaines dans une cave humide, entre 12 et 14 °C.

Les cinq brins de jonc qui entourent traditionnellement le livarot sont destinés à lui conserver sa forme d'origine au terme de l'affinage.

Aujourd'hui, le livarot est souvent entouré de cinq bandes de papier rouge ou vert.

Maroilles *(AOC) Fromage de l'Avesnois dont il existe de nombreux dérivés et variantes locaux.*

Rollot *Originaire de Picardie, disponible sous forme de disques ou de cœurs. Il dispense une saveur relevée.*

Vieux lille *Du fait de son âge et de sa croûte lavée, il est très puissant au goût et à l'odorat.*

Soumaintrain *Comme le saint-florentin et l'époisses, dont il est proche, il est souple et presque coulant à maturité.*

Pierre-qui-vire *Originaire de Bourgogne et proche d'autres fromages de la région. Croûte jaunâtre à rougeâtre.*

Époisses *(AOC) Puissant au palais et au nez, mais jamais trop fort. Pâte moelleuse et souple.*

L'ami du chambertin *Il se vend en boîte, car sa pâte est très molle. Il offre un goût puissant.*

Olivet cendré *Variante sèche de l'olivet, enrobée de cendre. Parfois, celle-ci se recouvre d'une moisissure blanche.*

Cendré d'Aisy *Il est frotté au marc de Bourgogne pendant les 2 mois de son affinage, puis roulé dans la cendre.*

Rigotte *Petit fromage à croûte rouge ne pesant que 50 à 70 g. Il est souvent lavé au vin pendant l'affinage.*

Boscaiola *L'une des nombreuses variantes de robiola. Bien mûr, il a une pâte molle et un goût relevé.*

Rougette *Fromage délicat à pâte molle, prenant du corps à l'affinage pour devenir relevé et piquant.*

Chaumes *Fromage à pâte souple et légère croûte lavée, goût assez discret. Il titre 50 % de M.G.*

Saint-Albray *Forme en couronne caractéristique. Croûte blanche et orangée, saveur douce.*

Indépendamment des croûtes lavées, le groupe des fromages à pâte molle comprend la famille des croûtes fleuries. Il s'agit de fromages dont la surface est recouverte d'un fin duvet ou de la fleur blanche caractéristique du camembert ; on peut également trouver une fleur grise ou bleue. Les produits les plus représentatifs de cette famille sont, bien sûr, le brie et le camembert. Ces deux fromages typiquement français sont à l'origine de très nombreuses variantes dans les autres pays. Surnommé autrefois « le joyau d'Île-de-France », le **brie** doit son nom à une région située à l'est de Paris, entre Marne et Seine. Son nom est généralement complété par l'indication de la localité de production : **brie de Meaux, brie de Melun, brie de Coulommiers, brie de Montereau,** etc.

Les caractéristiques du brie sont aujourd'hui définies par la loi : il s'agit d'un fromage à pâte molle contenant 40 % de M.G. au minimum et 44 % de matière sèche. Il se présente en roues dont le diamètre est compris entre 22 et 36 cm. On trouve également des roues plus petites (entre 14 et 22 cm de diamètre) ; dans ce cas, on parle de **petit brie.** Ces roues, qui se découpent comme une tarte, forment après la coupe ce que l'on appelle des pointes.

La loi française protège par une AOC deux sortes de brie : le brie de Melun et le brie de Meaux, fabriqués tous deux avec du lait cru de vache et contenant 45 % de M.G. Traditionnellement, ces fromages sont présentés nus sur des paillons.

Le **brie de Melun** s'affine à une température de 10 °C, 4 semaines au minimum, mais sa maturation peut aller jusqu'à 2 mois. Pendant cette phase, la croûte, qui était à l'origine de couleur blanchâtre, prend une teinte brun-rouge, tandis que l'arôme de la pâte prend du corps. On trouve également du brie de Melun non affiné, appelé alors frais ou blanc, qui présente une surface blanche et une absence de croûte.

Le **brie de Meaux,** quant à lui, subit un affinage de 4 semaines au moins, à une température de 10 °C. Au cours de cette maturation, les moisissures blanches de la surface prennent une coloration brunâtre à mesure que se développe la fleur. En même temps, la pâte prend de la force : le goût et l'arôme, en se développant, passent du fruité au puissant.

Le brie de Meaux eut le privilège d'être déclaré roi des fromages du monde, en 1814, lors du congrès de Vienne. Les représentants durent tester plus de cinquante variétés provenant de pays représentés au congrès. Ils finirent par reconnaître à l'unanimité la prééminence du brie sur les autres fromages, ce qu'avait toujours soutenu Talleyrand. Un perfide déclara que c'était bien le seul roi que le représentant français ait jamais trahi…

Autrefois, le **coulommiers** était classé dans la famille des bries (brie de Coulommiers). Toutefois, il est considéré comme un peu à part. Il se présente en roues de

Le brie de Meaux est l'un des bries les plus anciens. Il est protégé par une Appellation d'origine contrôlée.

La fabrication du brie de Meaux

Le lait cru est acheminé dans des cuves de 100 litres et caillé.

Ce caillé est rompu dans les cuves, en gros morceaux, avec une tige métallique.

Une pelle spéciale permet de sortir les morceaux de caillé sans les endommager et de les transférer dans les moules.

Les moules, qui sont percés, sont empilés les uns sur les autres et laissés ainsi pendant la nuit pour l'égouttage. On entoure les roues de ceintures ajustables appelées éclisses.

Le salage à sec s'effectue sur le caillé moulé. On ensemence ensuite les roues avec la moisissure du camembert.

Les côtés des roues sont également salés ; pour cela, on ôte les éclisses avec précaution.

Les fromages restent 1 semaine dans des séchoirs, à une température d'environ 10 °C et un degré d'hygrométrie compris entre 80 et 85 % ; parfois, ils n'y séjournent que 1 à 2 jours, entre 14 et 15 °C.

Les fromages terminés sont placés sur des tapis en plastique, plus hygiéniques que les lits de paille d'autrefois. Ils s'affinent alors dans des rayonnages de bois, empilés ou non.

Brie de Meaux *(AOC)*
*Le brie de Meaux est un fromage
à croûte abondamment fleurie,
qui présente une légère coloration
brune par endroits. Quand il est
fait, il offre un goût puissant,
mais pas trop fort.*

Brie de Melun *(AOC) fait La pâte est molle et coulante,
la croûte présente une fleur brune. Il offre une odeur
pénétrante pouvant aller jusqu'au fort.*

Le brie, un grand classique

Jusqu'à la seconde moitié du XIXe siècle,
le brie faisait l'objet d'une fabrication fermière
exclusivement ; il développait alors une fleur brune,
parfois bleuâtre. Toutefois, du fait de l'augmentation
de la demande, la production s'effectua ensuite
de plus en plus dans des fromageries. Dès le début
du XXe siècle, le brie présentait une fleur blanche
régulièrement répartie, telle que nous la connaissons
aujourd'hui.

*Le brie de Melun
subit un affinage
de 4 à 6 semaines,
allant même jusqu'à
8 semaines pour les
fromages faits à
cœur. Le degré
d'hygrométrie
ambiant est compris
entre 90 et 95 %.*

Brie de Melun *encore trop jeune On voit distinctement une fleur
blanche et le développement d'une coloration brune. Mais le
cœur est encore trop clair : il est déjà bien mûr, mais pas assez.*

Coulommiers *On le consomme dès l'apparition d'un duvet
de moisissure. Le fromage présenté ci-dessus, très mûr,
présente une légère coloration brune.*

Brie (version allemande) Il est fabriqué selon la même méthode que le camembert. Sa fleur blanche, bien répartie, lui confère une saveur allant du doux au relevé sans excès.

Brie condimenté Il s'agit d'une version étrangère de brie. Les fines herbes et les épices sont soit incorporées au caillé, soit réparties ultérieurement à la surface.

Camembert
Spécialité
d'origine normande,
le camembert est
aujourd'hui fabriqué
et consommé
un peu partout.
En Allemagne,
on le produit depuis
la fin du siècle
dernier, et il y est
devenu un produit
standard doté d'une
personnalité propre.

3 cm d'épaisseur pour 13 cm au plus de diamètre et pèse 500 g environ, ce qui lui valut autrefois le nom de **brie petit moule**. Il doit titrer 45 % de M.G. au minimum. Sa pâte, assez grasse, va du très mou et humide au ferme. Aujourd'hui, on trouve des coulommiers offrant la croûte fleurie caractéristique du camembert ; mais il se vend également très jeune, donc avec une croûte peu épaisse et présentant peu de moisissures.

Les imitations de brie réalisées dans d'autres régions ou pays présentent une croûte plus ou moins fleurie, une pâte molle et souple, et l'arôme caractéristique dû à la moisissure utilisée dans la fabrication du camembert. Le goût, doux à l'origine, se renforce à mesure que le fromage se fait, en raison du développement d'une moisissure blanche évoluant vers le rouge.

En Allemagne (où il contient 45, 50 ou 60 % de M.G.), le brie doit être parfumé, avec un goût allant du légèrement aigre au légèrement piquant. On fabrique également du brie en Grande-Bretagne (sous le nom de **melbury**), aux États-Unis (au moins 50 % de M.G., pâte crémeuse et ferme pouvant être aromatisée avec des fines herbes, du poivre ou des champignons) et au Canada.

Le **camembert** est un autre grand classique parmi les fromages à pâte molle. Autrefois, en Normandie, on le fabriquait avec une moisissure brun-rouge, de la même façon que les autres produits de la région – le **livarot**, le **pont-l'évêque** ou le **pavé d'Auge**. Selon son environnement se développait une moisissure, qui était généralement bleue.

Le nom de Camembert, petit village de l'Orne, est indissolublement lié à celui de Marie Harel, fermière de Vimoutiers, qui réussit, aux environs de 1790, à livrer aux marchés des environs des fromages présentant des caractéristiques constantes. Inventa-t-elle véritablement le camembert ? À en croire Pierre Androuët, grand expert en fromages, le mystère continuera de planer. Toujours est-il qu'en 1928 les Américains édifièrent à Vimoutiers un monument à la gloire de Marie Harel : celui-ci, détruit lors des bombardements de 1944, fut remplacé par un autre après la fin des hostilités.

Aujourd'hui, le nom de Camembert est mondialement connu et son fromage est partout apprécié. Cette popularité peut s'expliquer par deux « découvertes » : la première, due à un dénommé Ridel, est l'introduction, en 1890, de la boîte en bois qui permettait au fromage de conserver définitivement sa forme, mais aussi et surtout de pouvoir voyager sans être endommagé. La seconde grande étape date de 1910, quand les Laboratoires Roger diffusèrent une moisissure blanche *(Penicillium candidum),* qui peu à peu s'imposa.

Le **camembert de Normandie** (à ne pas confondre avec le camembert) est une spécialité protégée par une AOC. Fabriqué exclusivement au lait cru, il doit titrer 45 % de M.G. Il présente une croûte mince légèrement recouverte de moisissure blanche, qui offre avec le temps des

La cave de Pierre Androuët, fromager affineur à Paris. Les camemberts au lait cru, livrés frais, y mûrissent dans des conditions optimales.

On voit ici nettement les différences d'aspect d'un camembert au fur et à mesure de l'affinage. Celui du haut (1 jour) n'a pratiquement pas de fleur. Celui du bas (5 semaines) est bien mûr.

Camembert de Normandie
Protégé par une AOC, il présente une croûte fleurie blanche légèrement rougeâtre par endroits. Il se déguste fait à cœur, quand il a développé une saveur puissamment relevée.

Gratte-paille *Fromage d'Île-de-France qui présente une croûte bien fleurie et un goût relevé.*

Tomme vaudoise *Fromage suisse à la manière du camembert. Allégé à 25 % (ci-dessus), ou titrant 45 %.*

Pierre Robert *Fleur blanche du camembert, prenant, avec le temps, une coloration brun-jaune. 75 % de M.G.*

Saint-marcellin
Jeune (à gauche), il est légèrement acidulé ; bien mûr (à droite), il offre une saveur relevée et puissante.

Romans *C'est le grand frère du saint-marcellin. Saveur douce à relevée selon l'âge. Vendu également condimenté.*

Cœur de Neufchâtel *Fromage normand AOC, présenté ici en forme de cœur. Saveur douce acidulée.*

Oreiller de ciboulette *Goût puissant et caractéristique dû à une fleur rouge et à la présence de ciboulette dans la pâte.*

Feuille de Dreux *Fromage bien fait à moisissure blanche et grise, croûte fleurie brunâtre.*

Bonde de Neufchâtel *(AOC) Il se présente en cylindres. Une légère fleur rouge lui confère une saveur délicate.*

Bouquet des moines *Fromage belge puissant à fleur blanche, bien mûr et coulant sur les bords.*

Frinault *Originaire de l'Orléanais. Légèrement garni de cendre, il offre une saveur puissante. 50 % de M.G.*

Pithiviers *Il est recouvert de foin composant un ornement, comme le bondaroy. Goût marqué.*

Fougeru *Fromage récent d'Île-de-France recouvert de fougère. Il rappelle le coulommiers, d'aspect et de goût.*

taches allant du brun-rouge au jaunâtre. Il se présente sous la forme d'un disque ayant un diamètre compris entre 10,5 et 11 cm, une épaisseur de 3 cm, et un poids de 250 g. Il est conditionné à l'ancienne, c'est-à-dire dans une boîte en bois. Comme le brie, le camembert est fabriqué avec un caillé très acide (intervention minime de la présure). Les fromages subissent un affinage de 21 jours au minimum, au cours duquel la pâte prend de l'élasticité, sans pour autant devenir coulante. Parallèlement, le goût et l'arôme, fruités, deviennent plus prononcés.

En dehors de la zone protégée par une AOC, les **camemberts**, fabriqués au lait cru ou chauffé, sont appréciés pour leur goût relevé mais moins piquant que le camembert véritable. En France, il existe ainsi un certain nombre de variantes qui portent l'appellation de **petit camembert**, et dont les dimensions doivent être : entre 10,5 et 11 cm, ou entre 8 et 8,5 cm. Ces produits doivent titrer 40 % de M.G. au minimum ; pour ce qui concerne la matière sèche, il n'existe pas d'encadrement précis ; simplement, un camembert doit comporter au moins 110 g de matière sèche, et un petit camembert, au moins 60 g.

On trouve ainsi depuis longtemps, dans plusieurs autres pays, des « camemberts » qui présentent une qualité régulière. C'est le cas, par exemple, en Allemagne, où l'on fabrique des produits plus ou moins riches en matières grasses (notamment 45, 50 et 60 % de M.G., avec respectivement 44, 46 et 52 % de matière sèche) ; mais il existe aussi des variantes maigres titrant 30 et 40 % de M.G. On y fait également un fromage similaire appelé **weichkäse mit schimmelbildung** (fromate à pâte molle et croûte fleurie), qui ne contient que 20 % de M.G. et dont on trouve des variantes dans de nombreux pays : **tomme vaudoise** (Suisse), **weißer prinz** (fromage de brebis fabriqué en Autriche) ou **bonchester** (fromage de Jersey).

Originaire du pays de Bray, en Normandie, le **neufchâtel** (AOC) est un fromage titrant au minimum 45 % de M.G. Il présente la caractéristique d'un caillé ensemencé par des miettes de fromage déjà fleuri que l'on malaxe jusqu'à obtention d'un mélange homogène. Il offre une croûte duveteuse légèrement pigmentée au fil de l'affinage, et une pâte douce et acidulée. La bonde est une forme typique des fromages de cette région : elle évoque la bonde d'un tonneau de cidre.

Le neufchâtel est disponible en bondes (4,5 cm de diamètre pour 6,5 de hauteur), mais peut aussi se trouver sous cinq autres présentations : double bonde, cœur, gros cœur, carré et briquette. Le **cœur de Bray** et le **gournay** lui sont apparentés. Aux États-Unis, le terme « neufchatel » désigne un fromage frais, similaire au cream cheese, avec toutefois une plus forte teneur en matières grasses et une pâte plus molle.

Le **saint-marcellin**, appelé aussi **marcellin**, évoque chez les connaisseurs un fromage de chèvre portant le même

Carré de l'Est *Il est fabriqué principalement en Lorraine et en Champagne. Celui présenté ici offre une croûte fleurie. Sa saveur, doucement acidulée, devient relevée avec le temps.*

Weißer prinz
Fromage autrichien au lait de brebis (50 % de M.G.). Saveur douce mais caractéristique.

Weiße lady *Fromage à croûte fleurie fabriqué en Bavière, se présentant en pains (60 % de M.G.). Se consomme souvent avec des fines herbes ou du raifort.*

Un plateau de fromages à pâte molle, dont chacun apporte sa saveur propre.

Butte de Doue
Avec un affinage
de 1 semaine en
cave sur claies
apparaît une légère
fleur. Au bout
de 2 semaines,
le fromage est prêt
à la vente.

Butte de Doue *Légère fleur blanche, pâte blanche et souple rappelant celle des fromages frais. 70 % de M.G.*

Paglietta *Fromage piémontais présentant une pâte dont la maturation est uniforme. 50 % de M.G.*

Lucullus *Fromage triple crème tendre et crémeux, à moisissure blanche. 75 % de M.G.*

Explorateur *Recouvert d'une épaisse croûte fleurie, il offre une pâte acidulée titrant 75 % de M.G.*

Brillat-savarin *Fromage triple crème de Normandie (75 % de M.G.). Acidulé, rappelle le fromage frais.*

Pavé d'affinois *Pâte délicate rappelant le fromage frais (45 % de M.G.). Saveur douce, consistance crémeuse.*

Vignotte *Fromage « de vigne » comportant une légère fleur blanche. Pâte crémeuse et fondante. 75 % de M.G.*

Brillador *Recouvert d'une croûte épaisse. La pâte (75 % de M.G.) est molle et crémeuse. Saveur douce.*

Bresso *Fromage à pâte molle au goût relevé, titrant 60 % de M.G. Disponible également condimenté au poivre ou à l'ail.*

Prestige de Bourgogne *Affiné avec une moisissure blanche ou rouge. Acidulé quand il est frais. 75 % de M.G.*

Boursault *Pâte souple, très molle. Croûte présentant une légère fleur, blanche ou brun-rouge. 70 % de M.G.*

Ramee royal *Fromage mûrissant de façon homogène, par la pâte. Goût légèrement acidulé, parfumé.*

nom, tout comme, d'ailleurs, le **romans** ou **tomme de Romans**, son proche parent. Aujourd'hui, ces fromages, fabriqués principalement avec du lait de vache, sont appréciés des consommateurs quand ils sont frais et recouverts d'une croûte de moisissures blanches ou bleuâtres. Ils peuvent être saupoudrés de poivre, de paprika, de romarin ou de sarriette, ou encore enveloppés dans une feuille de châtaignier.

Par ailleurs, il s'est perpétué jusqu'à nos jours une tradition consistant à conserver le fromage dans du foin, des feuilles séchées ou des fougères. À l'origine, cette pratique avait pour but d'assurer la conservation des fromages jusqu'à la saison où la lactation était limitée, et à les protéger du dessèchement.

Le saupoudrage de cendre, sur des fromages comportant ou non la croissance de moisissures bleuâtres, était destiné à sécher les fromages mais aussi, la cendre étant la plupart du temps de nature alcaline, à réduire leur acidité.

C'est à ce traitement que sont soumis l'**olivet bleu** et le **frinault**, produits proches du coulommiers mais présentant une fleur bleuâtre. Le **rocroi cendré**, originaire des Ardennes, est fabriqué avec du lait écrémé.

Le nom du **carré de l'Est** affiche ses origines géographiques. Ce fromage à croûte fleurie se fabrique en trois dimensions : **petit carré de l'Est** (entre 125 et 160 g), **carré de l'Est** (entre 100 et 300 g) et **grand carré** (entre 800 g et 1,2 kg). Tous ces fromages titrent 40 % de M.G. au minimum et 44 % de matière sèche.

Dans les années 70, on a vu le développement d'un nouveau type de fromages à fleur blanche obtenue avec un principe de fabrication différent, dont la maturation s'effectue à travers la pâte, et non pas de l'extérieur vers l'intérieur, comme dans le camembert par exemple. La teneur en matières grasses est souvent plus forte. Ces fromages présentent une forme ovale, avec des arrondis plus ou moins prononcés. Parmi ceux-ci, citons le **Caprice des dieux**, le **champignon de luxe**, la **crème des prés**, le **géramont**, le **carré**, le **val des moines**, ainsi que de nouvelles variétés : **bresso** (vendu également avec condiments), **ramee royal** (en forme de tarte) ou **cremeroll**.

Par ailleurs, un certain nombre de fromages sont fabriqués selon le principe ancien du neufchâtel qui consiste à partir d'un fromage frais pour arriver à un fromage à pâte molle à maturation légère. C'est le cas du **brillat-savarin**, du **chaource**, du **Boursault**, de la **butte de Doue**, de l'**explorateur** et de la **vignotte** : dans ce groupe, on rangera aussi les variétés italiennes telles que la **formagella**, ou un certain nombre de sortes de toma plus petites, comme le **robiola**.

Enfin, la diversité des fromages se trouve enrichie aujourd'hui par des procédés de fabrication nouveaux permettant d'obtenir des produits à pâte compacte, régulière et souple : par exemple, **Pavé d'affinois** ou **Henri IV**.

Cremeroll *Spécialité à pâte molle, caractérisée par sa forme en rouleau. Doux et délicatement crémeux, consistance crémeuse elle aussi. 60 % de M.G.*

Formagella *Originaire des Préalpes italiennes (régions de Bergame et Brescia). Fromage typiquement de table, titrant 45 ou 20 % de M.G., consommé frais ou mûri.*

Tomino *Saveur douce (tomino fresco, à gauche). Quand il a mûri, il présente un duvet (il est alors stagionato) et offre une délicate saveur de camembert.*

Chaource *(AOC) Fromage à moisissure blanche présentant, avec le temps, une coloration brune sur les bords (50 % de M.G.). La pâte est acidulée.*

Cette coupe de chaource frais montre l'évolution de la moisissure sous la peau.

Formaggini *Ce terme italien, signifiant «petits fromages», désigne des fromages frais à pâte molle et souple. Quand ils sont très frais, on les considère comme des latticini, c'est-à-dire comme des laitages. La saveur, douce et acidulée, évolue en maturant et devient, au bout de 1 semaine, délicate et riche.*

Robiola *Ce terme regroupe différents fromages (45 % de M.G. en général), parmi lesquels le robiola osella du Piémont (ci-dessus). Certaines variétés développent à l'affinage une peau rougeâtre : c'est le cas du robiola di Roccaverano. D'autres se couvrent d'une fleur.*

Burgos *C'est, avec le manchego, le fromage le plus connu en Espagne. Il est fabriqué par emprésurage du lait de brebis, sans intervention d'acide lactique : c'est ce qui lui confère son arôme caractéristique. De plus, il peut offrir un goût légèrement salé. La pâte laisse échapper un peu de petit-lait au cours des jours suivant la fabrication : c'est un signe de qualité. Ce fromage vendu frais ne se conserve que quelques jours.*

Flor de oro *Originaire de la province de Valence, la flor de oro (40 % de M.G.) est un queso fresco valenciano (le puzol et la cervera sont des produits proches). Ce fromage peut se fabriquer avec du lait de chèvre, de vache ou de brebis. Il présente une pâte souple et une douceur de goût qui se retrouvent aussi dans la cuajada, fromage vénézuélien.*

Les fromages frais sont des produits non affinés qui doivent se consommer rapidement après fabrication. C'est le cas, par exemple, du **fromage blanc** ou du **cottage cheese**. La **ricotta** est un fromage qui se déguste soit frais, soit après avoir subi un salage, un fumage ou un séchage permettant de la conserver. La **caciotta**, parmi d'autres, est, quant à elle, légèrement affinée.

Dans son sens extensif, le terme « frais » désigne aussi des fromages qui peuvent subir un affinage prolongé, mais qui se vendent également frais ou très légèrement affinés. C'est le cas de la plupart des fromages de brebis italiens (primo sale), du **cantal** (tomme fraîche) ou du **stilton**.

Toutefois, nous ne décrirons pas ici un certain nombre de fromages frais comme la mozzarella, traitée dans la section des pâtes filées en raison de ses particularités. Les fromages frais peuvent être divisés en plusieurs catégories en fonction de leur structure : tendre-ferme (**schichtkäse, burgos, cambridge**), molle-granuleuse (**cottage cheese**), assez ferme et moulable (**suisse, cream cheese, fromage frais double crème**), pâteuse (**speisequark, ricotta, zieger**). Il existe aussi des fromages obtenus par écumage de la caséine, et des préparations à base de fromage frais.

Robiola est un terme générique utilisé pour désigner de très nombreux fromages ronds, en général de petites dimensions. Un certain nombre d'entre eux rappellent le **taleggio**, d'autres la **caciotta**. Le **burgos** est un fromage frais espagnol fabriqué avec du lait de brebis emprésuré, qui titre le plus souvent plus de 50 % de M.G. et se présente sous forme de cylindres renflés de 1 à 2 kg. Le **villalón** lui ressemble : il s'agit d'un fromage pesant entre 500 g et 2,5 kg ; il est appelé aussi **pata de mulo** (pied de mulet) en raison de sa forme. Dans les provinces espagnoles du sud du pays, on fabrique des fromages frais au lait de brebis et de chèvre, parfois mélangé à du lait de vache : **queso fresco valenciano, flor de oro, puzol, cervera**, et en Andalousie, **málaga** et **cádiz**. Ces fromages ont des formes et des tailles variables.

Le stracchino, qui ressemble à la **crescenza**, est un fromage frais italien originaire de Lombardie. Le **schichtkäse** allemand titre entre 10 et 60 % de M.G. Pour les variantes entre 40 et 60 %, on ajoute de la crème au lait au cours de la fabrication ; dans ce cas, les fromages doivent porter la mention « sahneschichtkäse ». Le **cambridge** et le **york** sont des variétés britanniques traditionnelles comparables, présentant elles aussi des strates (sandwich, cream slice). Le nom de **körniger frischkäse** (fromage frais à grains) fait référence à sa structure – petits grains souples et mous. Son équivalent est particulièrement apprécié aux États-Unis, où on en connaît trois sortes : le **cottage cheese dry curd** (structure granulée molle au lait écrémé, contenant moins de 0,5 % de M.G.), le **cottage cheese low fat** (entre 0,5 et 2 %) et le **cottage cheese** (plus de 4 %). Ce dernier se fabrique avec un mélange de cottage cheese

Stracchino *Fromage frais à pâte tendre moulée. Goût évoluant du doux au finement acidulé ; se consomme frais, ou vieilli au plus 15 jours. Fabriqué à l'origine au nord de Milan, il est aujourd'hui produit partout en Lombardie et dans le Piémont.*

Schichtkäse *Il doit son nom à une structure en couches (schichten), formées lors du transfert du caillé. Pâte acidulée, de goût parfumé, légèrement luisante, tendre-souple, présentant peu de trous. Selon la teneur en matières grasses, la pâte va du blanc laiteux au jaune crémeux.*

La grosseur des grains de fromage frais (cottage cheese) donne lieu, aux États-Unis, à des appellations différentes : small style (petits grains, ci-dessus en haut), ou large style (grains plus gros).

Körniger frischkäse *Il correspond au cottage cheese, qui, après addition de crème, est appelé creamed cottage cheese. Ci-dessus, un fromage à 20 % de M.G. dont on écrase les grains contre les mailles d'un tamis avant de le mélanger à la crème. Il s'associe très bien avec des fruits, des fines herbes.*

Petit-suisse *Petit rouleau de fromage frais originaire de Normandie. L'arôme et la pâte sont délicats et fins, la texture est homogène.*

Cream cheese *Fromage américain à saveur douce, contenant plus de 70 % de M.G. Structure compacte et crémeuse. Existe aussi sous forme écumée ou agrémenté d'autres ingrédients.*

Mascarpone *Fromage frais italien à pâte blanchâtre à jaune paille, compacte mais souple et tartinable. C'est la base idéale d'entremets sucrés.*

Bresso *C'est un fromage écumé, aromatisé avec des fines herbes hachées. Fabriqué avec l'écume de caséine, il offre une consistance aérée et crémeuse et fond sous la langue.*

La diversité des fromages frais est extrêmement grande. Ce sont des produits qui se vendent nature, ou encore enrichis par adjonction de condiments (exemple : Tartare aux fines herbes, ou Boursin triple crème à l'ail ou au poivre). Les fromages écumés sont, eux aussi, très appréciés : bresso, cantadou, colette, mirée… Par ailleurs, les industriels ont, dans de nombreux pays, élaboré des préparations très diversifiées, salées ou sucrées, à base de fromages frais.

dry curd et de crème : c'est pourquoi on l'appelle aussi **creamed cottage cheese.** Ces fromages sont également divisés selon leur style (californian style, popcorn style et country style), et selon la taille des grains (large style, small style). Le **farmer's cheese** est un cottage cheese façonné en blocs par pression. En Allemagne, on trouve le **frischkäse nach cottage-cheese-art** (fromage frais à la manière du cottage cheese), qui titre 20 % ou 10 % de M.G., et est également disponible sous forme maigre (moins de 10 %). Au Royaume-Uni, c'est le type creamed cottage cheese qui prédomine.

Les fromages frais plus fermes car plus compacts doivent offrir une pâte fine et homogène qui fond sous la langue. Parmi ceux-ci, citons le **suisse,** petit fromage frais en forme de cylindre fabriqué en Normandie. Le **petit-suisse** se présente en deux tailles : 60 g et 60 % de M.G., ou 30 g et 40 % de M.G. Le **demi-sel** (40 %) lui ressemble, mais il contient 2 % de sel. Le succès de ces fromages date du XIXᵉ siècle, et est dû à l'impulsion du fabricant Charles Gervais.

Le **cream cheese** est un fromage frais américain contenant au minimum 33 % de graisses, ce qui correspond à plus de 70 % de M.G. Il en existe une variante plus molle, appelée **neufchatel** aux États-Unis (20 à 33 % de M.G., matière sèche supérieure à 35 %). Le cream cheese le plus connu est le **philadelphia** (surnommé philly), créé à la fin du XIXᵉ siècle, et que l'on trouve aussi agrémenté de ciboulette ou de fraises. Le **rahm-frischkäse** allemand contient au minimum 50 % de M.G., le **doppelrahmfrischkäse** (fromage frais double crème) au minimum 60 %. Ces deux variétés se caractérisent par un arôme acidulé et un goût légèrement salé. Au Royaume-Uni, on consomme le **single cream cheese** (au minimum 45 % de M.G.) et le **double cream cheese** (au moins 65 % de M.G.).

En Italie, le fromage frais le plus connu est le **mascarpone** ou **mascherpone.** Très riche en graisses, il se fabrique avec une crème à 30 %, chauffée à 90 °C, et que l'on fait cailler avec du jus de citron, une solution d'acide citrique ou un autre acide ; ensuite, la masse est égouttée et on la laisse refroidir.

Le **speisequark** bavarois, appelé aussi **quark,** ainsi que le **topfen** autrichien sont des appellations désignant un fromage frais à consistance pâteuse, offrant des teneurs variées en matières grasses. Le quark à 20 % de M.G. est un fromage très peu gras, car il ne titre que 5 % dans l'absolu ; toutefois, il offre beaucoup de souplesse et de finesse. On l'apprécie aussi beaucoup agrémenté de fruits et d'autres ingrédients : par exemple céréales ou fines herbes (**kräuterquark**). Le **rygeost** est un fromage blanc fumé au cumin. Aux États-Unis, on utilise en pâtisserie le **baker's cheese,** fromage frais à consistance molle et goût acidulé. Au Royaume-Uni, citons des variétés tantôt pâteuses, tantôt plus compactes, comme le **lactic cheese** à base de lait caillé à l'acide lactique, le **colwick cheese** et le **cottager's cheese** (qui n'a rien à voir avec le

Roulade de fromage frais aromatisé aux fines herbes.

*Fromage blanc maigre 1 à 2 % de M.G. La teneur
en protéines étant très importante par rapport aux graisses,
la pâte est ferme, plus granuleuse que crémeuse.*

*Fromage blanc 10 % Pâte encore granuleuse, mais déjà plus
crémeuse et plus souple que celle du fromage maigre. La teneur
en M.G. n'est que de 2,5 % par rapport à la matière humide.*

*Fromage blanc 20 % Pâte nettement plus molle et plus
crémeuse. La différence d'aspect est confirmée par le moelleux
en bouche. Teneur en M.G. : 5 % environ de la matière humide.*

*Fromage blanc 40 % Pâte très souple et crémeuse,
très moelleux en bouche. La teneur en M.G. est d'environ
11 % de la matière humide.*

cottage cheese). En France, la **caillebotte** et la **jonchée**
(qui se fabriquent aussi avec du lait de chèvre) sont des
procédés d'égouttage qui correspondent à la **giuncata**
italienne. Le **fromage frais battu maigre** contient moins
de 1 % de M.G. et plus de 85 % d'eau.

Le **broccio** (AOC) est un fromage corse de chèvre ou de
brebis, fabriqué avec du petit-lait enrichi d'un peu de
lait frais. Il se déguste dans une délai de 5 jours, et présente la forme de sa faisselle. Il peut aussi être affiné.

La **ricotta** est un fromage italien qui ne se fabriquait à
l'origine qu'avec du lait de brebis (**ricotta di pecora**) ; le
terme « ricotta » est souvent complété d'un qualificatif
indiquant son origine : ricotta romana, ricotta siciliana.
Aujourd'hui, on trouve également de la **ricotta di vacca**,
appelée aussi **ricotta vaccina** (ricotta de vache). La fabrication de la ricotta (qui signifie « recuite ») s'effectue en
séparant les protéines par échauffement du petit-lait, en
partie sous addition de petit-lait fermenté ou d'acides.
Normalement, la ricotta est vendue fraîche et nature
(**ricotta tipo dolce**), mais on la trouve aussi salée (**ricotta
salata**), ou encore salée et affinée (**ricotta tipo forte**). La
ricotta secca, quant à elle, est un produit très ferme à
dur, que l'on utilise râpé. Le terme « ricotta » est également utilisé pour désigner du fromage blanc. La **cacio-
cotta** est une sorte de fromage frais fabriqué par
emprésurage de lait. La ricotta de brebis contient normalement plus de matières grasses que celle de vache,
car le lait de brebis en est lui-même plus riche.

On trouve des fromages similaires en Espagne
(**requesón**) et au Portugal (**requeijão**). Au Brésil, ce
même terme « requeijão » désigne des produits de type
fromage blanc, qui sont mélangés avec de la crème ou
encore du beurre et du sel, puis fondus. Le terme alémanique « **Zieger** » (ou « **Ziger** »), équivalent de la
ricotta, désigne la masse fraîche qui se sépare sous
l'échauffement de petit-lait acide. Il s'agit d'une masse
tartinable, molle-granuleuse, qui peut être blanche ou
jaune crémeux. Mais comme on peut aussi obtenir du
zieger avec du lait ou un mélange de lait et de petit-lait,
on fait la différence entre **molkezieger**, **milchzieger** et
mischzieger. Les molkezieger sont également désignés
sous les termes de **molkeneiweißkäse** ou **albu-
minkäse**. La recuite s'appelle **sérac** ou **cérat** en Savoie,
et **seirass** dans le Piémont. Ce type de fromages se
déguste frais, mais sert aussi à la fabrication d'autres
produits : **glarner schabzieger**, **urda** et **manouri**. En
Amérique latine, le **queso blanco**, ou **queso del país**,
est très répandu. Il s'obtient par échauffement du lait à
80 °C et addition de petit-lait acide, de jus de fruits ou
d'autres acides (notamment acétique) ; on le presse
ensuite sans excès, on le moule et on le sale légèrement.
Parmi les variantes de queso blanco, citons le **campe-
sino**, le **queso de hoja** (en forme de feuille), le **queso de
puna** (fabriqué toutefois avec de la présure et des bactéries d'acide lactique, appelé spanish cheese aux États-
Unis) et le **queso fresco**.

Ricotta di pecora *Fabriquée avec la matière coagulable du petit-lait, produite à la caséification du lait de brebis. La ricotta de brebis présente une pâte blanchâtre et souple.*

Ricotta di vacca *Cette ricotta a été moulée en vannerie (canestrata). La ricotta de vache est consommée principalement en Italie du Nord.*

En Italie, on trouve tous les jours de la ricotta fraîche sur les marchés.

Ricotta piacentina *Originaire de la plaine du Pô. Cette ricotta de vache est égouttée dans une toile. Consistance crémeuse, légèrement granuleuse.*

Ricotta salata *Plus sèche, du fait d'une durée d'égouttage plus importante. On connaît surtout la ricotta tipo moliterno (ici, ricotta de brebis).*

Ricotta salata *à la caséine de lait de vache. À l'arrière-plan, une ricotta salata affumicata (salée fumée), dont la peau a pris une coloration brune au fumage.*

Ziger *D'origine alémanique, c'est l'équivalent de la ricotta en Italie. Ici, il s'agit d'une variété suisse au lait de chèvre à pâte fine légèrement aromatique.*

Ziger de vache
Il se consomme frais, ou sert à la fabrication du schabziger.

Ricotta salata al forno *(ricotta salée et étuvée au four) Cette variante savoureuse se déguste le plus souvent en Italie centrale et méridionale.*

Manouri *Fromage de chèvre sec originaire de Grèce. Très forte teneur en matières grasses, pâte le plus souvent délicate. Il rappelle les produits salés et séchés à base de ricotta.*

Ici, le fromage se fabrique tous les jours de Pâques à la Toussaint. À 7 heures au plus tard, cet éleveur a terminé la traite de ses 30 chèvres. Le lait frais sera mélangé à celui qu'il a recueilli la veille.

Les fromages de chèvre forment une famille très spécifique et fortement diversifiée. Ils ne sont pas forcément fabriqués uniquement au lait de chèvre, et se composent parfois d'un mélange avec du lait de vache ou de brebis. En France, la mention « chèvre » indique que le fromage est fabriqué uniquement avec du lait de chèvre, qui peut être cru ou pasteurisé ; dans le cas contraire, on parle de « mi-chèvre ». En tout état de cause, la proportion de lait de chèvre doit être d'au minimum 20 % (matière sèche de lait). Certains autres pays ont une législation similaire.

On peut distinguer trois grands types de fromages selon la nature de la pâte et les conditions d'affinage, qui influent en partie sur l'arôme et le goût.

Pour le premier groupe, le caillage est dû principalement à l'acide lactique, l'intervention de la présure étant mineure. Après égouttage, la pâte, blanchâtre et ferme, est granuleuse : c'est le cas du **selles-sur-cher.**

Pour le deuxième groupe, le rôle de l'acide lactique et celui de la présure s'équilibrent à peu près. C'est le cas de fromages présentant une similitude d'aspect avec le camembert, comme le **bougon**. À l'affinage, la pâte passe du ferme presque acidulé au souple, notamment sous l'action d'une fleur superficielle.

Dans le troisième groupe, l'action de la présure prédomine : c'est le cas du **chevrotin**, par exemple.

Cette diversité est renforcée par le mode de traitement du caillé. On peut en distinguer quatre : on prélève le caillé à la louche et on le transfère dans des moules (cas du selles-sur-cher, AOC) ; on le transfère dans une toile pour un égouttage prolongé (cas des **crottins**) ; pour un nombre limité de fromages, on brise le caillé en morceaux très fins le plus homogènes possible, que l'on transfère ensuite dans les moules (cas du **rocamadour**, AOC) ; enfin, pour d'autres fromages, on travaille le caillé avant moulage (cas du bougon ou du chevrotin).

La surface des fromages de chèvre peut, elle aussi, offrir des aspects très divers : sans fleur ni revêtement (pâte blanchâtre, dorée ou brunâtre), ou fleurie, ou encore cendrée. La moisissure *(Penicillium album,* autrefois appelée *Penicillium glaucum),* d'abord blanche, devient progressivement bleuâtre. Pour le chèvre cendré, on répand en surface de la cendre de charbon de bois. Celle-ci est souvent additionnée d'un peu de sel, ce qui renforce le goût et l'arôme. Selon le lait utilisé, et le mode de fabrication et d'affinage, le goût d'un chèvre peut aller du doux crémeux au très prononcé. Une présure spéciale peut par ailleurs renforcer la saveur typique du chèvre. Certaines variétés offrent un goût spécifique dû à un affinage au marc ; d'autres sont enveloppées de fines herbes, d'épices ou de feuilles de vigne. Tous ces éléments extérieurs communiquent leur goût au fromage ; dans d'autres cas, ils lui sont directement mélangés.

Quand il est frais, le chèvre doit se consommer très rapidement. Toutefois, la plupart d'entre eux peuvent être considérés comme frais pendant quelques jours. Parmi

Le caillé frais *Il est très légèrement salé et consommé avec du pain, constitue un casse-croûte très savoureux. À ce stade, on ne perçoit pas encore nettement le goût très particulier du lait de chèvre, qui ne plaît pas à tout le monde Il peut aussi être travaillé avec des fruits dans la confection d'entremets sucrés.*

Dès le petit matin, ce troupeau est conduit dans les montagnes dominant Stampa dans les canton des Grisons (Suisse). Ici, le mouton noir, c'est la chèvre blanche : les bêtes, noires, appartiennent à la race frigias, qui n'est vraiment chez elle que dans cette vallée de Bergell, et que subventionne l'État suisse. Leur rendement est tout à fait appréciable, avec 6 litres par jour et par animal.

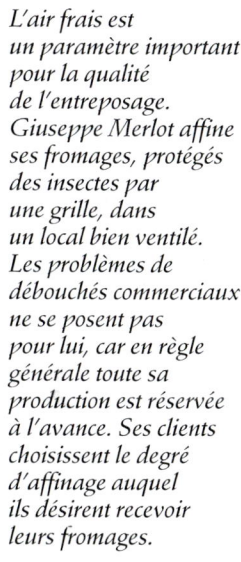

L'air frais est un paramètre important pour la qualité de l'entreposage. Giuseppe Merlot affine ses fromages, protégés des insectes par une grille, dans un local bien ventilé. Les problèmes de débouchés commerciaux ne se posent pas pour lui, car en règle générale toute sa production est réservée à l'avance. Ses clients choisissent le degré d'affinage auquel ils désirent recevoir leurs fromages.

Giuseppe Merlot fabrique ses fromages selon la méthode traditionnelle. Le lait est d'abord chauffé dans un chaudron de cuivre sur un feu de bois. Le fermier sait par expérience, de façon très précise, la température idéale à laquelle doit être porté le lait, le degré de coagulation obtenu, et le moment où il doit transvaser le caillé dans des moules en fer-blanc. Ceux-ci sont percés de trous permettant l'égouttage du petit-lait. Au bout de quelques heures, les fromages sont retournés avec précaution, roulés dans le sel, et disposés sur des planches en vue de l'affinage.

Les fromages de chèvre fermiers

Encore aujourd'hui, la production des fromages de chèvre est assurée en grande partie par de petites exploitations artisanales et par des fermiers donnant des produits supérieurs à ceux proposés par les industriels. C'est notamment le cas en France, où les fromages fermiers présentent une très grande diversité, qu'ils soient frais ou affinés.

Fromage de chèvre frais italien (45 % de M.G.). Crémeux, arôme doux, faiblement salé, légèrement acidulé.

Chavroux Fromage frais français, au goût très doux. Son conditionnement est très pratique.

Los Vazquez Fromage frais d'Espagne aux laits de chèvre et de vache. Pâte relativement ferme, goût puissant.

Lingot blanc Fromage de chèvre originaire du Poitou, au goût relativement doux.

Limburgse geitekaas Fromage frais de Hollande (50 à 60 % de M.G.). Les fines herbes apportent un goût particulier.

Zick de Zwiener Fromage frais allemand (50 % de M.G.). Goût à la fois doux et caractéristique.

Cabri doux Originaire de Bourgogne, pâte souple recouverte de ciboulette.

Dans un certain nombre de pays, on trouve des fromages de chèvre frais agrémentés de fines herbes ou d'épices. Ils titrent en général entre 45 et 50 % de M.G.

les fromages français de ce type, citons la **jonchée nior-taise**, l'**aunis** (nommé trois cornes ou sableau quand il est triangulaire) et le **crémet**, ainsi que la **brousse** en Provence et, en Corse, le **broccio** et le **canestrelli**, qui sont souvent fabriqués avec un mélange comportant du lait de brebis.

En Italie, le fromage de chèvre est appelé caprino. On trouve différentes sortes de caprini dans les régions montagneuses du Piémont, ainsi que de la **formagetta** en Ligurie, des **caprini** à pâte ferme en Sardaigne ; d'autres appellations existent : **caciotta de chèvre**, **caciotella**, **cacioricotta**. En Espagne, le **fresco de cabra** (45 % de M.G.) comprend plusieurs variétés : le **fresco valenciano**, en Andalousie, le **cádiz** et le **málaga** (conservé partiellement dans l'huile), dans le nord du pays le **camerano (logroño)**, le **soria** et le **valdeteja**.

Les pays non latins ont également une tradition de fromages de chèvre. C'est le cas de l'Allemagne et de l'Autriche, où leur consommation a connu une grande expansion. Les Néerlandais, quant à eux, consomment le **limburgse geitekaas**. Au Proche-Orient, on fait du **labneh**, par égouttage du laban, lait aigre semblable au yaourt.

Si le fromage de chèvre est présent dans de nombreux pays, c'est en France qu'on en trouve la plus grande diversité. D'une localité ou d'une région à l'autre, des fromages similaires sont désignés sous des noms différents ; mais, à l'inverse, une même appellation peut désigner des produits différents. Ils contiennent tous 45 % de M.G. au minimum et, la plupart du temps, leur matière sèche représente 40 à 45 % au moins.

Il existe un certain nombre de fromages de grande taille : le plus connu est le **lingot**. Sa croûte est soit fleurie (**lingot blanc**), soit revêtue de cendre de charbon de bois (**lingot cendré**). On le fabrique aussi avec un mélange de lait de vache (vérifier l'étiquetage). Autre exemple, le **ligueil** (48 % de M.G.) : l'indication « Poitouraine », précisant son origine, figure sur l'étiquette. D'autres grands fromages en sont proches : **soignon**, **bûche du Poitou** et **géant du Poitou**, dont l'arôme va du doux au légèrement relevé.

Certains fromages sont en forme de tronc de pyramide : selon l'aspect, on parle de pyramide blanche ou cendrée. Citons-en de très connus : le **valençay**, originaire du département de l'Indre, ou le **levroux**, qui en est proche. Au bout d'un affinage d'au moins 1 semaine, ils offrent un goût allant du doux au caprin très prononcé. La pâte blanche est acidulée et ferme, mais fond doucement sous la langue. Le valençay de l'Indre bénéficie d'une appellation de qualité régionale, « Centre-Val-de-Loire-Berry ». Une étiquette rouge indique que le fromage a été fabriqué en laiterie ou chez un affineur, une étiquette verte portant l'inscription « fermier » signifie qu'il a été fabriqué selon la tradition fermière, avec un lait sans addition de caillé congelé ou conservé. Le **pouligny-saint-pierre** est protégé par une AOC limitant la zone de

Crottin de Chavignol (en bas) C'est un petit fromage AOC à pâte ferme titrant au minimum 45 % de M.G. Comme c'est le cas de nombreux fromages jeunes et frais, on le trouve fréquemment conservé dans l'huile, avec des aromates (au centre). C'est aussi sous cette présentation que se vend le geißkäse originaire d'Autriche (dans le bocal).

L'enrobage de fines herbes ou d'épices s'accorde bien avec le goût relativement doux de ces chèvres à pâte molle.

Valençay Originaire du département de l'Indre. Saveur douce dispensant toutefois l'arôme prononcé du lait de chèvre.

Pouligny-saint-pierre (AOC) Sa forme en tronc de pyramide lui vaut le surnom de « tour Eiffel ». Goût doux à fruité.

Pavé blésois Légèrement recouvert de moisissures et de cendre. Pâte molle, goût doux.

Graçay Fromage du Berry. Croûte ferme dissimulant une pâte blanche et noisetée.

Clochette Forme caractéristique, fleur évoluant du blanchâtre ou bleuâtre. Arôme de chèvre très prononcé.

Selles-sur-cher (AOC) Pâte fondante agréable au goût, recouverte de moisissure et de poudre de charbon de bois.

Cœur de Selles Fabriqué selon le même procédé que le selles-sur-cher. Saveur doucement noisetée.

Crottin de Chavignol (AOC) Doux et crémeux quand il est jeune, sec quand il est affiné.

Sancerre Variante du crottin de Chavignol, tout comme le crézancy et le santranges. Goût prononcé.

La mothe-saint-héray Croûte fleurie, pâte souple et arôme évoluant vers le relevé avec l'affinage.

Chabichou revêtu de poudre de charbon de bois, présentant un aspect caractéristique de bonde. Arôme relevé.

Chabichou du Poitou (AOC) à croûte fleurie Goût caractéristique, devenant puissant à l'affinage.

Bougon Fromage du Poitou, saveur piquante et pâte blanche.

Pavé de Touraine *Forme typique en parallélépipède.
Rappelle le pavé blésois, mais en plus sec et, donc, plus ferme.
Goût riche.*

Sainte-maure *Aspect bleuâtre quand il est fermier,
blanchâtre quand il est laitier. Pâte friable et fragile,
soutenue par une tige de paille. Très doux au goût.*

Bûchette d'Anjou *Rappelle le sainte-maure. La surface, revêtue
de poudre de charbon de bois, se couvre progressivement d'une
moisissure blanc-gris. Arôme doux, goût de chèvre prononcé.*

Chèvre de Hollande *Il rappelle un fromage long
de Touraine. Pâte blanche typique, arôme doux
mais prononcé, léger duvet blanc.*

production à l'ouest du département de l'Indre. Il doit à sa forme son surnom de « tour Eiffel ». En 2 à 4 semaines d'affinage, le goût évolue du doux à une saveur de terroir caractérisée. La pâte est acidulée, blanche, souple-ferme. Le **selles-sur-cher** est un autre fromage originaire de l'Indre, protégé lui aussi par AOC. Il mesure 9,5 cm de diamètre et de 2,5 à 3 cm de hauteur, pour un poids d'environ 150 g. Il est recouvert de cendre de charbon de bois. Au bout d'un affinage d'une dizaine de jours se développe une fleur blanchâtre virant au bleuâtre. Sa pâte, molle, fond sous la langue, et offre un arôme doux évoluant vers le piquant. Le selles-sur-cher se consomme volontiers en dessert, et les connaisseurs le dégustent avec la croûte, qui contribue à lui conférer son caractère particulier. Il existe un certain nombre de variantes de ce fromage, à commencer par le **cœur de Selles** (appelé **cœur de chèvre** en d'autres endroits), ou le **pavé blésois**, produit dans la région de Blois. Le pavé de Touraine offre en général plus de fermeté que le pavé blésois. Le **graçay** est en forme de tronc de cône. Le **montoire**, de consistance plutôt ferme, tire son nom d'une localité située au nord de Tours, spécialisée dans l'élevage des chèvres. La **clochette**, fabriquée en région Poitou-Charentes, est un fromage de 250 g à pâte relativement ferme.

Le **sainte-maure**, dont le nom est celui d'une localité située au sud de Tours, est un fromage – cendré ou non – qui se fabrique en plusieurs endroits de la région. En revanche, le **sainte-maure de Touraine** bénéficie d'une AOC. Les étiquettes sont différentes selon les conditions de production : rouges pour les fromages laitiers, vertes pour les produits fermiers. La robe est également différente, respectivement bleuâtre et blanche. Ces fromages de table offrent un arôme typique et prononcé, avec une pâte acidulée-tendre. On trouve des fromages ressemblants, appelés simplement **chèvres longs**. La **bûchette d'Anjou**, quant à elle, est plus petite.

Le **chabichou** ou **chabi** est une désignation poitevine réservée aux fromages ayant une forme traditionnelle de bonde : cylindre de 6,5 cm de diamètre au maximum, et de 5 à 7 cm de hauteur. Ces produits présentent une fleur blanchâtre pour les fromages laitiers, bleu-gris pour les produits fermiers ; parfois, cette moisissure vire au rouge. Par ailleurs, certains d'entre eux sont cendrés. Le chabi connaît de nombreuses variantes pouvant avoir des formes différentes : citons les **chabichou de Chaunay**, de **Civray**, de **Saint-Gelay** et de **Chaumont**.

La région située entre le Poitou et Cognac est le lieu de production de petits fromages ronds : par exemple, **rond-de-Lusignan**, **saint-loup**, **petit fromage de bique** et **sauzé**. Le **mothais** est, selon Pierre Androuët, l'archétype des fromages à la feuille de cette région. Il provient du plateau mellois, comme le **bougon** et le **la mothe-saint-héray** (50 % de M.G.). On trouve aussi des variantes condimentées, à l'ail par exemple. Par ailleurs, certains fromages carrés, affinés dans des feuilles de platane ou de châtaignier, offrent une saveur piquante :

L'affinage en cave des fromages de chèvre s'effectue selon des conditions de température et d'hygrométrie très contrôlées, afin d'obtenir le dessèchement et la fleur souhaités.

Bûchette de banon à la sarriette.

Rocamadour ou cabécou de Rocamadour (AOC) Très petit fromage de chèvre, peau veloutée jaune doré, souvent revêtue d'une légère fleur. Fondant, saveur de chèvre.

Pélardon des Cévennes Étroitement apparenté au cabécou, il se présente sous de nombreuses variantes. Goût évoluant du doux à l'aromatique.

Picodon de la Drôme (AOC) Appelé aussi picodon de l'Ardèche. Pâte moyennement ferme, goût relevé.

Picodon de l'Ardèche (AOC) Appelé aussi picodon de la Drôme. À l'affinage, sa croûte naturelle se couvre d'une fleur blanche et bleuâtre, parfois rouge.

couhé-vérac et saint-maixent, à croûte bleu-gris, souvent pigmentée de rouge. La pigouille, fabriquée dans le marais poitevin, est un fromage frais, sans fleur.

La dénomination crottin, souvent complétée par le nom d'une localité, désigne différents fromages de petites dimensions. Le plus connu d'entre eux est le crottin de Chavignol (AOC). Confectionné dans le Cher, à Chavignol, il se présente sous forme de petits cylindres d'un diamètre de 4 à 5 cm, hauts de 3 à 4 cm, pour un poids de 60 à 80 g. Il a une croûte naturelle, jaunâtre à brune, qui, avec le temps, développe une moisissure bleu-gris. C'est un fromage qui est le plus souvent sec et ferme. Parmi les fromages similaires de la même région, citons : le sancerrois ou sancerre, ainsi que des produits de dimensions plus importantes, tels le crézancy et le santranges. Dans le département de l'Yonne, on trouve un certain nombre de fromages du même type autour de Vézelay : dornecy, lormes, vermenton. Le gien, quant à lui, s'affine dans des feuilles de châtaignier, et est recouvert d'une moisissure gris-bleu. Le bouton de culotte est un minuscule fromage (40 à 60 g) qui, selon le degré d'affinage, va du jeune et mou au mûr et dur. Dans les environs de Mâcon, il s'appelle mâconnais, cabrion de Mâcon (et cabrion du Beaujolais ou cabrion du Mâconnais). La baratte ainsi que le bressan, à pâte ferme, lui ressemblent. Le charolais ou charolles et le montrachet, à moisissure bleuâtre, sont souvent piquants. Le mont-d'or de Lyon offre un goût vigoureux, comme la rigotte de Pélussin et la rigotte des Alpes. La brique du Forez ou chevreton d'Ambert, la galette de La Chaise-Dieu (bleuâtre) et le chevrotin du Bourbonnais (chevrotin de Moulins) sont des fromages en général rectangulaires, mais parfois ronds, à l'instar des fromages apparentés tels le chevret ou tomme de Belley et le chevret ou le chevroton des Boutières, qui vont du fruité au piquant.

Le cabécou (petite chèvre) désigne principalement deux variétés. Le cabécou d'Entraygues (30 à 40 g) présente en surface une fleur blanche, parfois bleuâtre. Le cabécou de Rocamadour, appelé aujourd'hui rocamadour (AOC), est un fromage dont le caillé a été malaxé pour être brisé le plus fin possible, puis salé et légèrement pressé dans les moules. Sa peau est jaunâtre, rosée, ou encore recouverte d'une fleur blanche évoluant vers le bleuâtre. Le gramat et le mayrinhac en sont proches ; bien mûrs, on les appelle cuffi ou truffi. En Languedoc, on trouve un fromage apparenté au cabécou, le cajassous ; la localité de Ganges est connue pour ce fromage relevé. Le picadou est un cabécou confit. Les Cévennes donnent le pélardon, petit fromage rond apparenté au cabécou, aux nombreuses variantes.

La région montagneuse comprise entre Valence et Orange est le pays du picodon. Le picodon de l'Ardèche et le picodon de la Drôme sont protégés par une AOC. Ces petits cylindres pesant entre 80 et 100 g offrent un arôme et un goût caprins qui deviennent puissants avec

Poivre d'âne *Fromage proche du banon, roulé dans de la sauge et du romarin, qui lui confèrent une saveur très aromatique.*

Banon *Présenté traditionnellement dans une feuille de châtaignier, souvent enrobé de sauge. Goût doux à épicé.*

Arôme au gène de marc *Fabriqué avec plusieurs fromages de chèvre bien mûrs et écrasés, affiné dans le marc de vin.*

Roves des garrigues *Fromage de Provence à pâte ferme, arôme très puissant mais agréable.*

Meusnois *Fromage berrichon, pâte mi-ferme, goût légèrement acidulé.*

Pourly *Originaire de Bourgogne, se déguste frais et doux, ou affiné avec alors une saveur noisetée.*

Bouton de culotte *Fromage bourguignon. Pâte évoluant du mou au dur, goût allant du puissant au piquant.*

Chevroton de Mâcon ou **mâconnais** *Variante du bouton de culotte, devenant avec l'âge fort de goût et ferme.*

Brique du Forez ou **chevreton d'Ambert** *Goût puissant, mais adouci si le lait de chèvre est mélangé à celui de vache.*

Brique du Livradois *Ressemble à la brique du Forez, mais plus petit de taille. Goût doux à aromatique.*

Persillé bourguignon *Recouvert de cendre, présente aussi en deux couches internes. Goût doux à légèrement relevé.*

Brin d'amour, *brindamour ou fleur du maquis. Enrobé de fines herbes lui donnant un goût aromatique.*

Chèvre feuille *Fromage du Périgord présenté dans une feuille de platane ou de châtaignier. Doux à relevé selon la variété.*

Camembert de chèvre Celui-ci est originaire d'Autriche, mais on en fabrique dans de nombreux pays.

L'Allemagne a, elle aussi, une longue tradition dans la fabrication de fromages de chèvre : témoin l'altenburger ziegenkäse (Thuringe) ou l'einetaler ziegenkäse (Unterharz). Depuis les années 70, le choix s'est fortement diversifié, avec des fromages frais nature ou condimentés, mais aussi avec des produits fabriqués de façon traditionnelle, par exemple l'inntaler camembert (ci-dessus). Parmi les nouveaux produits, citons l'inntaler ziegenrolle (en haut), fromage fabriqué avec de la présure et de l'acide lactique, et enrobé de fines herbes à la manière provençale.

Tomme de chèvre
Elle se fabrique depuis la Savoie jusqu'à la Corse, en passant par les Alpes provençales. D'une région à l'autre, on trouve des produits très variés : la surface comporte ou non une croûte fleurie blanchâtre ou bleuâtre, la pâte est blanche acidulée ou bien faite, le goût doux à puissant.

l'affinage. On les travaille avec du vin, de l'huile ou des épices, on les trempe dans le vin et le marc, et on les affine sous des feuilles. Citons deux autres picodons, ceux de Dieulefit et de Valréas, ainsi que d'autres chèvres apparentés : **tomme du mont Ventoux, cachat d'Entrechaux, cachat de Gavoie** et **malaucène** ; dans les Cévennes, **rogeret** et **picodon des Cévennes**. Les fromages frais et blancs fabriqués en Ardèche sont appelés aussi pidances.

Banon est une petite localité située à l'est d'Avignon. Elle donne son nom à un fromage qui est largement fabriqué dans d'autres endroits, soit exclusivement avec du lait de chèvre, soit avec un mélange de laits de brebis et de vache. Le **banon** est vendu frais sans peau, parfois agrémenté d'une branche de sarriette, ou affiné et recouvert d'une fleur blanchâtre ou bleuâtre, enveloppé dans une feuille de châtaignier (banon à la feuille), ficelé de raphia, et souvent préalablement plongé dans l'eau-de-vie. Dans les montagnes niçoises, on produit des fromages plus fermes à base de lait de chèvre ou d'un mélange de laits de chèvre et de brebis : **bairols, annot** ou **tomme d'Annot** (meules d'environ 1 kg), **tomme du Val de Blore, sospel**.

La Corse a, elle aussi, une longue tradition de chèvres : le **sartène** au sud de l'île, mais aussi, plus au nord, des fromages fermes de chèvre ou de brebis (ou d'un mélange des deux) : **niolo, ascot, venaco** et **calenzana**.

La **tomme** désigne un fromage de vache ou de brebis, mais aussi de chèvre, présentant des tailles et des compositions différentes. Les fromages sont souvent désignés sous le nom de la localité de fabrication. Outre les variétés déjà énumérées, on peut également citer : **tomme de la Drôme, de Crest, du Vercors, de Chabeuil** et **tomme de Romans**, qui rappelle des variantes du saint-marcellin.

Dans les régions montagneuses situées à l'est de Chambéry, Annecy et Grenoble, on trouve des fromages connus : **chevrotin des Aravis, chevrotin des Bauges** (chevrette des Bauges), mais aussi **chevrotin de Hauteluce, grataron d'Arêches** et tomme de Tarentaise (praslin), de Courchevel, de Pralognan, des Allues. Ce sont des fromages offrant une pâte souple, dont certains mûrissent plus de 3 mois. On les appelle aussi **chevrotins des Alpes** ou de **montagne**.

La tradition du fromage de chèvre se retrouve dans d'autres pays : par exemple, dans les Grisons (**bündner geißkäse**), dans l'Oberland bernois (**frutigkäse**), en Allemagne (**altenburger ziegenkäse** et **einetaler ziegenkäse**), aux Pays-Bas (**geitekaas**), en Suède (**getost**), en Norvège (**gjetost**, avec le **hardanger** appelé aussi **rosendal**). Aux États-Unis, on trouve le cabecou, le **calistoga** et le **chèvrefeuille** (Californie), ainsi que le **texas goat cheese**, fromage doux et crémeux qui existe nature ou aux fines herbes, au paprika, au poivre, ou aux légumes ; citons aussi le **monterey de chèvre** piquant, et la **tome à râper**, au goût prononcé.

Hardanger *Fromage de Norvège, exclusivement au lait de chèvre, titrant 45 % de M.G. Pâte compacte-souple facile à trancher, goût aromatique et légèrement herbeux. Les Norvégiens l'appellent aussi rosendal.*

Monte caprino *(en haut) Fromage suisse (Tessin) aux laits de chèvre et de vache, 45 % de M.G. ; croûte fleurie blanche, saveur prononcée de chèvre.* **Ziegette** *(ci-dessus). Fromage autrichien composé de 55 % de lait de chèvre et 45 % de lait de vache. Arôme doux et agréable.*

Goudas de chèvre *En haut, gouda hollandais, à l'arôme agréable et prononcé. Ci-dessus, gouda fabriqué en Allemagne, qui offre après affinage une croûte ferme et un goût prononcé.*

Il existe en Espagne un certain nombre de fromages de chèvre dont la consistance les rend faciles à trancher. On en trouve également dans les îles, par exemple le majorero, originaire de Fuerteventura (Canaries). Ces fromages sont souvent fabriqués avec du lait de chèvre mélangé à du lait de brebis ou de vache.
À droite, un assortiment de fromages espagnols : queso sierra ibores (en haut, à plat), revêtu de cire, offrant une pâte ferme et un goût puissant ; queso del Casar (au centre), croûte sombre, pâte ferme et goût puissant, légèrement acidulé ; el risquillo (sur l'assiette), croûte fleurie rouge, pâte souple au goût légèrement salé.

Bauern-handkäse (fromage fermier à la main) à surface jaune doré et, sur sa droite, **vienenburger schimmelkäse** à croûte fleurie. Goût allant du doux au légèrement relevé.

Korbkäse (fromage au panier) présentant une légère fleur jaune. Il offre une saveur doucement relevée à piquante.

Harzer-käse Fromage du Harz, de petite taille mais puissant au goût. C'est un handkäse (fromage à la main) très apprécié.

Hausmacher bauern-handkäse au cumin et **korbkäse** à croûte fleurie (à gauche), consommé le plus souvent au petit déjeuner. Saveur douce-aromatique.

Gammelost Fromage norvégien à pâte brune et grumeleuse, dont la veinure est obtenue après ensemencement à une moisissure particulière appelée mucor. Très apprécié pour son goût piquant caractéristique.

Olmützer quargel Uniquement à croûte jaune. Pâte très ferme et arôme puissant. Le nom de ce fromage provient de la localité d'Olmütz (République tchèque), où on le connaît sous le nom d'olomoucké tvarôzky et olomoucké tvarûzky.

Le groupe des fromages au lait acide, fabriqués sans présure, réunit des produits très différents, dont certains sont des fromages frais : c'est ainsi le cas du **lactic cheese**, en Grande-Bretagne.

En Allemagne, en Autriche, en République tchèque et en Slovaquie, principaux foyers de consommation, l'expression « fromage au lait acide » désigne des produits fabriqués avec du fromage blanc au lait acide. En Allemagne, on différencie deux types génériques : le **gelbkäse** (fromage jaune, croûte lavée) et l'**edelschimmelkäse** (fromage à moisissure noble, croûte fleurie). Le terme gelbkäse, de couleur jaune doré à brun rougeâtre et de saveur piquante, regroupe notamment le **hartzer-käse** et le **mainzerkäse**, qui pèsent entre 25 et 125 g, et l'**olmützer quargel** (entre 12 et 17 g). L'edelschimmelkäse, quant à lui, présente la fleur du camembert, avec toutefois une odeur et une saveur moins prononcées. Il existe par ailleurs quelques produits que l'on trouve aussi bien avec une croûte lavée que fleurie : **handkäse, bauern-handkäse, korbkäse, stangenkäse, spitzkäse**. Les fromages au lait acide, qui sont généralement parfumés au carvi, sont la plupart du temps fabriqués avec du lait écrémé ; selon leur teneur en eau, ils présentent une pâte plus ou moins ferme.

Le moulage s'effectue environ 2 heures après salage et adjonction de sels de maturation. Puis l'ensemencement se fait avec des moisissures différentes selon que l'on souhaite une croûte fleurie ou lavée.

Dans les régions alpines, il existe plusieurs sortes de fromages maigres au lait acide, dont l'affinage s'effectue avec ou sans ensemencement de moisissure. Le **steirischer graukäse** (appelé aussi populairement **steirerkas**), est originaire de Styrie. Son nom (grau : « gris ») fait référence à la couleur de la fleur, tout comme celui du **tiroler graukäse**, fabriqué au Tyrol. Le **sura-käs**, originaire du Vorarlberg (Autriche), présente une similitude avec le **quargel**. En Suisse, il existe un fromage très ancien au lait acide, appelé **toggenburger ploderkäse** ; il est moins connu que le **schabziger** (**glarner kräuterkäse**), aromatisé au trèfle et en forme de tronc de cône. Citons également le **gammelost**, fromage d'origine norvégienne, à la saveur caractéristique. On trouve aussi des fromages très différents en Norvège : le **brunost** (fromage brun), ainsi que le **gudbransdal gjetost** (35 % de M.G.). Par ailleurs, ce pays est riche en variétés régionales de type mysost (de myse, « petit-lait »), qui se différencient principalement par un mélange de sérums de laits de vache et de chèvre et de crème, ou dont le sérum est exclusivement celui de la chèvre (ekte geitost) ou de la vache (fløtemysost). Citons aussi deux fromages norvégiens tartinables, le **prim** et le **mager mysost** (respectivement 20 % et 10 % de M.G.), qui sont fabriqués par évaporation du sérum, et souvent avec addition de crème. La couleur brunâtre naît d'une caramélisation naturelle du sucre du lait à la réduction par évaporation, qui donne au fromage une saveur légèrement douceâtre.

Tiroler graukäse *Fromage se fabriquant depuis longtemps dans les fermes et fromageries tyroliennes. La fleur est soit naturelle, soit provoquée par ensemencement de Penicillium roqueforti. Ce fromage, dont la saveur va de l'acidulé au très fort, se déguste souvent avec de l'huile, du vinaigre et des oignons.*

Steirischer graukäse *Appelé populairement steirerkas, ce fromage est fabriqué traditionnellement par coagulation spontanée de lait écrémé. Après un séchage de quelques jours (autrefois, près d'un feu ou d'un poêle) et un affinage de 1 mois, on obtient un fromage à râper à saveur corsée.*

Zillertaler zieger *Fromage au lait cru moulé à la main, séché puis affiné après ensemencement d'une moisissure bleu-gris. Destiné à la cuisine ou à la râpe, il offre un goût prononcé.*

Gjetost *Commercialisé en général sous le nom de gudbransdal gjetost (35 % de M.G.). Fabriqué par réduction du sérum de laits de vache et de chèvre, et adjonction de crème. Le brunost (ci-dessus) offre une saveur caramélisée le destinant aussi bien aux préparations sucrées qu'à la dégustation.*

Le gjetost se prête particulièrement bien à une découpe en minces tranches.

107

Diversité des fromages fondus

Les fromages fondus se tartinent ou se détaillent en tranches,
et sont disponibles nature ou condimentés (ail, fines herbes,
paprika, noix, etc.). Ils se dégustent avec du pain, mais
interviennent aussi dans de nombreuses préparations,
sur des canapés, dans des potages, des sauces ou des soufflés.
Par ailleurs, on trouve des produits en tranches, destinés
aux gratins, ou déjà râpés, pour les pizzas. Tous ces produits
titrent en général 45 % de M.G. ; mais on trouve aussi
des variétés allégées, ou, au contraire, plus riches
en matières grasses.

Depuis longtemps, les pays exportateurs de fromages cherchaient à éviter une altération de la qualité de leurs produits au fil du temps.

Le **fromage fondu** est né de cette préoccupation. C'est en 1911 que l'on parvint à fabriquer un aliment agréable de goût et de consistance, et qui se conservait très bien car le processus de maturation avait été stoppé ; ce produit avait été fabriqué à partir d'emmental auquel on avait ajouté des sels d'acide citrique. Cinq ans plus tard, les Américains obtenaient le même type de produit, à partir de cheddar fondu avec des sels d'acide phosphorique. On était parvenu à chauffer le fromage préalablement détaillé en morceaux sans pour autant que les matières grasses se dissocient. Grâce à un procédé de fabrication nouveau, les protéines se répartissaient bien, l'eau et les matières grasses remuées formaient une émulsion. Les fromages fondus offraient aussi un grand intérêt dans les pays chauds, où le lait est peu disponible.

À l'origine, ce fromage fondu suisse était appelé « emmental en boîte » ou « emmental sans croûte ». Dans les années 20, ce type de produit, connut une rapide expansion au plan international.

La qualité d'un produit est conditionnée par celle du fromage d'origine (degré de maturité, arôme, saveur). Une fois opérée cette sélection, le fromage est détaillé en morceaux puis broyé ; on le mélange ensuite avec 2 à 3 % de sels de fonte, et on l'agrémente d'un certain nombre d'autres ingrédients : crème, beurre, poudre de petit-lait, mais aussi des condiments : jambon, saucisson, paprika, etc. On rajoute également de l'eau selon le degré de fermeté souhaité. Ce mélange est ensuite chauffé et remué : la fonte donne une masse homogène allant du liquide au pâteux. On la verse chaude dans des récipients acheminés dans des tunnels de refroidissement. Les fromages fondus présentent une grande diversité d'un pays à l'autre. Ainsi en Suisse, on note une prédominance de produits à base de fromages à pâte ferme, comme l'emmental ; c'est aussi le cas aux États-Unis, où la fabrication s'effectue avec du cheddar. Dans d'autres pays, on utilise des fromages à pâte plus molle. Toutefois, on note partout une tendance marquée aux fromages fondus pouvant se détailler en tranches, qui s'utilisent surtout dans les préparations gratinées. D'une manière générale, on trouve des produits de saveur douceâtre. Par ailleurs, on a diversifié les formes et conditionnements des fromages fondus.

Le **kochkäse**, que l'on peut considérer comme une préparation à base de fromage fondu, occupe une place à part, car il est fabriqué avec du fromage blanc. On trouve des produits comparables dans d'autres pays. Ainsi, en France, la **cancoillotte** est fabriquée avec du **metton**, fromage maigre cuit et mûri. En Autriche, on produit l'**abgesottener käse** et le **glundner käse**. Aux États-Unis, le **kochkäse** est connu sous le nom de **cook cheese**, ou encore **koch kaese**.

Fromages fumés *Ces produits sont des fromages fondus ou des préparations à base de fromages fondus, auxquels on a fait subir un fumage très soigné : une peau brun-rouge enserre une pâte assez ferme à saveur fumée. En revanche, dans certains pays, notamment aux États-Unis, il est permis de vendre des « fromages fumés » au goût renforcé par un arôme artificiel.*

Fjäll brynt *Ce fromage fondu originaire de Suède présente une consistance crémeuse et une saveur douceâtre.*

Fromage fondu à base d'edelpilz *Il s'agit d'un produit qui vient enrichir la gamme déjà étendue des fromages à tartiner. L'illustration ci-dessus montre un nouveau produit à base de fromage de type roquefort, qui présente une consistance particulièrement fine. Il est aussi fréquemment utilisé dans les préparations chaudes.*

Kochkäse *Fromage fondu allemand à base de fromage au lait acide ou de fromage blanc ; on y ajoute du sel, du cumin, souvent du sel de fonte et, pour parvenir à la composition souhaitée, de la crème, du beurre, du beurre clarifié, de l'eau ou du lait écrémé.*

Diversité des couleurs

Les produits dérivés du fromage ou à base de fromages composent une palette multicolore très diversifiée, grâce à l'adjonction d'un certain nombre d'ingrédients : noix, raisins secs, mais aussi autres fruits, et condiments. On trouve également de plus en plus des produits traités à chaud à partir de fromage frais. Par ailleurs, les fabricants ont fait preuve de créativité pour confectionner des produits se présentant sous forme de pâtés où alternent des couches de saumon et de fromage frais, le tout couronné de condiments, ou encore des tartes associant du gorgonzola et du mascarpone. Aux États-Unis, la plupart de ces produits sont regroupés sous l'appellation de « cold-pack cheese food ». En France, il existe de nombreux produits à base de fromages forts. Il s'agit de fromages frais ou affinés, qui sont mélangés avec des épices ou des fines herbes, qu'on laisse parfois macérer dans de l'eau-de-vie ou du vin, ou que l'on moule en boulettes ou en boules avant de subir, dans la plupart des cas, une période d'affinage.

Larzac Préparation à base de caillé
et d'un fromage apparenté au roquefort.

Il existe une très grande diversité
de produits associant des fromages
à d'autres ingrédients. En haut :
mélange de fromage à pâte relativement
ferme et de mascarpone, agrémenté
de cerneaux de noix. Ci-dessus :
torta crema, mélange composé
de mascarpone et de couches
de gorgonzola.

Boules et boulettes sont répandues
en France. En haut : **boule du Périgord**
(fromage de chèvre et fines herbes).
Au centre : **boule des moines** (mélange
bourguignon de fromages et fines
herbes). Ci-dessus : **boulette d'Avesnes**
(mélange de maroilles blanc, d'estragon,
de poivre et de persil, lavé à la bière).

Deux spécialités de pays
germanophones : le **liptauer** (dans
la jatte) est composé d'un mélange
de fromage blanc, de crème,
de beurre et de paprika ; autrefois,
en Autriche, on le fabriquait avec du
véritable brinsen au lait de brebis.
L'**obatzter** (sur la planche) est une
préparation qui, en Haute-Bavière
et en Autriche, se déguste
généralement avec de la bière.
Il s'agit de camembert bien fait,
que l'on mélange avec des
oignons et du paprika,
et, le plus souvent,
du poivre.

Cold-pack cheese food (États-Unis)
Rouleaux ou boules eurobés d'ingrédients
venant les relever ou les adoucir.

111

QUELQUES CONSEILS PRATIQUES

Comment acheter, conserver,
couper et râper le fromage

Dégusté tel quel, le fromage constitue un aliment à part
entière qui se passe parfaitement de toute mise en valeur
par un autre ingrédient. Il intervient également dans
de nombreuses préparations culinaires, soit cuit, soit cru.
Quelle que soit l'utilisation que l'on en fait,
on se souviendra que le fromage est un produit naturel vivant ;
à ce titre, il subit des transformations constantes et il est très
sensible à l'influence d'un certain nombre de paramètres.
Quelques précautions s'imposent donc pour déguster
le fromage dans les meilleures conditions, et ce dès l'achat.
Le soin apporté à ce stade permet de se procurer des produits
de qualité. Ensuite, pour peu que l'on achète des fromages
en quantités relativement importantes, on se trouve confronté
au problème de leur conservation, laquelle doit permettre
une maturation dans les conditions optimales.
Vient, enfin, le moment de détailler le fromage, soit en
le coupant, soit en le râpant. Il s'agit là d'une étape
essentielle, qui exige d'utiliser des produits ayant atteint
le degré de maturité idéal. En outre, la coupe obéit à certaines
règles dictées par la forme des fromages, et doit s'effectuer
avec des outils adéquats.
Sauf indication contraire, les recettes proposées dans les pages
qui suivent sont prévues pour 4 personnes.

L'achat et la conservation des fromages

En matière d'alimentation, l'achat repose sur la confiance. Il est donc important de s'adresser à un spécialiste qui connaît bien ses produits, et qui sait les stocker dans les conditions optimales. Le consommateur est, bien sûr, apte à vérifier lui-même si un fromage répond à un certain nombre de critères : degré de maturité, consistance de la pâte, bouquet de l'arôme, qualité de la croûte. Mais, en fait, dans la plupart des cas, il n'a plus aujourd'hui la possibilité d'effectuer ces contrôles, du moins dans les rayons des super- et hypermarchés. En revanche, chez un bon fromager, qui est capable d'évaluer le niveau de maturité de tous les produits qu'il propose à sa clientèle, il pourra bénéficier de conseils appréciables.

L'étalage de Paxton & Whitfield, à Londres (ci-dessus). Dans ce magasin très réputé, le client trouve un très large choix, et bénéficie des conseils de professionnels.

Le degré de maturité d'un fromage à pâte molle se teste par une pression du doigt : il est plus ferme jeune que lorsqu'il est bien fait.

Dans la grande majorité des cas, les rayons à la coupe des super- et hypermarchés sont garants de produits frais et on y trouve un large choix de variétés. Un connaisseur pourra s'y approvisionner en produits courants et en fromages de sa région ; en revanche, il y bénéficiera rarement de conseils. En cas de doute, le mieux est de demander à goûter avant d'acheter.

Sur les marchés, on vend principalement des fromages de la région, comme ici à Palerme : on y trouve en priorité les spécialités siciliennes comme le pecorino, le ragusano et la ricotta salata, présentant des degrés de maturation divers. Indépendamment de ces variétés locales sont proposés des produits d'autres régions (parmesan, par exemple), dont la présence constitue une concession à l'évolution de la demande.

Mûrissant en permanence, le fromage exige des conditions idéales de conservation, notamment une température appropriée. Une chaleur excessive le fait mûrir trop vite, tandis que le froid le rend amer. Pour un stockage prolongé, la température idéale est de 4 à 6 °C ; pour une conservation à court terme, elle doit être de 12 °C environ. Une cave ou un garde-manger protégés de la lumière assurent de la fraîcheur et une bonne ventilation.

Pour conserver les fromages au réfrigérateur, on les placera dans le bac à légumes, en veillant à éviter un dessèchement excessif sans empêcher la pâte de respirer. Un fromage à pâte dure entamé devra être enveloppé dans un film alimentaire ; on peut aussi l'emballer dans une feuille d'aluminium piquée de petits trous. Un fromage à pâte semi-dure se conservera, lui aussi, dans une feuille d'aluminium ou dans un film alimentaire. Un bleu devra être protégé par une feuille d'aluminium, une pâte molle par une feuille de papier sulfurisé. Les fromages frais ou fondus, quant à eux, devront être conservés dans leur emballage.

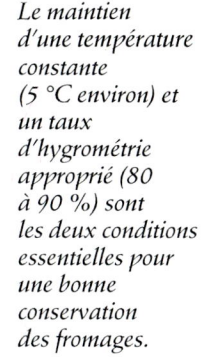

Le maintien d'une température constante (5 °C environ) et un taux d'hygrométrie approprié (80 à 90 %) sont les deux conditions essentielles pour une bonne conservation des fromages.

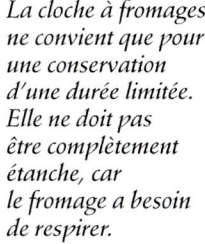

La cloche à fromages ne convient que pour une conservation d'une durée limitée. Elle ne doit pas être complètement étanche, car le fromage a besoin de respirer.

Tout fromage entamé doit être enveloppé individuellement ; par ailleurs, les fromages sans conditionnement ne doivent pas être empilés. On ne peut pas superposer des meules d'emmental, en raison de leur taille importante, tandis que cela est possible avec deux meules de gouda, plus petites.

Quand un fromage a été entamé, il faut toujours protéger la surface de coupe du dessèchement. Toutefois, le fromage doit pouvoir respirer. Pour cela, on peut l'envelopper d'un torchon humide, que l'on réhumectera au moins une fois par jour. Il existe des techniques plus modernes : le film transparent et le papier d'aluminium, à condition d'y percer des petits trous.

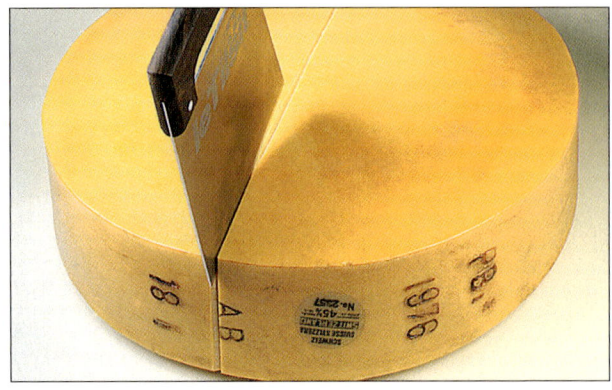

Attaquer la meule d'un fromage dur (ci-dessus, un sbrinz) demande un savoir-faire qui relève de la tradition. Faites, à l'endroit où vous voulez couper la meule, une entaille de 1 à 2 cm de profondeur avec un couteau (ici, une hachette) sur le dessus et les bords. Posez la meule sur une baguette de bois à l'endroit de l'entaille et appuyez des deux mains de chaque côté. Toutefois, aujourd'hui, on tranche de tels fromages avec des appareils permettant d'obtenir des coupes franches.

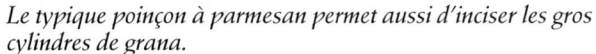

Le typique poinçon à parmesan permet aussi d'inciser les gros cylindres de grana.

Ces différents burins et poinçons servent à prélever de petits morceaux dans des fromages qu'il n'est plus possible de découper.

Le râpage des fromages

La saveur de très nombreux plats peut être renforcée par du fromage râpé : c'est le cas, par exemple, des gratins et des pâtes, notamment les spaghettis. Il existe du fromage râpé en sachets, mais, si son utilisation peut se révéler pratique, c'est au détriment du goût. Par ailleurs, il est impossible de vérifier la qualité du fromage, qui perd rapidement de ses qualités gustatives et de son arôme. En fait, il convient d'acheter exclusivement du fromage en morceaux et de ne le râper qu'au fur et à mesure de ses besoins.

Les râpes à main toutes simples (voir illustration ci-dessus) rendent un service appréciable quand leur tranchant est efficace, mais elles ne suffisent pas pour traiter de grandes quantités. La râpe en bois (voir illustration à droite, en haut) est le meilleur instrument pour émincer finement les fromages à pâte très dure, ainsi que pour râper de grosses quantités ; elle fonctionne selon le principe du moulin, avec un rouleau qui tourne à l'intérieur d'une structure en bois. Le moulin à main (voir illustration à droite) permet, en changeant de rouleau, d'obtenir différentes grosseurs de râpage. Avec un tel appareil, il est important que la prise en main soit bonne.

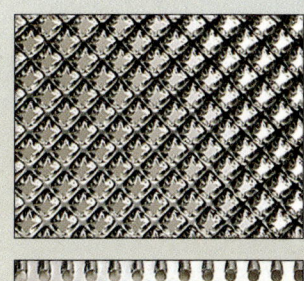

La râpe à dents en étoile convient bien pour les fromages à pâte dure pauvres en matières grasses, le parmesan, par exemple. Elle donne des sortes de grains de petites dimensions.

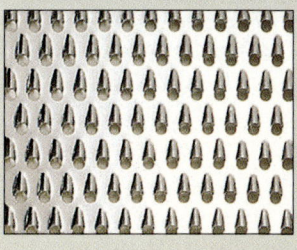

La râpe à petites perforations permet d'obtenir de très fines lanières. Elle convient bien pour les fromages assez mous.

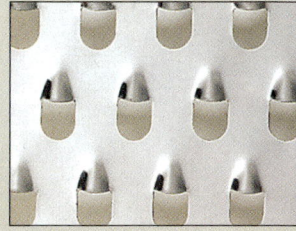

La râpe à grosses perforations permet d'obtenir des lanières plus grosses. Elle est recommandée pour des fromages de dureté moyenne.

Un professionnel
du fromage ou
de la cuisine
doit savoir effectuer
des coupes
permettant d'obtenir
le minimum
de pertes.

Les fromages ronds à pâte ferme
se coupent à la hachette, comme
une tarte.

1 Pour couper au mieux une meule
de taille relativement grosse, on
la tranche d'abord en deux avec un fil.

Les fromages ayant la forme
d'une brique se coupent en tranches
avec un couteau à double manche.

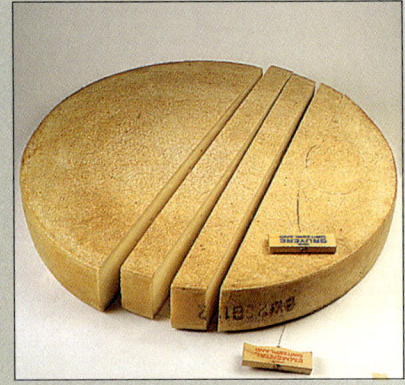

Les fromages à pâte relativement dure
se coupent aisément avec un fil ;
pour positionner correctement celui-ci,
il faut entailler légèrement la surface
du fromage au préalable.

2 On entame ensuite le centre
en formant un trapèze, puis
on coupe la périphérie en morceaux.

Le coupe-copeaux permet d'obtenir des
tranches dont l'épaisseur est régulière.

3 On obtient ainsi une coupe en
trapèzes qui permet de ne rien
perdre de la meule.

1 *Les fromages carrés à pâte relativement ferme se coupent d'abord en deux ; le couteau à double manche est idéal, mais le fil est également très efficace.*

1 *Les meules de taille relativement petite (diamètre inférieur à 30 cm) se coupent sans peine en deux au moyen d'un couteau à double manche.*

2 *On divise ensuite chaque moitié en portions, par exemple des quartiers ou des grosses tranches, à l'aide d'un couteau à un seul manche ou à double manche.*

2 *On divise ensuite chaque moitié en portions, par exemple des triangles ou des trapèzes (voir page ci-contre), avec un couteau à un seul manche.*

Les fromages ayant la forme d'une brique se coupent aisément avec un couteau à fromage classique, mais l'opération sera plus facile avec un couteau à double manche.

La coupe des fromages

Les ustensiles présentés ici permettent de détailler aisément les fromages à pâte relativement ferme, chacun étant destiné à un type de fromage particulier.

La hachette (page ci-contre, en bas à gauche) sert en priorité à la coupe de l'emmental et de fromages similaires, mais elle ne permet pas d'obtenir une surface parfaitement nette. Si l'on souhaite une coupe franche, mieux vaut utiliser un fil que l'on passera de façon régulière et continue. Pour couper une tête-de-moine, on recourt à un accessoire particulier appelé girolle (au centre) : il se compose d'un plateau de bois muni d'une lame que l'on déplace autour de son axe pour obtenir des « fleurs » de fromage. Les couteaux présentés à gauche sont réservés à d'autres sortes de fromages. Celui du haut convient pour les fromages dont la pâte est moyennement ferme et que l'on veut couper en tranches. Les lames des deux suivants présentent des gravures empêchant que les tranches ne se collent entre elles. Les couteaux à double manche, quant à eux, conviennent pour les fromages à pâte ferme et permettent d'obtenir des tranches d'épaisseur régulière.

Pour obtenir des tranches bien régulières dans un gros cylindre de fromage au moyen d'un fil, il est indispensable que celui-ci soit guidé : c'est là tout l'intérêt de la lyre.

1 *La lyre permet de couper aisément en tranches des fromages persillés cylindriques.*

1 *Pour trancher la moitié d'une meule dans l'épaisseur avec une lyre, il faut la soulever pour effectuer la coupe.*

Si le fromage comporte une croûte, il est préférable d'entailler légèrement celle-ci au couteau pour faciliter la coupe.

2 *Mais elle ne permet pas de séparer les tranches : on termine l'opération en faisant rouler le cylindre sur lui-même.*

2 *On peut ensuite couper des portions triangulaires avec la lyre.*

Un coupe-œuf permet d'obtenir facilement de petits dés de fromage.

Des tranches régulières s'obtiennent grâce à la guillotine. Avec le plateau tournant, on peut aussi découper des portions en forme de triangle.

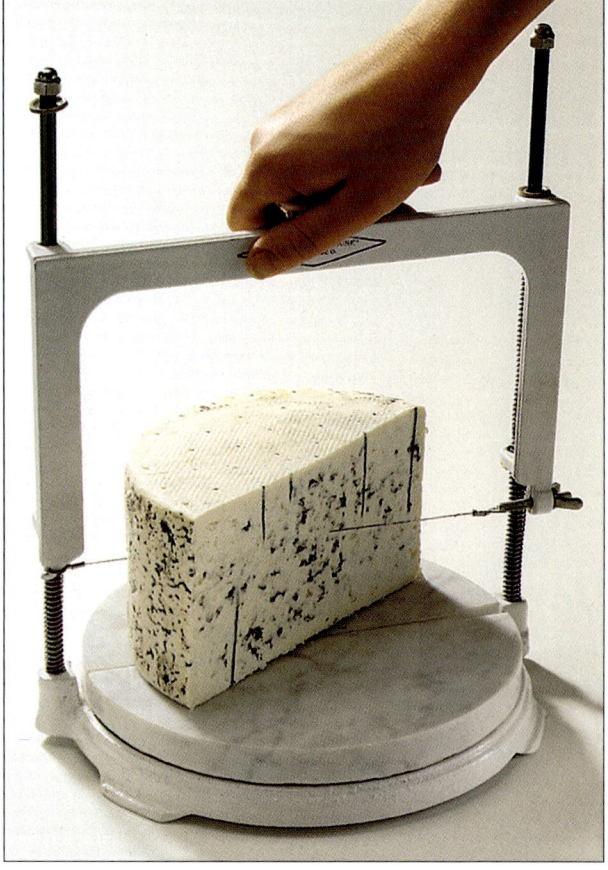

La guillotine facilite la découpe du fromage en tranches ou en triangles. Pour peu que le fil soit bien tendu et le mouvement assuré, il est possible d'obtenir des tranches minces.

La coupe des fromages à pâte persillée

D'une variété à l'autre, la découpe des fromages à pâte persillée est plus ou moins facile. Le roquefort étant relativement friable, il est peu aisé d'obtenir des tranches minces ; en revanche, cela ne pose aucun problème avec un edelpilz, dont la pâte est souple. Indépendamment de la nature du fromage, le degré de maturité constitue, lui aussi, un paramètre essentiel : plus un fromage est fait, plus il est souple et, donc, moins facile à couper. Par ailleurs, un fromage qui aura été conservé à une température trop élevée aura tendance à se ramollir et à devenir gras, ce qui entraînera le recollement des tranches entre elles après la coupe. À l'inverse, un fromage se coupe mieux quand il est tout juste sorti d'un endroit frais. Pour les pâtes molles bleues, on peut effectuer la coupe au couteau. Il faut, au préalable, tremper la lame dans de l'eau très chaude, ce qui fait fondre plus facilement la graisse au moment de la coupe. Mais l'ustensile le plus indiqué est le fil, qui permet de pratiquer des découpes bien franches ; toutefois, il est très difficile à utiliser s'il n'est pas incorporé à une guillotine ou à une lyre.

La coupe des fromages à pâte molle

Selon le degré de maturité, la consistance des fromages à pâte molle peut aller du ferme au coulant. Avant d'effectuer une coupe, une pression du pouce permet d'évaluer cette consistance ; si la pâte est très molle, on disposera ensuite sur les faces tranchées de petites baguettes qui empêcheront le fromage de couler. Par ailleurs, si la surface du fromage comporte une moisissure grasse, on prendra soin de racler celle-ci pour qu'elle n'entre pas en contact avec la pâte.

Indépendamment du fil, il existe différents couteaux pour couper les fromages à pâte molle. Certains comportent une poignée située plus haut que la lame, permettant de trancher une portion en un seul mouvement. La lame, courte, est mince et comporte des gravures, ce qui empêche les faces coupées de se recoller. Pour obtenir le même résultat, certaines lames sont perforées ou extrêmement minces, mais très tranchantes. En tout état de cause, il est indispensable que les fromagers et les consommateurs utilisent un outil de coupe pour chaque variété afin d'éviter de malencontreuses associations d'arômes.

Les fromages ronds se coupent en triangles ou, s'ils sont de grande taille, en languettes rayonnantes à partir de la pointe.

Pour les fromages en forme de pyramide ou de cône, la coupe doit s'effectuer avec un fil. On coupe d'abord des quartiers, que l'on débitera ensuite éventuellement en triangles.

Les fromages à pâte molle de forme ovale se découpent de préférence en tranches dont l'épaisseur peut varier, sans toutefois être inférieure à 1 cm.

Pour le camembert, que la pâte soit encore ferme ou bien faite, le meilleur ustensile de coupe est un couteau à lame très mince.

Cette préparation, en fait un mélange de fromages, dont un fondu, se coupe idéalement en triangles au moyen d'un couteau spécial pour pâtes molles.

Les fromages à croûte lavée ayant la forme d'une brique se coupent facilement en tranches avec un couteau pour pâte molle, ou encore avec un fil.

Une portion de fromage fondu peut se couper dans l'épaisseur. Pour conserver la partie non utilisée, on prendra soin de rabattre le papier de protection.

PRÉPARATIONS SANS CUISSON

Dans la mesure du possible, un fromage de qualité doit
se déguster seul : il n'a besoin d'aucun accompagnement
pour être mis en valeur. Toutefois, une occasion particulière
peut donner lieu à des associations exceptionnelles qui se
justifient pour leur côté esthétique, mais aussi pour des
raisons pratique. Ainsi, lors d'un cocktail, il est conseillé
d'offrir de petits amuse-gueule que les invités puissent
consommer sans devoir poser leur verre. Les compositions
ainsi réalisées avec du fromage, ainsi que leur présentation,
doivent convenir au contexte : déjeuner, un en-cas pris dans
l'après-midi ou dîner. Dans tous les cas, il est indispensable
que les amuse-gueule ne perdent pas de leurs qualités
et, surtout, qu'ils ne se dessèchent pas. Cela est également
valable pour les autres préparations à base de fromage,
comme les boulettes ou les sauces.

Saint-paulin et ananas
Ce type de fromage se marie
aussi très bien avec des
ingrédients pimentés
ou de goût prononcé.

Cheddar et piment
Ce mariage est
particulièrement réussi,
le fromage s'enrichissant
du piquant du piment.

**Fromage de montagne
et grains de raisin** Le comté
ou le gruyère, par exemple,
s'accommodent bien
de l'acidité de certains fruits.

**Cœurs de gruyère au
paprika** Les cœurs sont
réalisés avec un emporte-
pièce, et une des surfaces
est généreusement
saupoudrée de paprika.

**Fromage à pâte ferme
et fines herbes** Les herbes
fraîches sont tout indiquées,
car plus parfumées.

Tilsit et roquefort
Les deux fromages
s'associent
magnifiquement.
On coupe une
tranche de roquefort
de 4 mm d'épaisseur
et deux tranches
de tilsit de même
épaisseur.
Les tranches sont
ensuite superposées
en plaçant
le roquefort
au milieu, et
découpées en carrés
de 2 cm de côté.

Cheddar et fontina
On coupe une tranche
de 6 mm d'épaisseur
dans chaque fromage,
puis on les superpose
et on taille des carrés
de 2 cm de côté.
On peut décorer
ces derniers avec
des ingrédients relevés.
Une autre association
très réussie consiste à
marier un gouda jeune
et un chèvre, ou bien
du roquefort et du Port-
Salut ou un autre
fromage relativement
doux à pâte ferme.

**Dés de fromages à pâte
persillée** Ils se marient très
bien avec certains fruits frais,
comme le raisin ou le kiwi.

**Gouda à maturité moyenne
et paprika** On utilisera
de préférence une poudre de
paprika doux, dans laquelle
on roulera le fromage.
Un kaskaval sajt de Hongrie
peut remplacer le gouda.

Bouchées en amuse-gueule

Comme leur nom l'indique, les bouchées doivent avoir une dimension permettant de les consommer en une fois. Plus les variétés de fromages utilisés sont différentes, plus le choix des ingrédients qui composent la garniture, qu'ils soient sucrés ou relevés, est grand. La forme des bouchées doit être simple, pour éviter des pertes trop importantes.

Quant aux morceaux restant après découpe, il sera facile de les accommoder : crèmes, sauces, gratins…

Emmental et noix *Ces deux ingrédients s'associent à la perfection, l'emmental offrant lui-même un léger goût de noix.*

Cœurs de fromage aux fines herbes *De nombreuses variétés de ces fromages se marient bien avec des légumes au vinaigre.*

Cheddar anglais de qualité *Ce fromage est délicieux avec le Martini ou un vin doux naturel comme le banyuls, surtout s'il est accompagné d'une olive.*

Fromage doux persillé *(gorgonzola dolce ou montagnolo, par exemple). Il s'associe bien avec des cerises au marasquin et un vin liquoreux comme le sauternes.*

Edelpilz et cheddar *On superpose deux tranches de 6 mm d'épaisseur de chaque fromage, et on découpe des disques avec un emporte-pièce.*

Fromage au carvi et rondelles d'oignon *Cette association ne peut se réaliser qu'avec du carvi (Carum carvi), et surtout pas avec du cumin (Cuminum cyminum), qui se marie très mal avec l'oignon.*

Fromage fumé et jambon *Cette combinaison, devenue un classique, est très réussie. Il vaut mieux utiliser un jambon séché naturellement, car un produit fumé masquerait le fromage de son goût trop puissant.*

Camembert, brie
*Ces fromages ronds
doivent être coupés en
triangles dont la pointe
est au centre.
Dans le cas d'un fromage
à pâte molle de forme
ovale, on découpera
des tranches épaisses
de 1 cm au moins.*

**Gruyère, emmental,
gouda** *Ils se présentent en
grosses meules, mais doivent
être faciles à couper quand on
les sert pour un buffet. Il faut
donc en ôter la croûte. Les
fromages cylindriques (comme
le cheddar, ci-dessus) peuvent
être détaillés soit en rondelles,
soit en parts, comme une tarte.*

Fromages à pâte persillée
*Selon la fermeté de leur pâte,
ces fromages seront coupés
soit en parts triangulaires,
soit en bâtonnets.*

La présentation et le service des fromages

Selon les variétés, le fromage sera servi différemment : entier, sur un plateau à la fin du repas, détaillé en dés de la taille d'une bouchée lors d'un apéritif, et, dans certains pays, coupé en tranches. L'essentiel est que sa présentation ne lui fasse pas perdre ses qualités. De ce fait, s'il doit s'écouler un certain temps entre le moment où on présente le fromage et celui où on le consomme, il est préférable que les morceaux soient de bonnes dimensions, pour éviter un dessèchement trop rapide. Toutefois, le temps de conservation sera très nettement prolongé si le fromage est enveloppé dans du film alimentaire.

Cet assortiment de fromages coupés en tranches est destiné à des convives qui se servent eux-mêmes. Si l'on prépare des plateaux à l'avance, on fera chevaucher les tranches, et on les recouvrira d'un film alimentaire pour augmenter la durée de conservation.

Conserver le fromage coupé

Il n'est jamais simple de conserver un fromage coupé, qu'il soit détaillé en tranches ou en parts ; dans tous les cas, les surfaces tranchées ont tendance à se dessécher. Pour pallier cet inconvénient, le seul moyen consiste à recouvrir les morceaux avec du film alimentaire ou une feuille d'aluminium. Le torchon humide peut toutefois laisser des traces indésirables sur les surfaces coupées. Le film alimentaire ou le papier d'aluminium, quant à eux, préservent beaucoup mieux l'aspect des fromages ; mais, pour cela, il est indispensable qu'ils adhèrent parfaitement aux surfaces coupées pour empêcher que le fromage ne soit en contact avec l'air.

Fromages mûris sous protection Ce type de fromages (esrom, par exemple) ne comporte pas de croûte. L'opération de présentation se limite donc à ôter le film protecteur. **Fromages de chèvre** (ici, sainte-maure et chabichou) Ils se détaillent en épaisses rondelles. **Fromages extrêmement durs** (provolone vieux, parmesan) Ils s'émiettent à la coupe, et c'est sous cette forme qu'on les consomme.

Buffet de fromages Le plateau de fromages doit présenter au moins trois variétés : une pâte cuite, une pâte persillée et une pâte molle à croûte fleurie ou lavée. On peut les servir avec des fruits ou des crudités et, bien sûr, avec un vin accordé au caractère des fromages.

Assortiment de fromages forts Les fromages peuvent être rehaussés d'ingrédients à la saveur forte : oignon, radis, biscuits salés. Les petites portions sont exposées au dessèchement. On les protégera donc jusqu'au moment de la dégustation sous un film alimentaire.

Assortiment de fromages doux Le choix est très vaste et offre de grandes diversités de goûts : saint-paulin, emmental, gorgonzola dolce, chèvre frais, brie... Tous se marient bien avec les fruits frais, les noix ou les dattes. Cette association de saveurs convient bien pour les brunches.

Les crèmes au fromage

Pour préparer une bouchée, le fromage blanc offre deux avantages : il est rafraîchissant au palais et son goût se marie bien à de multiples ingrédients. Quand on l'utilise pour farcir une pâte, il est conseillé de consommer rapidement la préparation pour qu'elle ne perde pas son croustillant.

MOUSSE AU FROMAGE BLANC

600 g de crémet ou de caillebotte, 60 g de crème fraîche, 1/2 c. à café de sel, du poivre noir du moulin

Avec un fouet, mélangez tous les ingrédients jusqu'à obtention d'une consistance soyeuse. Remplissez de cette mousse une poche à douille.

CHOUX EN COURONNE FARCIS

30 petits choux en couronne (voir recette page 224), 3 c. à soupe de fines herbes hachées (persil, ciboulette, aneth), 1/2 gousse d'ail écrasée

Confectionnez une mousse au fromage blanc (voir recette ci-dessus). Prélevez-en la moitié et incorporez-y les fines herbes et l'ail. Coupez les choux en deux. Remplissez une poche à douille de chaque sorte de mousse ; garnissez 15 choux de mousse nature et les choux restants de mousse aux herbes. Refermez les choux.

BOUCHÉES MULTICOLORES

300 g de fromage frais double crème, 100 g de beurre, 50 g de crème fraîche fouettée, 3 c. à soupe de fines herbes hachées, 1 pincée d'ail lyophilisé, 1 c. à soupe de concentré de tomate, 1 c. à café de paprika, 12 tranches de pain noir (de type Pumpernickel), sel, poivre noir du moulin

Mélangez le fromage blanc, le beurre ramolli, la crème, 1/2 c. à café de sel, du poivre jusqu'à obtention d'une consistance crémeuse. Divisez l'appareil en 3 portions. Incorporez les fines herbes et l'ail dans l'une, le concentré de tomate et le paprika dans les autres. Tartinez 3 tranches de pain de chacune des préparations, superposez-les en terminant par une tranche de pain. Laissez reposer 30 minutes. Découpez le tout en 8 morceaux, puis chaque morceau en deux, de façon à obtenir 16 bouchées. Recommencez trois fois.

Canapés aux crackers *Aromatisez la mousse au fromage blanc avec de l'ail écrasé ; répartissez-la sur des crackers. Saupoudrez la moitié des canapés de paprika doux et posez dessus de petits carrés d'edelpilz ou de fourme d'Ambert. Garnissez les autres crackers de poivre vert concassé et d'édam.*

Dattes fourrées *Ouvrez les dattes (fraîches ou séchées) dans le sens de la longueur, dénoyautez-les et pressez la pulpe pour pouvoir les farcir. Assaisonnez la mousse au fromage blanc de piment de Cayenne, placez-la dans une poche à douille et farcissez-en les dattes.*

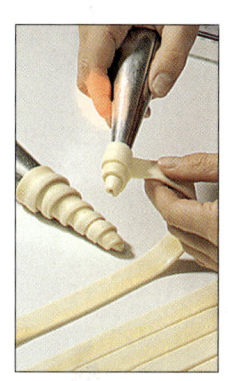

Feuilletés farcis *Coupez la pâte feuilletée en rectangles ; badigeonnez ceux-ci de jaune d'œuf et saupoudrez-les de graines de pavot ou de graines de sésame. Enfournez. Laissez refroidir. Coupez les rectangles en deux dans l'épaisseur et tartinez de mousse au fromage blanc la partie inférieure.*

Bouchées de fromage et fruits *Dans du gruyère ou du comté, découpez des tranches de 4 mm d'épaisseur, puis donnez-leur la forme désirée avec un couteau. Disposez dessus une rosette de mousse au fromage blanc à l'aide d'une poche à douille et décorez de fruits frais.*

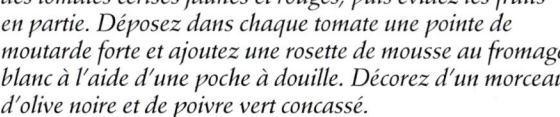

Cornets en pâte feuilletée
Abaissez la pâte feuilletée sur 2 mm d'épaisseur, puis détaillez-la en bandes de 2 x 30 cm. Badigeonnez celles-ci de jaune d'œuf et roulez-les en cornets, en veillant à ce que le jaune d'œuf ne déborde pas. Saupoudrez de carvi et de gros sel ; enfournez.

Tomates cerises farcies *Découpez un chapeau dans des tomates cerises jaunes et rouges, puis évidez les fruits en partie. Déposez dans chaque tomate une pointe de moutarde forte et ajoutez une rosette de mousse au fromage blanc à l'aide d'une poche à douille. Décorez d'un morceau d'olive noire et de poivre vert concassé.*

Cornets feuilletés au fromage *Confectionnez les cornets en suivant les indications données ci-contre. Déposez au fond de chaque cornet 1 cuillerée à café de poivron en conserve haché. Remplissez-les ensuite de mousse au fromage blanc à l'aide d'une poche à douille munie d'un embout en rosette. Décorez avec un morceau de poivron découpé en losange.*

CRÈME AU ROQUEFORT ET AUX FINES HERBES

150 g de roquefort, 150 g de camembert (sans la croûte), 70 g de beurre ramolli, 1 jaune d'œuf, 1 c. à soupe d'oignon haché menu, 1/2 gousse d'ail écrasée, 2 c. à soupe d'un mélange de fines herbes hachées (persil, thym, basilic, aneth), 80 g de crème fraîche, sel, poivre noir du moulin

Passez le roquefort et le camembert au tamis, puis mélangez les fromages avec le beurre, le jaune d'œuf, du sel, du poivre, l'oignon et l'ail jusqu'à obtention d'une consistance mousseuse. Incorporez les fines herbes et la crème.
Cette crème se tartine sur le pain blanc, mais on peut aussi en farcir des bouchées en pâte feuilletée ou des croûtes en pâte brisée.

CRÈME AU GORGONZOLA

120 g de gorgonzola très affiné, 50 g de cottage cheese, 50 g de grana padano râpé, 1/2 gousse d'ail écrasée, 1 c. à café de poivre vert concassé, 6 cl de crème fraîche, sel

Mélangez le gorgonzola avec le cottage cheese, en écrasant le premier avec une cuillère de façon que la préparation ne soit pas trop crémeuse. Incorporez ensuite le grana padano, l'ail, du sel, le poivre vert, puis la crème préalablement fouettée en chantilly.
Cette crème, délicieuse sur des tartines de pain grillé ou des tranches de pain de mie toastées, convient aussi pour farcir des bouchées en pâte feuilletée ou en pâte à choux.

CRÈME AU RAIFORT

2 petits-suisses, 80 g de gruyère râpé, 80 g de sbrinz (ou de comté vieux ou de parmesan) râpé, noix muscade, 1/2 gousse d'ail écrasée, 1 c. à soupe de raifort frais râpé le plus finement possible, 10 cl de crème liquide, 2 c. à café de paprika, sel, poivre noir du moulin

Mélangez les petits-suisses, le gruyère et le sbrinz râpés, du sel, du poivre, de la muscade, l'ail et le raifort. Incorporez la crème préalablement battue en chantilly. Le mélange doit être aéré.

La crème au raifort convient aussi bien sur des tartines de pain noir à la saveur prononcée qu'en garniture de bouchées en pâte feuilletée ou des choux. Un peu de paprika lui apportera une certaine rondeur ainsi qu'un contraste de couleurs agréable.

CRÈME AU SCHABZIEGER

100 g de schabzieger (ou de grana), 100 g de fromage blanc en faisselle, 100 g de mayonnaise, 2 c. à soupe de ciboulette ciselée, 1 pincée de sel, poivre noir du moulin

Râpez finement le schabzieger et mélangez-le de façon homogène avec la faisselle, le sel et du poivre. Incorporez la mayonnaise puis la ciboulette.

Cette crème à l'arôme prononcé est idéale sur des tartines de pain de seigle, mais elle convient également pour farcir des petits choux.

Fromage royal Le fromage royal est une crème composée de 3 fromages différents, offrant de multiples utilisations. Il est délicieux tartiné sur du pain, mais il convient aussi pour farcir des choux ainsi que des bouchées en pâte feuilletée ou des croûtes en pâte brisée. Mélangez bien 200 g de bleu de Bresse, 125 g de fromage blanc battu, 50 g de gruyère et 1 jaune d'œuf jusqu'à obtention d'un appareil crémeux. Salez, poivrez, puis ajoutez 50 g de crème fraîche et 1 c. à soupe de persil haché. Si vous souhaitez corser le mélange, relevez-le avec du piment oiseau haché ou du piment de Cayenne.

Petits-fours et canapés

Ces amuse-bouche offrent une palette de goûts d'une grande diversité et peuvent composer une assiette appétissante et savoureuse. La diversité des fromages facilite leur réalisation ; toutefois, il convient de veiller soigneusement à associer des ingrédients qui se marient parfaitement entre eux.

PETITS-FOURS

Les petits-fours offrent l'avantage de pouvoir être farcis de mélanges très divers. Les supports en pâte sablée se cuisent avant garnissage ; ils peuvent se conserver et être fourrés au gré des besoins. La décoration en forme de fleur est réalisée avec de la pâte à choux sur une plaque légèrement graissée que l'on enfourne ensuite.

Pour la pâte

250 g de farine, 125 g de beurre coupé en dés, 1 jaune d'œuf, 1 ou 2 c. à soupe d'eau, 1 pincée de sel

Préparez une pâte brisée (voir recette de base page 213). Laissez-la reposer à température ambiante pendant 20 minutes environ, puis abaissez-la. Façonnez des formes de petites dimensions et faites-les cuire au four avant de les garnir.

Pour la farce au fromage

100 g de camembert bien fait, 100 g de stilton, 50 g de ricotta ou de fromage blanc battu bien égoutté, 50 g de cheddar, 50 g de jambon de Parme, 1 c. à soupe d'oignon haché menu, 1/2 gousse d'ail écrasée, 1/2 c. à café de moutarde forte, 1 c. à soupe d'un assortiment de fines herbes ciselées (persil, basilic, thym et sauge), sel, poivre noir du moulin

Pour le fromage blanc à la crème

200 g de fromage blanc en faisselle, 1 c. à café de jus de citron, 1 c. à soupe de crème fraîche, sucre, sel, poivre noir du moulin

Petits-fours *De haut en bas :*
Barquettes garnies de fromage blanc à la crème saupoudrées de paprika et décorées d'un petit oignon.
Tartelettes garnies d'un morceau d'anchois et de poivron et de farce au fromage, décorées d'une fleur en pâte à choux, de fromage blanc à la crème et de poivron.
Tartelettes garnies de farce au fromage saupoudrée de curry et décorées d'une rondelle d'olive verte.
Barquettes garnies de saumon fumé, de câpres et de fromage blanc à la crème, décorées d'une fleur et d'un morceau d'olive.
Tartelettes garnies de farce au fromage et de fines herbes hachées, décorées d'un petit piment.
Tartelettes garnies de fromage blanc à la crème, décorées d'une fleur et de caviar.
Tartelettes garnies de farce au fromage et décorées d'une olive.

Ôtez la croûte du camembert et du stilton et coupez les deux fromages en petits dés. Mélangez ceux-ci avec la ricotta jusqu'à obtention d'un appareil mousseux. Détaillez le cheddar et le jambon de Parme en petits dés ; incorporez-les, avec l'oignon, à la préparation précédente. Enfin, ajoutez l'ail, la moutarde, du sel, du poivre et les fines herbes. Mettez cette farce au réfrigérateur avant d'en garnir les petits fours. Pour préparer le fromage blanc à la crème, mélangez tous les ingrédients, puis assaisonnez. Inspirez-vous des différentes farces proposées ci-contre pour créer des mélanges personnalisés.

Havarti, sprat et œufs brouillés *Beurrez légèrement des tranches de pain, assaisonnez d'un peu de poivre du moulin et couvrez d'une feuille de salade. Ajoutez une tranche d'havarti ou de tilsit puis un sprat, dont vous aurez ôté la tête et la queue. Déposez 1 cuillerée d'œufs brouillés à côté ; parsemez de ciboulette ciselée.*

Fromage de brebis, fines herbes et tomates *Faites mariner des rondelles de tomates dans de l'huile d'olive salée et poivrée pendant 30 minutes. Émiettez le fromage. Mélangez-le avec du sel, des fines herbes hachées et des dés de poivron. Mouillez d'huile d'olive et d'un trait de cognac. Beurrez des tartines, disposez 2 rondelles de tomate dessus, recouvrez de fromage.*

Fromage de montagne et crevettes *Faites un beurre au paprika et tartinez-en des tranches de pain ; disposez une feuille de salade, puis une tranche de fromage (gruyère, par exemple) dessus. Faites revenir des queues de crevettes décortiquées dans du beurre. Posez une crevette sur le fromage ainsi qu'une noix de fromage blanc battu.*

Fromage de chèvre et fruits frais *Beurrez des tranches de pain, déposez une feuille de frisée et arrosez celle-ci d'un mélange composé d'huile, de jus de citron, de sel et d'un peu de sucre. Ajoutez une tranche de fromage de chèvre frais. Garnissez de fruits frais (2 rondelles de kiwi, quelques dés de mangue et une framboise).*

Cheddar et rosbif *Faites griller des tranches de pain d'un côté et tartinez-les de crème au raifort (voir recette page 131). Disposez une feuille de salade sur chaque tranche de pain, arrosez d'un peu de vinaigrette et ajoutez une tranche de cheddar. Tartinez des tranches de rosbif d'un peu de crème au raifort, roulez-les et disposez-les sur le fromage.*

Stilton, jambon de Parme et melon *Beurrez légèrement des tartines de pain, assaisonnez de poivre. Disposez dessus une tranche épaisse de stilton ou de roquefort, puis une fine tranche de jambon de Parme en la faisant onduler. Ajoutez de petites boules de melon formées à la cuillère parisienne, marinées au préalable dans une vinaigrette.*

Les tranches de baguette offrent une taille idéale pour confectionner ces petits canapés. Elles peuvent, bien sûr, être remplacées par d'autres sortes de pain (du pain complet, par exemple), pour peu que celui-ci se marie avec la garniture et que les dimensions des tranches soient adaptées. Par ailleurs, le croustillant du pain grillé convient bien à ces préparations.

BOULETTES
AU ROQUEFORT

100 g de beurre, 200 g de roquefort, 1 c. à café de câpres hachées, 100 g de fontina (ou de comté ou d'emmental, 2 ou 3 tranches de pain noir émietté, 4 c. à soupe de persil haché, 1 pincée de sel, 1 pincée de poivre moulu

Écrasez le beurre et le roquefort à la fourchette, salez, poivrez et ajoutez les câpres. Détaillez la fontina en 20 morceaux de la même dimension, puis enrobez-les du mélange précédent. Roulez la moitié des boulettes dans les miettes de pain noir, et le reste dans le persil ; mettez-les au réfrigérateur.

En Émilie, région d'origine du parmesan, on consomme ce fromage en antipasto, après l'avoir trempé simplement dans du vinaigre balsamique : un vrai régal.

BOULETTES AUX PISTACHES

50 g de beurre, 100 g de gouda d'âge moyen râpé, 150 g de fromage à pâte persillée doux, 1/2 gousse d'ail écrasée, 100 g de jambon cru détaillé en petits dés, 100 g de pistaches concassées, sel, poivre noir du moulin

Mélangez bien le beurre, les fromages et les condiments jusqu'à obtention d'une consistance crémeuse, puis incorporez les dés de jambon. Confectionnez une trentaine de boulettes, puis roulez-les dans les pistaches.

Stilton
Le stilton est l'un des fleurons gastronomiques de la Grande-Bretagne. Aujourd'hui encore, le véritable stilton est celui que l'on fabrique dans le Leicestershire, comté où il est né au XVIIIᵉ siècle. À partir de 1730, la réputation de ce fromage ne se limitait déjà plus à sa région d'origine. Pourtant, c'est seulement là, au dire des experts, que les vaches peuvent paître une herbe qui donne au stilton sa saveur si particulière. Ce fromage titre 50 % au moins de M.G. Au cours de la maturation, qui s'effectue de l'intérieur du fromage vers l'extérieur, se forme une croûte caractéristique, sillonnée de veinures grises. L'affinage, qui se déroule dans des caves fraîches et humides, dure 6 mois, ce qui permet au fromage d'acquérir une saveur prononcée.
Le stilton se déguste de plusieurs façons. Les puristes sont partisans de le consommer en dessert avec du vin rouge, certains préférant même du porto, du xérès ou du madère (voir illustration ci-dessus). Dans ce dernier cas, ils laissent le fromage reposer pendant un mois, après avoir découpé une calotte représentant le tiers ou le quart supérieur du cylindre, puis creusé au centre du bloc un puits de 6 à 8 cm de profondeur. Ils versent alors dans la cavité l'alcool de leur choix, remettent la calotte en place, recouvrent le tout d'un torchon ou d'un film alimentaire, et laissent le stilton se ramollir. Puis ils le dégustent à la cuillère.

En-cas de fromages

Conçus pour 2 à 4 personnes, ils doivent offrir au moins 5 variétés de fromages. Ci-dessus : gruyère, butterkäse doux, gorgonzola piccante, camembert au lait cru et boulettes aux pistaches. Ci-dessous, un assortiment plus fort : tilsit bien fait, 2 variétés de chèvre frais, roquefort et fromage fumé.

Pere ripiene (*poires fourrées au gorgonzola*)
Il s'agit là d'un dessert typiquement italien. Coupez 4 petites poires bien mûres en deux dans la hauteur, ôtez le cœur, puis arrosez les faces tranchées d'un peu de jus de citron. Malaxez bien 20 g de beurre, 4 cuillerées à soupe de crème fraîche, 60 g de gorgonzola piccante, du poivre noir et, selon le goût, un peu de sel, jusqu'à obtention d'un mélange mousseux. Répartissez celui-ci sur les demi-poires avec une cuillère ou une poche à douille. Garnissez de 2 cuillerées à soupe de cerneaux de noix concassés. Selon une variante de cette recette, on fait cuire les demi-poires dans du barolo. Ce vin du Piémont, dont la robe est d'un rouge profond, colore agréablement les fruits tout en leur communiquant son arôme caractéristique.

SALADES

Au premier abord, on pourrait penser qu'il n'y a pas de rapport entre la salade et le fromage. Toutefois, à y regarder de plus près, on constate que le fromage est devenu un ingrédient incontournable des salades composées telles que nous en confectionnons aujourd'hui.

Le fromage forme un contraste intéressant, sur le plan gustatif, avec des feuilles de salade verte. Mais il peut aussi participer à la réalisation d'un certain nombre de sauces : c'est notamment le cas des fromages frais, à pâte molle ou encore persillée, que l'on retrouve souvent associés à de la crème fraîche ou du yaourt. Incorporé en quantités plus modestes, en particulier sous forme râpée, le fromage peut faire office de condiment et relever agréablement un plat. L'illustration dans le médaillon ci-dessous représente un bon exemple de salade composée : un assortiment de feuilles de salades vertes auxquelles on a associé des bâtonnets de gruyère, des dés de roquefort et des rondelles de tomates que l'on a assaisonnés d'une vinaigrette. Selon l'importance des portions servies, ce plat constituera soit une entrée, soit un délicieux plat de résistance dont l'atout principal est la légèreté.

Les sauces de salade

Dans une sauce de salade, le fromage peut constituer l'élément dominant ou n'être, plus modestement, qu'un ingrédient d'assaisonnement parmi d'autres. Les différentes variétés de fromages frais ou à pâte persillée, notamment, apportent à une sauce une saveur et une astringeance particulières, mais également un certain velouté. Les sauces au fromage s'associent tout aussi bien aux salades vertes qu'aux légumes, pommes de terre, viandes ou charcuteries, à condition toutefois que les différents ingrédients s'accordent. Pour de nombreuses sauces de salade, un fromage râpé sera un condiment parfait, tout particulièrement s'il s'agit d'une pâte très dure, ce qui représente une grande variété allant du sbrinz à certains fromages de brebis, comme le manchego ou le pecorino. Ainsi, par exemple, une simple vinaigrette additionnée de kefalotyri râpé se transformera en sauce d'une grande originalité : elle se réalise avec 1 cuillerée à soupe d'échalote hachée menu, 2 cuillerées à soupe de vinaigre de vin, un peu de sel, du poivre noir du moulin, 5 cuillerées à soupe d'huile végétale d'excellente qualité et 2 cuillerées à soupe de ce fromage grec de chèvre ou de brebis, pour rehausser le goût.

Le fromage peut se détailler de multiples façons. D'une manière générale, plus il est ferme, plus les morceaux doivent être minces. Les variétés à pâte plus molle se tailleront en dés, celles à pâte très dure seront simplement émiettées.

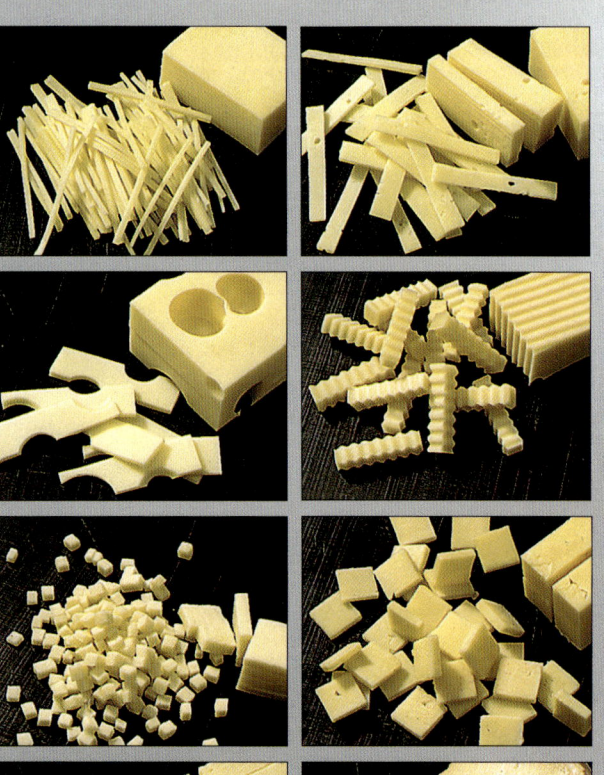

SAUCE DE SALADE AU MASCARPONE ET AUX FINES HERBES

80 g de mascarpone, 2 c. à soupe de yaourt maigre, 3 c. à soupe d'un mélange de fines herbes hachées, 1/2 gousse d'ail écrasée, 1/4 de c. à café de moutarde forte, 2 c. à soupe de vinaigre, sel, poivre blanc du moulin

Mélangez le mascarpone, le yaourt, les fines herbes et l'ail, et mixez jusqu'à obtention d'une sauce vert clair. Assaisonnez avec du sel, du poivre, la moutarde et le vinaigre.

SAUCE DE SALADE AU ROQUEFORT

60 g de roquefort, 2 c. à soupe de yaourt, 1 ou 2 c. à soupe de crème fraîche, 1 ou 2 c. à soupe de jus de citron, 2 ou 3 c. à soupe d'huile de noisette

Passez le roquefort au tamis, puis mélangez-le avec le yaourt, la crème et le jus de citron jusqu'à obtention d'une pâte lisse. Incorporez l'huile peu à peu, assaisonnez de sel et de poivre.

SAUCE DE SALADE AU YAOURT ET AUX PETITS-SUISSES

15 cl de yaourt, 2 c. à soupe de jus de citron, 1 pincée de sucre, 2 petits-suisses, sel, poivre blanc du moulin

Assaisonnez le yaourt avec le jus de citron, du sel, du poivre et le sucre, puis incorporez les petits-suisses. Ce mélange se marie particulièrement bien avec les salades composées de toutes sortes, qu'elles soient à base de fromage, de viande, de volaille, de crustacés, mais aussi de fruits.

MAYONNAISE

Bien que la mayonnaise ait été supplantée par des sauces plus légères confectionnées avec du yaourt, elle reste l'assaisonnement idéal pour de nombreux plats.

2 jaunes d'œufs, 1 c. à café de moutarde forte, 2 c. à café de jus de citron ou de vinaigre, 25 cl d'huile végétale de qualité, 1/4 de c. à café de sel, poivre blanc du moulin

Mayonnaise express au mixeur
Les ingrédients doivent être tous à la même température, comme pour une mayonnaise que vous confectionneriez à la main. Mettez dans le mixeur 2 jaunes d'œufs, 1 c. à café de sel, 1/2 c. à café de poivre blanc du moulin et 1 c. à café de vinaigre de vin ou de jus de citron. Réglez la vitesse au minimum, actionnez l'appareil, puis versez doucement 35 cl d'huile par l'ouverture. La mayonnaise sera prête en quelques secondes.

SAUCE DE SALADE AU FROMAGE DE CHÈVRE

70 g de fromage de chèvre frais, 2,5 c. à soupe de yaourt, 1,5 c. à soupe de vinaigre de xérès, 3 ou 4 c. à soupe d'huile d'olive, 1 c. à café de thym haché

Passez le fromage de chèvre au tamis, puis mélangez-le avec le yaourt jusqu'à obtention d'une pâte lisse. Versez le vinaigre, puis l'huile d'olive. Au besoin, rectifiez l'assaisonnement avec du sel et du poivre. Ajoutez le thym. Cette sauce se marie bien avec des salades croquantes.

SAUCE DE SALADE AU FROMAGE RÂPÉ

3 c. à soupe de crème fraîche, 5 c. à soupe de yaourt maigre, 60 g de fromage râpé (parmesan ou sbrinz), 2 ou 3 filets d'anchois hachés menu, 1 petite gousse d'ail écrasée, 2 ou 3 c. à soupe de vinaigre de vin

Malaxez la crème, le yaourt et le fromage râpé jusqu'à obtention d'un mélange homogène. Ajoutez les filets d'anchois et l'ail, puis le vinaigre. Il est inutile de saler et de poivrer, le fromage et les anchois relevant la sauce par eux-mêmes.

SAUCE DE SALADE AU SCHABZIEGER

60 g de schabzieger (ou de grana), 50 g de mascarpone, 1 ou 2 c. à soupe de vinaigre, 3 c. à soupe d'huile de soja, 1/2 c. à soupe de cresson de fontaine haché ou de ciboulette fraîche hachée

Écrasez le schabzieger dans un tamis, puis mélangez-le au mascarpone dans un mixeur. Incorporez le vinaigre, puis l'huile. Assaisonnez, au besoin, avec du sel et du poivre, et ajoutez les fines herbes. Cette sauce accompagne les salades comprenant des pommes de terre ou des tomates.

Confectionnez la mayonnaise en suivant la recette ci-dessous :

Mélangez bien les jaunes d'œufs, le sel et la moutarde, puis assaisonnez avec du poivre et le jus de citron.

Incorporez l'huile à petit filet en remuant constamment. L'émulsion ne peut s'effectuer correctement que si tous les ingrédients sont à la même température.

Quand vous avez incorporé le tiers environ de l'huile, continuez à verser le reste en un mince filet sans cesser de remuer.

Vous devez obtenir une mayonnaise à l'aspect satiné et pas trop consistante. Vous pouvez la relever avec des épices, ou encore la mélanger à de la crème fraîche ou du yaourt.

SALADE DE PÂTES

Cette recette n'est donnée qu'à titre indicatif, car les ingrédients utilisés peuvent pratiquement varier à l'infini. Les fromages les plus fermes s'associent bien avec les viandes, saucisses ou légumes. Le mélange sera d'autant plus apprécié qu'il sera accompagné de feuilles de salade, et la sauce confectionnée pour l'assaisonnement donnera la touche finale.

> 200 g de pennes, 150 g de brocolis détaillés en bouquets, 1 botte de radis, 2 tomates, 100 g de jambon cuit, 200 g de fromage de montagne (emmental, beaufort ou comté par exemple), 50 g de petits pois
>
> Pour la sauce
>
> 2 c. à soupe de vinaigre de vin de qualité, 1 c. à soupe d'oignon haché, 1 gousse d'ail écrasée, 5 ou 6 c. à soupe d'huile végétale, sel, poivre noir du moulin

Faites cuire les pâtes al dente dans de l'eau bouillante salée, puis rafraîchissez-les sous l'eau froide. Faites ramollir les bouquets de brocolis dans un peu d'eau salée ; égouttez-les. Coupez les radis en rondelles. Ébouillantez les tomates, pelez-les, coupez-les en deux et épépinez-les. Détaillez la chair des tomates en rondelles, le jambon en dés et le fromage en lanières. Placez pâtes, légumes et jambon dans un grand saladier. Assaisonnez avec la sauce, confectionnée en mélangeant tous les ingrédients.

SALADE DE FROMAGE ET DE SAUCISSON À L'AIL

Les ingrédients de cette recette peuvent être remplacés par de nombreux autres – ce qui permet de créer de multiples combinaisons, avec des saucisses fraîches, mais aussi avec des produits destinés à se conserver longtemps.

> 250 g d'emmental, 250 g de saucisson à l'ail, 100 g de champignons de Paris frais, 1 petit piment rouge, 2 œufs durs, 2 c. à soupe d'un mélange de fines herbes hachées
>
> Pour la sauce
>
> 60 g de petits oignons, 2 c. à soupe de vinaigre de vin rouge, 1 c. à café de moutarde forte, 5 c. à soupe d'huile végétale de qualité, sel, poivre noir du moulin

Détaillez le fromage et le saucisson à l'ail en tranches. Lavez les champignons, coupez-les en tranches fines, ainsi que le piment. Mélangez ces ingrédients dans un grand saladier. Pour la sauce de salade, coupez les oignons en très fines rondelles, puis incorporez-les à un mélange préparé avec le vinaigre, les condiments et l'huile. Arrosez la salade de cette sauce et laissez reposer pendant 30 minutes. Répartissez la salade dans 4 assiettes et garnissez-la avec des rondelles d'œufs durs et les fines herbes hachées.

Plat unique

Les salades composées qui constituent un plat principal peuvent se réaliser avec pratiquement toutes les sortes de fromages. Et, pour peu que l'on fasse preuve d'un peu de créativité, d'innombrables combinaisons d'ingrédients sont possibles : viandes, saucisses, légumes, pâtes, bien sûr, et même poisson. Associés, ces aliments constituent des salades à la fois nourrissantes et savoureuses. Mais, en utilisant simplement des légumes et des feuilles de salade, on obtiendra des préparations plus légères. Celles-ci peuvent se servir entrée : il suffit de réduire les portions.

TÊTE-DE-MOINE ET FIGUES

4 figues, 1 c. à soupe de vinaigre de vin rouge, 2 ou 3 c. à soupe de porto rouge, 12 beaux œillets (copeaux) de tête-de-moine, 12 cerneaux de noix, quelques feuilles de frisée ou de pissenlit, sel, poivre noir du moulin

Lavez les figues, puis détaillez-les en tranches. Salez et poivrez légèrement. Mélangez le vinaigre et le porto ; plongez les figues dans ce mélange et laissez-les mariner pendant 10 minutes environ. Égouttez-les sur un papier absorbant. Dressez le fromage sur les assiettes, garnissez avec les figues, les cerneaux de noix et les feuilles de salade, puis arrosez le tout d'un peu de la marinade des figues.

PAPAYES FARCIES AU COTTAGE CHEESE

400 g de cottage cheese, 1 tomate pelée, 1/2 c. à café de raifort frais râpé, 3 c. à soupe de cressonnette, 3 papayes de taille moyenne, sel, poivre blanc du moulin

Faites égoutter le fromage sur un tamis ou dans une passoire. Coupez la tomate en quartiers, épépinez-la, puis détaillez-la en petits dés. Ajoutez ceux-ci au fromage, ainsi que le raifort frais et les feuilles de cressonnette, assaisonnez de sel et de poivre. Ouvrez les papayes en deux dans la hauteur, puis ôtez les graines. Pelez-en une, détaillez la chair en dés, puis incorporez ceux-ci au mélange précédent. Remplissez les 4 demi-papayes restantes de la préparation.

MELONS FARCIS DE SALADE DE CHEDDAR ET VOLAILLE

2 melons de 450 à 500 g environ chacun (ogen ou galia, par exemple), 150 g de cheddar, 150 g de volaille rôtie, 2 kiwis pelés, 2 tranches d'ananas, 1 poivron épépiné et détaillé en dés, 2 c. à café de jus de citron, 1 c. à soupe de jus d'ananas, sel, poivre noir du moulin
Pour la sauce
1 c. à soupe de mayonnaise, 2 c. à soupe de yaourt, sel, poivre noir du moulin

Coupez les melons en deux, épépinez-les, puis prélevez un tiers de la chair ; détaillez le reste de la chair en boules. Coupez le fromage en bâtonnets, la volaille en dés, les kiwis en tranches, et l'ananas en morceaux. Préparez une marinade avec du sel, du poivre, les dés de poivron et les jus de citron et d'ananas ; laissez-y macérer les ingrédients pendant 1 heure. Égouttez-les et mettez-les à rafraîchir ; remplissez les demi-melons de ce mélange, arrosez avec la sauce.

Les « fleurs de fromage » ci-dessous sont confectionnées avec de la tête-de-moine, fromage d'origine suisse. L'opération, délicate à réussir avec un couteau, sera facilitée par l'utilisation d'une girolle (voir illustration page 65).

141

Le pecorino romano est un fromage délicat qu'il est facile de mettre en valeur : il suffit de le détailler en minces tranches et de le laisser mariner dans de l'huile d'olive de la meilleure qualité assaisonnée de sel et de poivre noir du moulin. On le dégustera ensuite accompagné de céleri, dont le croquant apportera un contraste intéressant.

Marinades et sauces aigres

D'une région à l'autre, les assaisonnements diffèrent : dans les pays méditerranéens, on fait le plus souvent mariner le fromage dans de l'huile d'olive, tandis qu'en Europe centrale on préfère les sauces aigres, qui se marient particulièrement bien avec les fromages peu gras au lait caillé. Mais un assaisonnement aigre convient aussi à certains fromages de montagne à pâte dure, comme l'emmental. L'origine méridionale d'autres variétés à pâte dure comme le parmesan, le pecorino, le manchego ou le kefalotyri peut être mise en valeur en les accommodant d'une huile d'olive d'excellente qualité. Si l'on souhaite leur apporter une note acide, on choisira un filet de jus de citron ou un vinaigre balsamique vieux.

MOZZARELLA ET TOMATES

En Italie du Sud, on associe la mozzarella à la tomate dans un plat aussi simple que délicieux, pour autant que deux conditions soient remplies : le fromage doit être parfaitement frais, et fabriqué exclusivement avec du lait de bufflonne (il est en général d'une teinte plus jaune que la mozzarella à base de lait de vache, et aussi plus savoureux). Le mariage de ces deux ingrédients peut, par ailleurs, servir de base à l'élaboration d'autres recettes plus sophistiquées.

600 g de tomates fermes et bien mûres, 2 boules de mozzarella au lait de bufflonne de 150 g, 1 bouquet de basilic, huile d'olive d'excellente qualité, 16 olives noires, 1 c. à soupe de câpres au sel, sel, poivre noir du moulin

Lavez les tomates, épongez-les et coupez-les en rondelles. Détaillez la mozzarella en tranches régulières. Disposez les rondelles de tomate et les tranches de fromage sur un plat ou sur des assiettes. Détachez les feuilles de basilic des tiges ; coupez-les en lanières, ou, mieux, effilochez-les (cela les empêche de noircir). Arrosez à volonté d'huile d'olive, ajoutez les olives et les câpres (veillez à ne pas utiliser de câpres en saumure, laquelle leur conférerait un goût de vinaigre). Ces deux derniers ingrédients ne figurent pas dans la recette italienne originale, mais ils l'enrichissent.

FETA EN MARINADE AUX FINES HERBES

400 g de feta de brebis, 2 gousses d'ail, 1 piment rouge, 1 c. à soupe de câpres, 2 c. à soupe de fines herbes grossièrement hachées (basilic, persil, romarin, thym et menthe), 8 c. à soupe d'huile d'olive d'excellente qualité, sel, poivre grossièrement moulu

Détaillez la feta en petits dés de 1 cm de côté. Hachez finement les gousses d'ail. Coupez le piment en deux, ôtez les membranes blanches et les graines, puis détaillez-le en très minces lanières que vous ajoutez à l'ail. Salez, poivrez, incorporez les câpres et les fines herbes. Mélangez, puis versez l'huile d'olive. Répandez cette sauce sur les dés de feta et laissez mariner pendant une nuit.

KEFALOTYRI AU POIVRON

400 g de kefalotyri, 2 poivrons rouges, 2 gousses d'ail, 4 c. à soupe d'huile d'olive, jus de 1/2 citron, 12 olives vertes coupées en deux, sel, poivre noir du moulin

Détaillez le kefalotyri en bâtonnets. Coupez les poivrons en deux, lavez-les, puis détaillez-les en fines rondelles. Hachez les gousses d'ail, mélangez-les à l'huile d'olive et au jus de citron, puis versez la préparation sur le fromage et le poivron. Salez, poivrez. Laissez mariner pendant 1 heure. Garnissez avec les olives (voir illustration ci-dessus, en haut).

FROMAGE DE CHÈVRE MARINÉ

2 fromages de chèvre, 80 g de petits oignons, 1 gousse d'ail, 1 c. à soupe de poivre vert en grains, 1 c. à soupe de vin rouge, 4 c. à soupe d'huile d'olive, 1 c. à soupe de ciboulette ciselée, sel, poivre noir du moulin

Coupez les fromages de chèvre en tranches de 5 mm d'épaisseur et disposez-les dans un plat. Ajoutez les oignons détaillés en minces rondelles. Écrasez l'ail. Concassez les grains de poivre. Mélangez l'ail et le poivre avec le vin rouge et l'huile d'olive, salez, poivrez, ajoutez la ciboulette. Versez la sauce sur le fromage (voir illustration ci-dessus, en bas).

Dans cette salade très appréciée en Allemagne, on associe tout simplement un « handkäse » (fromage moulé à la main) et des rondelles d'oignons. On arrose ces ingrédients d'une sauce, le plus acide possible, préparée avec du cumin, du vinaigre et de l'huile.

SOUPES ET POTAGES

Les soupes et potages présentent une très grande diversité de consistances et, selon leur nature, on peut les déguster en entrée ou entre deux mets, à moins qu'ils ne constituent le plat principal d'un repas.

En Italie, il existe de très nombreuses soupes, dont l'une des plus connues est le minestrone (voir illustration ci-contre). Le plus souvent, on termine sa préparation en ajoutant une couche de fromage râpé, que l'on fait gratiner avant de servir.

La France n'est pas en reste, avec notamment la très classique gratinée à l'oignon, qui fut un des fleurons de l'ancien quartier des Halles, à Paris.

Indépendamment de ces gratins, le fromage peut constituer un ingrédient à part entière de la soupe : utilisé en généreuses quantités, il confère à celle-ci, en fondant, une consistance très particulière.

Enfin, le fromage peut se trouver sous forme de garnitures dans des potages clairs ou des veloutés, dont il vient relever le goût. Il offre alors une très grande diversité de variétés et de présentations : toasts, biscuits, royales, quenelles, crêpes…

Mille fanti
Il s'agit d'une soupe
au pain très
répandue en Italie.
Battez 2 œufs avec
30 g de parmesan
râpé et 20 g de mie
de pain fraîche,
mélangez le tout
dans 1 litre
de bouillon de bœuf
bien relevé et portez
à ébullition.

ZUPPA PAVESE

1 litre de bouillon de bœuf corsé, 12 fines tranches de pain (baguette), 4 œufs, 40 g de parmesan fraîchement râpé, sel, poivre noir du moulin

Préchauffez le four. Portez le bouillon à ébullition, salez et poivrez. Faites griller les tranches de pain, disposez-les dans des assiettes ou des bols à soupe en porcelaine à feu préalablement chauffés. Cassez un œuf avec précaution dans chaque récipient, en veillant à ne pas crever le jaune. Versez le bouillon brûlant par-dessus, saupoudrez du parmesan râpé et faites gratiner à four très chaud. Servez la zuppa pavese aussitôt, afin que le pain ne ramollisse pas et que l'œuf n'ait pas le temps de trop cuire.

Vous pouvez préparer une variante de cette recette : faites dorer les tranches de pain dans du beurre et disposez-les dans des bols ou des assiettes. Versez le bouillon, poudrez de parmesan puis faites gratiner au four. Pendant ce temps préparez les œufs sur le plat. Sortez les bols du four, ajoutez un œuf dans chaque bol et servez aussitôt.

BUSECCA
(SOUPE AUX TRIPES DE VEAU)

50 g de haricots borlotti ou romains, 60 g de chou blanc, 60 g de poireau, 30 g de céleri, 30 g de carotte, 150 g de tripes de veau blanchies, 25 g de beurre, 1 litre de bouillon de bœuf, sel, poivre noir du moulin

Pour le pesto

20 g de pancetta ou de lard fumé entrelardé, 1 gousse d'ail, 2 feuilles de sauge, 2 feuilles de basilic, 2 fines tranches de pain blanc, 35 g de beurre, 50 g de parmesan

Faites tremper les haricots dans de l'eau froide pendant une nuit. Nettoyez les légumes frais et détaillez-les en bâtonnets ; taillez les tripes en lanières. Faites fondre le beurre dans un grand faitout et faites-y suer légumes et tripes. Ajoutez les haricots, mouillez avec le bouillon, salez et poivrez. Faites cuire à feu doux de 1 h 30 à 2 heures. Préchauffez le four à 200 °C (therm. 7). Hachez menu la pancetta ou le lard, la gousse d'ail pelée et les herbes aromatiques, puis écrasez le tout au pilon. Coupez le pain en dés et dorez-les à la poêle dans le beurre. Lorsque la soupe est cuite, ajoutez-lui les ingrédients écrasés au pilon et rectifiez l'assaisonnement. Répartissez-la dans des assiettes en porcelaine à feu avec les dés de pain, râpez le parmesan et saupoudrez-le. Faites gratiner sous le gril du four pendant 3 minutes environ.

SOUPE À L'OIGNON À LA PARISIENNE

400 g d'oignons, 40 g de beurre, 10 cl de vin blanc sec, 80 cl de bouillon de bœuf corsé, 1 gousse d'ail, 1 c. à soupe d'huile végétale à goût neutre, 8 fines tranches de pain (baguette), 50 g de beaufort ou de laguiole râpé, sel, poivre noir du moulin

Pelez les oignons, coupez-les en fines lanières et faites-les cuire à l'étuvée dans une cocotte avec le beurre. Ajoutez le vin et le bouillon, portez à ébullition, salez, poivrez et laissez cuire pendant 30 minutes environ. Pelez la gousse d'ail, écrasez-la au presse-ail et mélangez-la à l'huile. Tartinez les deux faces des tranches de pain de ce mélange, puis faites-les dorer dans une poêle. Répartissez la soupe dans les assiettes, ajoutez les tranches de pain, saupoudrez du fromage râpé et faites gratiner sous le gril. Vous pouvez préparer une variante de cette recette : liez la soupe à l'oignon avec 1 c. à soupe de beurre manié (voir recette page 165), portez à ébullition et laissez cuire 1 ou 2 minutes en fouettant, puis dressez les assiettes avec les tranches de pain grillées. Il est alors superflu d'ajouter du fromage râpé.

SOUPE SAVOYARDE AUX LÉGUMES

Navets, céleri, poireau, oignons et pommes de terre (100 g de chaque), 40 g de lard fumé entrelardé, 80 cl de bouillon de bœuf, noix muscade fraîchement moulue, 20 cl de lait ou de crème fraîche, 25 g de beurre, 8 minces tranches de pain (baguette), 40 g de tomme de Savoie ou de beaufort, sel, poivre noir du moulin

Lavez les légumes, épluchez ceux qui l'exigent, puis détaillez-les en petits dés. Coupez le lard également en petits dés et faites-les suer dans une cocotte. Ajoutez tous les légumes et faites cuire à l'étuvée. Mouillez ensuite avec le bouillon, assaisonnez, portez à ébullition et laissez cuire à feu moyen de 25 à 30 minutes. Portez le lait (ou la crème) à ébullition, versez-le sur la soupe à travers une passoire, ajoutez le beurre, mélangez. Assaisonnez généreusement de sel et de poivre, puis versez la soupe dans des assiettes creuses ; ajoutez les tranches de pain. Détaillez le fromage en petits dés, et répartissez-les sur la soupe. Passez les assiettes au four, sous le gril, pour obtenir une gratinée bien dorée.

SOUPE PROVENÇALE
AU PISTOU

500 g de haricots blancs frais ou cuits à l'avance, 250 g de pommes de terre, 200 g de carottes, 250 g de tomates, 150 g de blanc de poireau, sel, 250 g de courgettes, 250 g de haricots verts, 60 g de macaronis
Pour le pistou
3 gousses d'ail, 12 à 15 feuilles de basilic frais, 50 g de parmesan râpé, 3,5 c. à soupe d'huile d'olive, sel, poivre noir du moulin

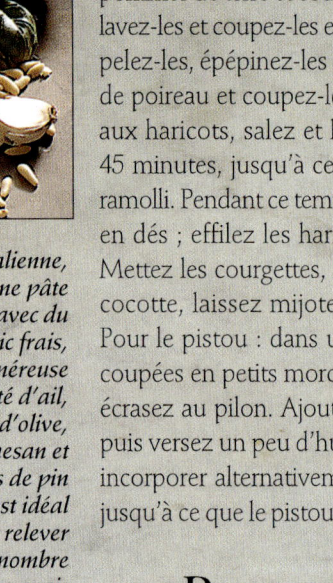

De haut en bas : soupe à la tomate et au mascarpone, soupe provençale au pistou, soupe d'épinards et fromage de chèvre, potage de légumes aux fines herbes.

Mettez les haricots dans 2 litres d'eau, portez à ébullition et faites cuire à feu doux pendant 30 minutes. Épluchez les pommes de terre et coupez-les en dés. Nettoyez les carottes, lavez-les et coupez-les en rondelles. Ébouillantez les tomates, pelez-les, épépinez-les et détaillez-les en dés. Lavez le blanc de poireau et coupez-le en rondelles. Ajoutez ces légumes aux haricots, salez et laissez mijoter à feu doux pendant 45 minutes, jusqu'à ce que tous les ingrédients aient bien ramolli. Pendant ce temps, lavez les courgettes et détaillez-les en dés ; effilez les haricots verts, lavez-les et coupez-les. Mettez les courgettes, les haricots et les macaronis dans la cocotte, laissez mijoter à feu doux pendant 20 minutes. Pour le pistou : dans un mortier, mettez les gousses d'ail coupées en petits morceaux, du sel, du poivre, le basilic, et écrasez au pilon. Ajoutez un peu de parmesan, mélangez, puis versez un peu d'huile d'olive en remuant. Continuez à incorporer alternativement de l'huile et du parmesan râpé jusqu'à ce que le pistou soit à votre goût. Présentez-le à part.

Spécialité italienne, le pesto est une pâte réalisée avec du basilic frais, une généreuse quantité d'ail, de l'huile d'olive, du parmesan et des pignons de pin grillés. Il est idéal pour relever un certain nombre de soupes, mais aussi pour accompagner les plats de spaghettis ou de nombreuses autres variétés de pâtes. Le pesto est proche du pistou que l'on prépare en Provence, à cette différence que ce dernier ne comporte pas de pignons de pin.

POTAGE DE LÉGUMES
AUX FINES HERBES

Oignons, poireaux, carottes, navets, branches de céleri (300 g environ de chaque), 30 g de beurre, 1 c. à soupe de farine de blé complet, 1 litre de bouillon de bœuf, 1 gousse d'ail, 1/4 de feuille de laurier, 10 cl de crème fraîche, 100 g de pecorino (ou d'ossau-yrati), noix muscade râpée, 3 c. à soupe d'un mélange de fines herbes et de plantes aromatiques hachées, sel, poivre blanc du moulin

Lavez les légumes et coupez-les en petits morceaux. Faites fondre le beurre dans une cocotte et faites-y suer les légumes. Saupoudrez de farine, mélangez, puis mouillez avec le bouillon en remuant. Portez à ébullition, ajoutez la gousse d'ail pelée et écrasée, ainsi que le laurier. Laissez mijoter 25 minutes à feu doux, puis ôtez le laurier. Versez la crème, remuez, portez de nouveau à ébullition. Râpez la moitié au moins du pecorino, ajoutez-la au potage, assaisonnez de sel, de poivre et de noix muscade. Ajoutez les fines herbes, et servez le potage saupoudré du reste de pecorino râpé.

SOUPE À LA TOMATE
ET AU MASCARPONE

30 g de beurre, 50 g d'oignon coupé en dés, 30 g de carotte coupée en dés, 2 tomates olivettes (150 g), 150 g de concentré de tomate, 1 c. à soupe de farine, 1 litre de bouillon de bœuf, 1 petit bouquet garni d'aromates (poireau, ail, céleri, laurier, thym), 1 pincée de sucre, 100 g de mascarpone, 60 g de parmesan râpé, sel, poivre blanc du moulin

Chauffez le beurre dans une cocotte et faites-y suer les dés d'oignon et de carotte sans les laisser colorer. Ébouillantez puis pelez les tomates, coupez-les en petits morceaux, mélangez-les au concentré de tomate. Ajoutez-les dans la cocotte et laissez cuire 1 minute. Saupoudrez de farine, mélangez bien. Mouillez avec le bouillon, mélangez jusqu'à obtention d'un liquide homogène. Portez à ébullition, ajoutez le bouquet garni, faites cuire à feu doux de 20 à 25 minutes. Salez, poivrez et sucrez, incorporez le mascarpone, mélangez, ôtez le bouquet garni, puis passez la préparation dans un tamis. Saupoudrez de parmesan râpé et servez. Pour épaissir la soupe, vous pouvez ajouter des quenelles de fromage frais (voir recette page 151), des dés de tomates ou des raviolis farcis au fromage.

SOUPE D'ÉPINARDS
ET FROMAGE DE CHÈVRE

40 g de beurre, 25 g d'oignon coupé en dés, 200 g de pommes de terre coupées en dés, 1 litre de lait de chèvre ou de vache, ou un mélange de lait et de bouillon à parts égales, 50 g de riz arborio, 2 pincées de safran en filaments, 200 g d'épinards, 120 g de valençay émietté, 1 petite gousse d'ail, 40 g de ragusano ou de parmesan râpé, sel, poivre blanc du moulin

Chauffez 30 g de beurre dans une cocotte et faites-y suer les dés d'oignon jusqu'à ce qu'ils soient translucides. Ajoutez les dés de pomme de terre, faites-les suer, puis mouillez avec le lait, ou le mélange lait-bouillon. Portez à ébullition, incorporez le riz et le safran, mélangez et laissez mijoter à feu doux jusqu'à ce que le riz et les pommes de terre soient cuits. Pendant ce temps, triez les feuilles d'épinards, lavez-les, égouttez-les bien, puis détaillez-les en lanières que vous ferez cuire à l'étuvée avec le reste de beurre jusqu'à ce qu'elles se défassent. Ajoutez le valençay émietté dans la soupe, remuez et laissez-le fondre, puis incorporez les lanières d'épinards. Portez de nouveau à ébullition, assaisonnez de sel et de poivre, ajoutez l'ail écrasé, parsemez de ragusano râpé et servez aussitôt.

Garnitures de soupes et potages

BISCUITS AU FROMAGE

2 jaunes d'œufs et 2 blancs d'œufs, noix muscade, 30 g de farine, 40 g d'emmental ou de sbrinz râpé, 15 g de beurre, 1/4 de c. à café de sel

Préparez la pâte en suivant les indications de la recette ci-dessous. Étalez-la sur une plaque recouverte de papier sulfurisé et faites cuire au four préchauffé à 180-200 °C (therm. 6-7) de 8 à 10 minutes. Les quantités indiquées ici conviennent pour 8 personnes.

ROYALE AU FROMAGE

3,5 c. à soupe de lait, 1 œuf, noix muscade fraîchement râpée, 30 g de gruyère râpé, beurre pour le moule, sel, poivre blanc du moulin

Chauffez le lait. Battez l'œuf en omelette, incorporez-le au lait, salez, poivrez, râpez de la muscade. Passez le mélange au tamis à mailles fines, ajoutez le gruyère, mélangez bien. Beurrez un moule allant au four, puis versez-y la préparation. Faites coaguler au bain-marie au four préchauffé à 130 °C (therm. 4) de 45 à 50 minutes. Laissez refroidir. Démoulez et détaillez la royale en morceaux, éventuellement avec des emporte-pièce. Servez dans un bouillon très chaud ou une soupe de tomate.

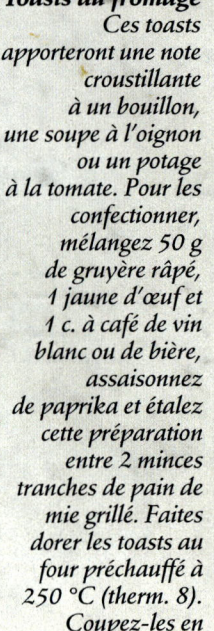

Toasts au fromage
Ces toasts apporteront une note croustillante à un bouillon, une soupe à l'oignon ou un potage à la tomate. Pour les confectionner, mélangez 50 g de gruyère râpé, 1 jaune d'œuf et 1 c. à café de vin blanc ou de bière, assaisonnez de paprika et étalez cette préparation entre 2 minces tranches de pain de mie grillé. Faites dorer les toasts au four préchauffé à 250 °C (therm. 8). Coupez-les en losanges.

Battez vigoureusement les jaunes d'œufs au fouet, assaisonnez de sel et de noix muscade. Battez les blancs d'œufs en neige ferme.

Incorporez les blancs aux jaunes, ajoutez la farine mélangée au fromage râpé et remuez délicatement.

Faites fondre le beurre, et ajoutez-le, encore tiède, à la pâte, en remuant.

Étalez la pâte en une couche de 1 cm d'épaisseur sur une feuille de papier sulfurisé posée sur une plaque. Enfournez aussitôt.

Sortez le biscuit du four, retournez-le sur un plan de travail et laissez-le refroidir. Ôtez le papier sulfurisé, et coupez le biscuit en petits carrés.

QUENELLES
DE FROMAGE FRAIS

———

1 jaune d'œuf, 15 g de beurre, 80 g de fromage de chèvre frais, noix muscade fraîchement râpée, basilic ou estragon ciselé, 25 g de pain blanc, sel

Faites fondre le beurre. Battez le jaune d'œuf jusqu'à ce qu'il soit crémeux, puis mélangez-le au beurre fondu. Ajoutez le fromage de chèvre, du sel et les condiments. Mélangez bien. Râpez ou émiettez le pain, incorporez-le à la préparation et laissez reposer pendant 30 minutes.

Pour obtenir des quenelles de la même grosseur, déposez de la pâte dans votre paume, puis divisez-la en portions avec une cuillère à dessert.

Pour façonner des quenelles qui soient identiques, moulez celles-ci entre le creux de la cuillère et votre paume.

Avec l'index, faites délicatement glisser les quenelles dans de l'eau bouillante salée et laissez-les cuire de 4 à 5 minutes.

Les garnitures au fromage proposées ici conviennent particulièrement bien aux potages clairs, mais aussi aux soupes passées. Elles seront ajoutées juste avant le service.

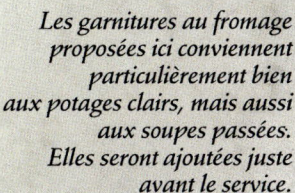

CHOUX AU ROQUEFORT

———

12 cl d'eau, 30 g de beurre, 100 g de farine, 2 œufs, 60 g de roquefort, 1 pincée de sel

Versez l'eau dans une casserole, ajoutez le beurre et le sel et portez à ébullition. Jetez la farine en pluie et remuez jusqu'à formation d'une boule de pâte qui se détache des bords. Transférez-la dans un plat creux, puis incorporez les œufs un par un. Écrasez le fromage à la fourchette, ajoutez-le à la pâte à choux et travaillez celle-ci jusqu'à obtention d'un mélange homogène. Avec une poche à douille unie (n° 12), déposez des noix de pâte sur une plaque légèrement beurrée et faites cuire de 8 à 10 minutes au four préchauffé à 220 °C (therm. 7).

CRÊPES AU FROMAGE

———

10 cl de lait, 45 g de farine, 1 œuf, 1/2 c. à soupe de beurre fondu, 50 g de parmesan râpé, 1 c. à soupe de ciboulette ciselée, beurre pour la poêle, sel, poivre blanc du moulin

Préparez la pâte en suivant les indications de la recette ci-dessous :

Battez au fouet le lait et la farine jusqu'à obtention d'un mélange homogène ; ajoutez l'œuf, du sel, du poivre, le beurre fondu, le parmesan et la ciboulette, mélangez bien et laissez reposer pendant 30 minutes au moins.

Dans la poêle, chauffez la quantité de beurre juste nécessaire pour une crêpe, versez un peu de pâte et répartissez-la en inclinant la poêle. Vous devez obtenir une mince couche de pâte.

Dès que la crêpe est bien dorée sur une face, retournez-la avec précaution pour dorer l'autre face. Préparez les autres crêpes de la même façon.

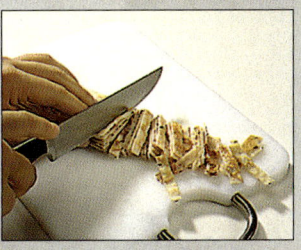

Laissez refroidir les crêpes sans les superposer, pour éviter que leur goût ne s'altère ; puis empilez-les et coupez-les en lanières de 5 mm de large. Laissez sécher celles-ci avant de les utiliser comme garniture.

ŒUFS, TOASTS ET SOUFFLÉS

L'œuf et le fromage sont deux ingrédients de base qui se marient très bien. Pratiquement toutes les variétés, qu'elles soient de saveur douce ou puissante, peuvent être utilisées. Tout est une question de dosage. Voici une recette pour la Chandeleur.

Crêpes fourrées au roquefort

Confectionnez une pâte à crêpes (voir la recette de base page 163). Faites cuire 8 crêpes, laissez refroidir. Pendant ce temps, préparez la farce : passez au tamis 100 g de ricotta et 100 g de roquefort, ajoutez 2 œufs entiers et mélangez bien le tout jusqu'à obtention d'un mélange homogène. Incorporez alors 60 g de parmesan râpé, 40 g de flocons d'avoine ainsi que des fines herbes ciselées : basilic, persil et ciboulette (1 cuillerée à soupe de chaque). Salez, poivrez, râpez de la muscade et laissez la farce reposer 1 heure au minimum. Puis répartissez-la sur les crêpes et roulez celles-ci. Graissez-les, ainsi qu'un plat à gratin avec 25 g environ de beurre ramolli. Disposez les crêpes dans le plat, faites cuire 10 minutes à mi-hauteur d'un four préchauffé à 220 °C (therm. 7). Saupoudrez ensuite avec 60 g de gouda demi-étuvé et 20 g de parmesan râpés, et poursuivez la cuisson à 250 °C (therm. 8) pendant 2 ou 3 minutes pour gratiner la le dessus. Pelez et épépinez 2 tomates, découpez la chair en dés. Salez, poivrez, faites sauter les tomates dans 25 g de beurre très chaud. Saupoudrez avec 1 cuillerée à soupe de fines herbes ciselées (persil, basilic et ciboulette) et versez sur les crêpes.

La fonte des fromages

Le choix du fromage à utiliser dans une préparation où il est destiné à fondre dépend de plusieurs paramètres. Le premier, par ordre de priorité, est l'association réussie avec les autres ingrédients. Le comportement à la chaleur a lui aussi beaucoup d'importance : certains fromages changent de consistance, deviennent trop coulants, ou encore perdent totalement leur forme d'origine. D'autres forment des fils, d'autres encore semblent devenir friables.

Dans tous les cas, la relation entre la teneur en eau et le pourcentage de matière sèche est primordiale. Ainsi, par exemple, pour prendre des cas extrêmes, un fromage à pâte molle fond plus rapidement qu'un fromage à pâte très dure. Mais le degré de maturité et la teneur en matières grasses ont aussi une incidence non négligeable. En règle générale, un fromage jeune réagit de façon plus immédiate à la chaleur. Quant aux produits très vieux, au goût très prononcé, leur utilisation est déconseillée en l'occurrence, car ils ont tendance à couler sous l'effet d'une forte chaleur : leur graisse se dissocie des éléments solides. En fait, l'idéal consiste, dans la plupart des cas, à choisir un fromage d'âge moyen, c'est-à-dire ni trop jeune, ni trop vieux.

Les comportements d'un douzaine de fromages sont illustrés page suivante. Mais les possibilités sont nettement plus nombreuses que ce que suggère cette sélection. En fonction des plats que l'on souhaite préparer, on testera alors d'autres variétés de fromages pour vérifier si leur réaction à la chaleur correspond au traitement auquel ils seront soumis.

Petits toasts au four
La pose des petits en-cas est le meilleur moment pour tester ses préférences parmi la grande variété des fromages se prêtant à la fonte. C'est notamment le cas du cheddar, des fromages de type gouda et des steppes. En tout état de cause, on évitera les pâtes qui ont tendance à trop couler et ne restent pas volontiers sur le pain.

Quelle que soit la variété de fromage utilisée, il est conseillé de tester son comportement dans des conditions toujours similaires et à température identique, à partir de 180 °C (therm. 6).

Un fromage présentant une faible teneur en matières grasses (comme ici ce gouda à 30 %) se prête mal à la fonte : il ne coule pas, mais il prend une consistance caoutchouteuse.

Emmental *Il se comporte bien sur le plan gustatif, mais réagit très mal sous l'effet d'une forte chaleur, qui le rend coulant sur les bords. Râpé, il trouve son meilleur emploi dans les soufflés ou les gratins.*

Roquefort *Sa fonte, agréable, ne concerne que la partie claire de la pâte, les moisissures ne changeant pas de consistance. Son goût très prononcé et salé ne se marie pas avec tous les ingrédients : on l'utilisera avec précaution.*

Fromages en tranches à faire fondre *Certaines variétés sont spécialement conçues pour les chaleurs élevées : elles coulent très peu, présentent une très fine croûte, mais restent souples et molles.*

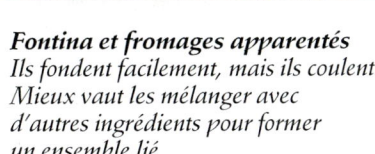

Le ramequin vaudois est un plat traditionnel originaire de Suisse qui se prépare avec du fromage en tranches. L'emmental est idéal ici, car il fond facilement tout en se liant bien aux tranches de pain avec lesquelles il alterne.

Fromages de trappistes *Tous ces fromages réagissent bien à la chaleur. S'ils gardent leur forme, ils prennent peu à peu une consistance plus souple et plus molle. Parfaits pour toasts et pizzas.*

Fontina et fromages apparentés *Ils fondent facilement, mais ils coulent. Mieux vaut les mélanger avec d'autres ingrédients pour former un ensemble lié.*

Fromages persillés à pâte molle et croûte (type morbier) *Ils fondent bien, mais la croûte et les moisissures restent fermes. La croûte devient amère, mais il vaut mieux l'ôter après la fonte.*

155

Welsh rabbit
*Le welsh rabbit
(déformation
de welsh rarebit),
plat traditionnel
britannique, est une
préparation à base
de cheddar bien mûr
fondu dans
de la bière.
Faites fondre un peu
de beurre dans une
casserole, puis
versez 20 cl de bière
blonde, salez et
poivrez. Ajoutez
250 g de cheddar
râpé, faites fondre à
feu moyen en
remuant jusqu'à
obtenir un mélange
homogène. Rectifiez
l'assaisonnement
avec de la moutarde
douce et de la
Worcestershire
sauce. Répartissez
la pâte ainsi obtenue
sur des tranches
de pain grillé bien
beurrées et faites-les
dorer 3 ou 4 minutes
au four préchauffé
à 260 °C (therm. 9).
Servez très chaud.*

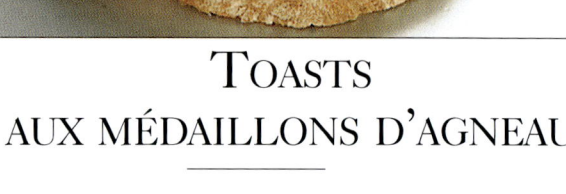

TOASTS
AUX MÉDAILLONS D'AGNEAU

Découpez 8 médaillons dans 250 g de filet d'agneau. Aplatissez-les, salez, poivrez. Coupez 1 courgette en rondelles, salez, poivrez. Nettoyez 250 g de champignons de Paris frais, détaillez-les en tranches et mettez-les à cuire dans 10 g de beurre. Faites revenir la viande et la courgette. Dressez sur des tranches de pain les rondelles de courgette, puis les médaillons et les champignons, saupoudrez avec 1/2 cuillerée à café de persil haché. Détaillez en bâtonnets 100 g d'un fromage au lait de brebis (manchego, par exemple) et répartissez-les sur les toasts. Faites gratiner (250 °C; therm. 8).

TOASTS AU THON
ET À LA MOZZARELLA

Pelez 2 oignons et découpez-les en rondelles. Faites-les revenir dans 30 g de beurre. Égouttez le contenu d'une boîte de thon à l'huile. Enlevez les graines d'un piment, détaillez-le en rondelles. Dénoyautez des olives vertes et noires. Faites griller 4 tranches de pain blanc et découpez 150 g de mozzarella en 8 tranches. Répartissez les rondelles d'oignons sur le pain, disposez ensuite le thon, le piment et les olives. Saupoudrez avec 1 cuillerée à soupe de fines herbes ciselées. Recouvrez chaque toast de 2 tranches de mozzarella, saupoudrez avec 40 g de parmesan râpé et faites gratiner (250 °C; therm. 8).

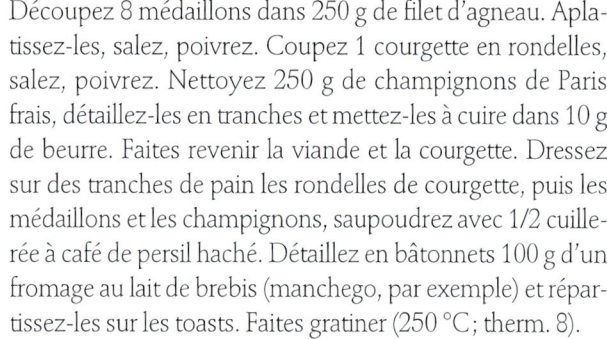

TOASTS AU CHEDDAR,
FOIE DE VEAU ET POMMES

Épluchez 2 pommes, coupez-les en 16 morceaux. Arrosez avec 5 cl de calvados, saupoudrez de sucre et faites cuire les pommes dans 10 cl de crème. Faites suer la moitié d'un oignon rouge dans du beurre et griller 4 tranches de pain. Coupez 200 g de foie de veau en 4 tranches, salez, poivrez. Faites revenir dans 30 g de beurre. Disposez sur chaque tranche de pain une tranche de foie, recouvrez-la de 4 morceaux de pomme. Mettez sur les toasts l'oignon, ajoutez une tranche de cheddar et gratinez.

TOASTS AU STILTON
ET POIRES AU PORTO

Épluchez 2 poires, ouvrez-les en deux, enlevez les cœurs et pochez les fruits dans 20 cl de porto rouge de 15 à 20 minutes. Laissez refroidir. Égouttez les poires, coupez-les en éventail. Faites griller 4 tranches de pain complet, puis beurrez-les pendant qu'elles sont encore chaudes. Répartissez les morceaux de poires sur les toasts, ajoutez sur chacun 2 tranches de stilton ou de bleu d'Auvergne (200 g de fromage au total). Faites gratiner sous le gril du four. Décorez de feuilles de citronnelle et de grains entiers de poivre vert.

Fromages frais gratinés

Les toasts gratinés doivent être préparés à l'avance et n'être enfournés qu'au dernier moment.

CROSTINI, PECORINO ET ANCHOIS

50 g de ricotta, 150 g de pecorino romano râpé, 1 œuf, 1 jaune d'œuf, 2 c. à soupe de vin blanc, 8 filets d'anchois, 1 c. à café de plantes aromatiques hachées, 2 gousses d'ail écrasées, 4 tranches de pain blanc, sel, poivre du moulin

Passez au tamis la ricotta, ajoutez le pecorino, l'œuf entier, le jaune d'œuf et le vin blanc, mélangez bien. Hachez 4 filets d'anchois, ajoutez-les à la préparation ainsi que les aromates et l'ail, salez, poivrez. Faites griller les tranches de pain, puis tartinez le mélange. Mettez à gratiner dans un four chaud (250 °C ; therm. 8). Garnissez chaque toast d'un filet d'anchois.

CROSTADAS ESPAGNOLES

300 g de fromage de brebis (manchego jeune), 10 cl de vin blanc, 1 c. à café d'origan, 3 gousses d'ail écrasées, 4 tranches de baguette de campagne, 2 c. à soupe d'huile d'olive, 1 œuf, 1 c. à soupe de persil ciselé, sel, poivre

Passez le fromage dans un tamis à grosses mailles. Incorporez le vin blanc et mélangez jusqu'à obtention d'une masse homogène. Salez, poivrez, ajoutez l'origan et l'ail. Arrosez les tranches de pain avec l'huile d'olive versée goutte à goutte, puis tartinez-les avec le mélange. Battez l'œuf en omelette, badigeonnez-en la surface des crostadas. Faites gratiner pendant 3 minutes à four chaud (250 °C ; therm. 8), puis parsemez de persil.

Aussi inattendue que savoureuse, la pâte fondue d'un brie de Meaux bien fait sur une tranche de pain grillé. Le tout agrémenté d'une généreuse dose de caviar.

157

Camembert frit
Découpez en 8 parts 125 g de camembert (la moitié d'un fromage). Battez en omelette 1 œuf avec 1 cuillerée à soupe d'huile. Mélangez bien 25 g de mie de pain rassis et 25 g de cerneaux de noix concassés. Roulez les portions de fromage dans de la farine, passez-les dans l'œuf battu, puis roulez-les dans le mélange à base de noix en faisant adhérer celui-ci par une ferme pression. Faites frire les portions de camembert dans suffisamment d'huile chauffée à 180 °C pour que la cuisson et la coloration soient homogènes sur toute la surface.

CUBES D'APPENZELL

75 g de farine, 11 cl de vin blanc, 1 œuf, 1,5 c. à café de sucre, 300 g d'appenzell, huile pour la friture, 1 pincée de sel

Tamisez la farine au-dessus d'un saladier, incorporez le vin blanc jusqu'à obtention d'un mélange homogène. Cassez l'œuf, réservez le blanc. Ajoutez le jaune à la pâte, mélangez bien. Salez, laissez reposer de 20 à 30 minutes. Découpez l'appenzell en cubes de 2 cm de côté environ. Battez le blanc d'œuf en neige ferme au fouet en ajoutant très progressivement le sucre. Incorporez-le à la pâte. Roulez les cubes de fromage dans de la farine, puis dans la pâte et faites dorer pendant 2 minutes environ dans une friture à 180 °C. Égouttez sur un papier absorbant et servez chaud.

FRITURE DE FROMAGE ET LARD

400 g de gouda mi-affiné, 120 g de poitrine fumée entrelardée, farine, 1 œuf battu, 150 g de chapelure, huile pour la friture, piques en bois

Détaillez le fromage en cubes de 2,5 cm de côté environ, et le lard en tranches minces. Enveloppez chaque dé de gouda dans la moitié d'une tranche de lard, maintenez en place avec des piques en bois. Roulez le tout dans la farine, passez dans l'œuf battu, puis deux fois dans la chapelure. Faites frire dans une huile chauffée à 180 °C. Égouttez sur un papier absorbant et servez chaud.

CROQUETTES AU GRUYÈRE

30 g de beurre, 35 g de farine, 25 cl de lait, 2 jaunes d'œufs, 50 g de gruyère, 30 g de pecorino (ou éventuellement de vieux comté), 1 pincée de noix muscade, 1 branche de thym, farine, 1 œuf, 150 g de chapelure, huile pour la friture, 1 pincée de sel

Faites fondre le beurre dans une casserole, ajoutez la farine, laissez cuire de 2 à 3 minutes sans que le mélange colore et en remuant régulièrement. Puis ajoutez le lait sans cesser de fouetter. Laissez cuire 2 ou 3 minutes en continuant de fouetter. Retirez la casserole du feu et incorporez l'un après l'autre les jaunes d'œufs. Portez à ébullition, passez au travers d'une petite passoire. Ajoutez le gruyère et le pecorino râpés, la noix muscade, le sel et le thym effeuillé. Répartissez cette pâte sur une feuille d'aluminium (16 x 12 cm), recouvrez d'une autre feuille d'aluminium et laissez refroidir de 1 heure à 1 h 30. Découpez ensuite la pâte dans le sens de la longueur en 3 parts égales, puis en lanières de 1,5 cm de large environ. Passez deux fois les croquettes dans la chapelure, faites-les frire pendant 2 ou 3 minutes dans une huile chauffée à 180 °C. Laissez égoutter sur du papier absorbant avant de servir.

PALETS AU FROMAGE

40 g d'edelpilz (ou de fourme d'Ambert), 100 g de fromage frais granuleux (cottage cheese, par exemple), 1 œuf, 30 g de beurre fondu, 20 g de sbrinz (ou de comté) râpé, 50 g de pain rassis émietté, 1 bouquet de ciboulette ciselée, noix muscade, huile pour la friture, poivre, sel

Passez l'edelpilz et le fromage frais au tamis, mélangez bien. Battez l'œuf, incorporez-le au fromage en même temps que le beurre fondu. Ajoutez le sbrinz et les miettes de pain, la ciboulette, le sel, le poivre et la muscade. Mélangez. Laissez reposer pendant 2 ou 3 heures. Puis, avec les mains huilées, façonnez la pâte en 8 palets. Faites-les cuire à la poêle dans une huile très chaude pendant 3 ou 4 minutes en les retournant à plusieurs reprises.

CROQUANTS DE CHÈVRE

400 g de fromage de chèvre à pâte assez ferme (gouda de chèvre, par exemple), 1 c. à soupe de paprika, 2 c. à soupe de farine, 1 œuf battu, 150 g de chapelure, huile pour la cuisson

Découpez le fromage en bâtonnets de 1,5 cm de large et 6 cm de long. Mélangez le paprika à la farine, roulez-y les morceaux de fromage avant de les passer dans l'œuf battu, puis deux fois dans la chapelure en appuyant bien pour que l'enrobage tienne. Faites cuire dans une huile très chaude (180 °C) jusqu'à ce que la surface soit bien dorée. Laissez égoutter sur un papier absorbant et servez chaud.

QUESO FRITO

250 g de fromage de brebis (manchego jeune, ou autre), 4 gousses d'ail écrasées, 3 c. à soupe d'herbes aromatiques ciselées (persil et thym), farine, 1 œuf, 1 jaune d'œuf pour la panure, huile pour la friture, sel, poivre noir du moulin

Divisez le fromage en 8 parts d'égale grosseur, salez, poivrez. Ajoutez l'ail aux fines herbes et badigeonnez les deux faces des parts de fromage avec ce mélange. Roulez-les ensuite dans la farine en veillant à ce qu'ils imprègnent bien celle-ci, puis dans les œufs battus. Faites cuire à la poêle pendant 2 ou 3 minutes dans une bonne quantité d'huile chauffée à 180 °C. Laissez égoutter sur un papier absorbant avant de servir.

Préparer la mozzarella
« in carrozza » :

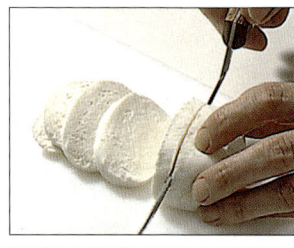

*Laissez bien égoutter
les boules de mozzarella,
puis découpez-les chacune
en 6 tranches d'égale
épaisseur.*

*Battez les œufs en omelette,
ajoutez le lait,
remuez le tout au fouet.*

*Imbibez de ce mélange
les tranches de pain
en les retournant
avec une fourchette.*

*Disposez les morceaux
de mozzarella sur la moitié des
tranches de pain. Répartissez
les filets d'anchois hachés,
poivrez généreusement.
Recouvrez avec le reste des
tranches de pain, appuyez bien.*

*Versez la chapelure dans une
assiette plate, passez-y les
tranches de pain.*

*Pressez avec la main
la panure sur le pain
pour qu'elle adhère bien.*

*Chauffez le beurre clarifié
dans une poêle et disposez-y
les tranches de pain pané.*

*Faites cuire jusqu'à ce que
le pain soit bien doré
sur les deux faces.*

Toasts chauds au gorgonzola

Enlevez la croûte de
8 tranches de pain
de mie. Découpez
le gorgonzola en
tranches d'une
longueur inférieure
de 1 cm à celle
du pain de mie.
Détaillez en petits
dés 30 g de jambon
de Parme. Battez
en omelette 1 œuf
avec 8 cl de crème
fraîche.
Passez le pain
de mie dans
ce mélange.
Répartissez sur
la moitié des
tranches de pain
le gorgonzola, ainsi
que le jambon de
Parme. Recouvrez
avec l'autre moitié
des tranches en
appuyant bien pour
souder l'ensemble.
Passez
ces sandwiches
dans une panure
et faites dorer dans
80 g de beurre
clarifié très chaud.

Variations sur les croque-monsieur

La mozzarella « in carrozza » est une recette traditionnelle italienne dans laquelle du fromage fond entre deux tranches de pain pané. C'est bien entendu la véritable mozzarella de bufflonne qui est la plus indiquée, mais il est possible de la remplacer par d'autres fromages, par exemple du gorgonzola, ou encore de la tomme de Savoie. Dans ce dernier cas, il faut passer les tranches de pain dans un mélange d'œufs battus et de lait, puis en badigeonner la moitié de moutarde de Dijon avant d'y déposer une tranche de tomme (1,5 cm d'épaisseur) débarrassée de sa croûte.

MOZZARELLA IN CARROZZA

2 boules de mozzarella (150 g chacune), 2 œufs, 15 cl de lait, 24 fines tranches de pain (baguette), 4 filets d'anchois à l'huile hachés, chapelure, 160 g de beurre clarifié, sel, poivre noir du moulin

Préparez 2 croque-monsieur par convive en suivant les indications de la recette ci-contre. La mozzarella in carrozza s'accompagne parfaitement d'une salade.

ŒUFS POCHÉS SAUCE MORNAY

Pour la sauce

25 g de beurre, 30 g de farine, 50 cl de lait, noix muscade, 1 jaune d'œuf, 10 cl de crème fraîche, 30 g de parmesan, 1 ou 2 c. à soupe de crème fouettée, sel, poivre

Pour les épinards

300 g de feuilles d'épinards, 30 g de beurre, noix muscade, sel, poivre

Pour les œufs

4 œufs pochés

Préparez une sauce Mornay en suivant les indications de la recette ci-dessous. Nettoyez les épinards, faites-les fondre dans le beurre très chaud, puis salez, poivrez et râpez de la muscade. Faites pocher les œufs, disposez-les sur un lit d'épinards, nappez avec la sauce Mornay et faites gratiner 2 minutes dans un four préchauffé à 250 °C (therm. 8).

Confectionner la sauce Mornay

Chauffez le beurre dans une casserole, ajoutez la farine et faites cuire pendant 1 ou 2 minutes sans la laisser se colorer.

Ajoutez le lait, mélangez bien jusqu'à obtention d'un liquide homogène. Faites cuire une vingtaine de minutes en fouettant constamment.

Battez en omelette le jaune d'œuf avec la crème. Ajoutez ce mélange à la sauce pour la lier et portez à nouveau à ébullition sur feu vif.

Passez la sauce au travers d'une passoire pour éliminer d'éventuels grumeaux. Salez, poivrez et râpez de la muscade.

Ajoutez le parmesan, laissez-le fondre en remuant constammment. Incorporez alors la crème fouettée.

ŒUFS POCHÉS

Œufs, 1 litre d'eau, 5 cl de vinaigre de vin blanc, eau légèrement salée

Les œufs doivent se pocher dans une eau vinaigrée, et surtout non salée, le sel interrompant le processus de cuisson. Portez à ébullition l'eau vinaigrée, diminuez le feu et pochez les œufs un à un. Ceux-ci sont à point quand le jaune cède encore à une légère pression du doigt.

Pocher des œufs

Cassez un par un les œufs juste sortis du réfrigérateur et plongez-les dans de l'eau bouillante au fond d'une louche, ce qui leur permet de conserver leur forme.

La cuisson dure 3 ou 4 minutes. Sortez ensuite l'œuf délicatement à l'aide d'une écumoire.

Transférez l'œuf poché dans une eau froide salée que vous aurez préparée à l'avance. De la sorte, l'œuf cesse de cuire.

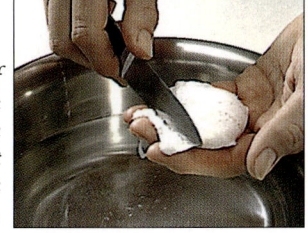

Égalisez le pourtour de l'œuf en ôtant les filaments. Juste avant de servir, réchauffez-le dans une eau légèrement salée à peine frémissante (55-60 °C).

OMELETTE AU FROMAGE

1 tomate de taille moyenne, 40 g de courgette, 2 c. à soupe d'huile d'olive, 1 pincée de sucre, ciboulette, persil
Pour l'omelette
3 œufs, 30 g de parmesan râpé, noix muscade, 10 g de beurre, sel, poivre du moulin

Les quantités indiquées ci-dessus correspondent à une portion. Pelez et épépinez les tomates après les avoir plongées dans l'eau bouillante, détaillez la chair en dés. Découpez la courgette en bâtonnets et faites-la étuver dans l'huile d'olive, puis ajoutez les dés de tomates et le sucre, faites revenir rapidement ; saupoudrez alors de fines herbes ciselées. Préparez ensuite l'omelette en battant les œufs et le parmesan râpé avec un fouet, salez, râpez de la muscade. Procédez ensuite en suivant la recette ci-dessous.

Œufs brouillés au fromage
Battez en omelette 8 œufs avec 8 cuillerées à soupe de crème. Assaisonnez de sel et de poivre blanc du moulin, ajoutez 150 g de fromage de montagne détaillé en dés, mélangez bien. Ciselez finement un bouquet de ciboulette. Faites fondre à feu doux 40 g de beurre dans une poêle. Versez-y le mélange œufs-fromage et remuez avec une cuillère en bois jusqu'à obtention de la consistance souhaitée. Répartissez les œufs brouillés dans les assiettes, parsemez de ciboulette.

Note : ne préparez pas plus de deux portions à la fois.

Chauffez le beurre dans une poêle, ajoutez-y la masse composée du fromage râpé et des œufs.

Avec une fourchette, remuez le mélange jusqu'à ce qu'il commence à coaguler, sans pour autant endommager le fond de l'omelette.

Poussez l'omelette contre le bord de la poêle avec la fourchette, et rabattez une moitié sur l'autre.

Faites glisser l'omelette à point dans le plat de service préalablement chauffé.

Disposez par-dessus l'omelette les légumes étuvés, servez aussitôt.

Œ ufs poêlés et au four

ŒUFS COCOTTE AU FROMAGE

60 g d'emmental, 60 g de jambon cuit, 10 g de beurre, 6 cl de crème fraîche, 4 œufs, 1 c. à soupe de ciboulette finement ciselée, sel, poivre

Détaillez l'emmental et le jambon en petits dés. Beurrez l'intérieur de 4 petits ramequins et répartissez-y le mélange fromage-jambon. Chauffez la crème, salez, poivrez, transvasez dans les ramequins avec une cuillère. Cassez 1 œuf dans chaque récipient, parsemez de ciboulette ciselée. Couvrez avec une feuille d'aluminium. Faites cuire de 10 à 12 minutes au bain-marie dans un four préchauffé à 180 °C (therm. 4-5). Servez immédiatement.

GRATIN DE CRÊPES FOURRÉES

Pour la pâte

50 g de farine, 15 cl de lait, 2 œufs, 20 g de beurre fondu, 25 g de grana padano, 30 g de beurre clarifié pour la cuisson, 1 pincée de sel, 1 pincée de poivre

Pour la farce

1/2 oignon de taille moyenne, 20 g de beurre, 450 g de champignons de Paris, 35 cl de crème fraîche, 1 c. à café de persil haché, beurre pour le plat à gratin, sel, poivre du moulin

Pour la sauce

100 g de ricotta ou de fromage blanc granuleux, 2 œufs, 10 cl de crème, 30 g de grana padano râpé, noix muscade, sel, poivre du moulin

Faites une pâte à crêpes en suivant les indications de la recette ci-contre. Cuisez les crêpes et réservez-les. Préparez la farce : détaillez l'oignon en petits dés et faites-les revenir dans le beurre. Émincez les champignons, ajoutez-les à l'oignon, salez, poivrez. Quand le jus de cuisson est presque évaporé, incorporez la crème, que vous aurez portée à ébullition. Faites réduire. Répartissez la farce sur les crêpes, roulez-les, disposez-les dans un plat à gratin beurré. Préparez ensuite la sauce. Passez la ricotta au tamis puis mélangez-la aux œufs et à la crème jusqu'à obtention d'une pâte homogène. Assaisonnez, versez sur les crêpes, saupoudrez de grana padano râpé. Faites gratiner de 10 à 12 minutes à mi-hauteur d'un four préchauffé à 220 °C (therm. 7).

Pâte à crêpes au fromage

Mettez la farine dans une jatte, ajoutez le lait et remuez au fouet jusqu'à obtention d'un mélange homogène.

Ajoutez les œufs, le sel et le poivre.

Versez dans ce mélange, en mince filet, le beurre fondu et tiédi. Remuez constamment.

Passez cette préparation au travers d'une passoire fine. Ajoutez le fromage et laissez reposer la pâte pendant 1 heure environ.

Faites chauffer un peu de beurre clarifié dans une poêle. Versez une quantité de pâte suffisante pour obtenir une mince crêpe.

Faites dorer les crêpes sur leurs deux faces, puis laissez-les refroidir dans une assiette plate.

Œufs poêlés au fromage
Faites fondre du beurre dans une poêle. Disposez-y 2 rondelles de saucisson, puis cassez-y 2 œufs et ajoutez par-dessus 2 tranches d'emmental. Salez modérément, poivrez et faites cuire à couvert.

163

SOUFFLÉ AU FROMAGE

Malgré sa réputation, le soufflé au fromage n'est pas une préparation difficile à réussir, pour autant que l'on suive rigoureusement les étapes. La recette de base est une sauce Béchamel à laquelle on incorpore des blancs d'œufs battus en neige et qui est cuite au four. Comme chaque fois qu'une pâte est aérée par des blancs d'œufs en neige, qui sont très sensibles, le point délicat consiste à incorporer ceux-ci au moment propice pour éviter qu'ils ne perdent trop de volume. C'est dès que l'on obtient une neige à la fois ferme et souple que l'on doit réaliser l'opération.

60 g de beurre, 30 g de farine, 25 cl de lait, 1 pincée de noix muscade râpée, 4 c. à soupe de crème fraîche, 5 jaunes d'œufs, 150 g de gouda vieux ou de gruyère râpés, 5 blancs d'œufs battus en neige ferme, beurre pour le moule, 1/2 c. à café de sel, poivre du moulin

Préparez le soufflé selon les indications de la recette filmée. Les quantités indiquées tiennent dans un moule ayant une capacité de 1 litre. Faites cuire le soufflé à 160 °C (therm. 5) pendant 20 minutes dans le bas du four, puis portez la température à 180 °C (therm. 6) de 20 à 25 minutes. Le soufflé est prêt quand il a bruni et levé. Il doit alors être dégusté aussitôt.

Préparer un soufflé

Faites fondre le beurre, ajoutez la farine, mélangez.

Laissez sur feu doux pendant 2 ou 3 minutes en remuant vigoureusement de façon à obtenir un roux blond.

Versez le lait froid d'un seul coup en fouettant pour empêcher la formation de grumeaux, salez, poivrez, râpez de la muscade.

Chauffez sur feu doux jusqu'à la reprise de l'ébullition, tout en battant. Ajoutez la crème fraîche.

Incorporez les jaunes d'œufs un à un, en n'ajoutant le suivant que quand le précédent est totalement intégré.

Ajoutez alors le fromage râpé. Transférez ce mélange dans un récipient creux, laissez refroidir quelque temps.

Avec une spatule en bois, incorporez délicatement les blancs d'œufs battus en neige ferme.

Versez le mélange dans un moule beurré et placez dans le four préalablement chauffé.

164

SOUFFLÉ AU FROMAGE BLANC ET SAUCE AU PORTO

Les soufflés peuvent aussi se préparer dans des ramequins individuels offrant une contenance d'environ 12 cl, que l'on présente directement dans chaque assiette.

Pour le fromage blanc
 100 g de ricotta, 3 jaunes d'œufs, 25 g de flocons de céréales, 60 g de provolone piccante râpé, noix muscade, 4 blancs d'œufs, sel, poivre noir du moulin
Pour garnir les moules
 10 g de beurre, 25 g de flocons de céréales concassés
Pour la sauce au porto
 1 échalote hachée menu, 10 g de beurre, 10 cl de porto blanc, 10 cl de bouillon de viande, 10 cl de crème fraîche, 1/2 c. à café de beurre manié, 8 grains de raisin, 1 c. à soupe de cerneaux de noix concassés, sel, poivre du moulin

Tamisez la ricotta, ajoutez les jaunes d'œufs et malaxez jusqu'à l'obtention d'un mélange homogène. Incorporez les flocons de céréales et le fromage râpé, assaisonnez généreusement. Beurrez les ramequins, garnissez le fond de flocons de céréales concassés. Montez en neige ferme les blancs d'œufs avec une pincée de sel, incorporez au mélange à base de ricotta. Faites cuire au bain-marie de 12 à 15 minutes dans un four préchauffé à 220 °C (therm. 7). Préparez la sauce : faites suer l'échalote dans le beurre. Déglacez avec le porto. Mouillez avec le bouillon, faites réduire de moitié. Ajoutez la crème, laissez cuire quelque temps à ébullition, puis liez le tout avec le beurre manié. Salez et poivrez. Disposez les soufflés sur des assiettes, dressez avec la sauce, les grains de raisin ouverts en deux et les cerneaux de noix concassés.

SOUFFLÉ AU FROMAGE BLEU

Voici l'illustration parfaite des variantes qu'offrent les soufflés. Ici, on a associé un gorgonzola, à la saveur douce, à un roquefort, au goût plus prononcé. Le parfum typique des fromages bleus est ainsi parfaitement mis en valeur, sans être trop présent. D'autres combinaisons sont possibles, depuis le Port-Salut jusqu'au munster.

 30 g de beurre, 40 g de farine, 10 cl de lait, 10 cl de vin blanc sec, 1 œuf entier, 2 jaunes d'œufs, 100 g de gorgonzola dolce, 100 g de roquefort, 3 blancs d'œufs, noix muscade, 1 bouquet de ciboulette, beurre pour le moule, sel, poivre

Faites fondre le beurre, ajoutez la farine sans la laisser se colorer. Mouillez avec le lait et le vin blanc, malaxez jusqu'à obtention d'un mélange homogène et portez à ébullition. Incorporez successivement l'œuf entier et les jaunes d'œufs en remuant énergiquement. Montez en neige ferme les blancs d'œufs assaisonnés d'un peu de sel. Incorporez-les à l'appareil. Répartissez celui-ci dans des moules individuels beurrés et faites cuire de 12 à 15 minutes au bain-marie dans un four préchauffé à 220 °C (therm. 7).

Le beurre manié est précieux pour lier des sauces. Pour en préparer à l'avance, pétrissez 100 g de beurre avec 120 g de farine, de façon à obtenir une pâte homogène que vous utiliserez au fur et à mesure de vos besoins.

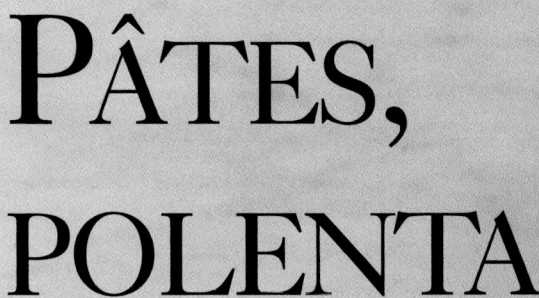

PÂTES, POLENTA ET RISOTTO

La cuisine italienne est indissolublement liée à l'utilisation
des fromages. Ceux-ci présentent une très grande diversité,
depuis la fontina, à pâte tendre, jusqu'au parmesan,
dont la consistance est extrêmement dure.
Le fromage est l'un des ingrédients qui s'associent le mieux
avec les pâtes. Dans la plupart des cas, il sert à obtenir une
liaison moelleuse, mais on l'utilise aussi pour confectionner
de savoureuses croûtes dans les préparations gratinées ;
il se marie très bien également avec le maïs et le riz.
L'Italie n'est cependant pas le seul pays à apporter
sa contribution à la tradition culinaire, comme
en témoignent les spätzles et les knepfles, spécialités
des régions alémaniques et de l'Alsace. Quant aux gnocchis,
on en retrouve des variantes dans toutes les régions
de la chaîne des Alpes.
Il existe certaines préparations dans lesquelles le fromage
n'est pas recommandé : c'est le cas, par exemple, des plats
de pâtes ou des risottos comprenant coquillages,
fruits de mer ou poisson, ou dont l'arôme, comme celui que
confèrent les fines herbes, est relativement délicat.
Il s'agit là, bien sûr, d'exceptions, car le fromage,
d'une manière générale, entre dans la confection
d'une multitude de délicieuses recettes.

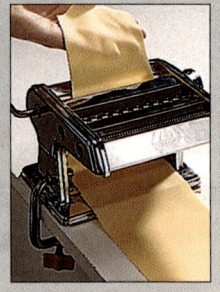

RECETTE DE BASE
DE LA PÂTE À NOUILLES

Il est difficile de donner la recette de la pâte idéale, car les critères d'appréciation d'un plat de pâtes sont très subjectifs. Par ailleurs, certains cuisiniers utilisent des œufs entiers, d'autres seulement les jaunes, et il en va de même pour l'huile : on peut en incorporer ou non. En tout état de cause, voici une recette qui a recueilli de nombreux suffrages.

225 g de farine, 2 œufs entiers et 1 jaune d'œuf, 1/2 c. à café de sel

Réaliser des rubans avec une machine
Découpez des tranches dans la boule de pâte que vous avez laissé reposer, puis passez-les dans la machine afin d'amincir la pâte. Changez alors de rouleau, en en choisissant un qui coupera la largeur de ruban que vous souhaitez, puis repassez la pâte dans la machine.

Tamisez la farine sur le plan de travail. Faites-y un puits ; ajoutez les œufs entiers et le jaune d'œuf, puis le sel.

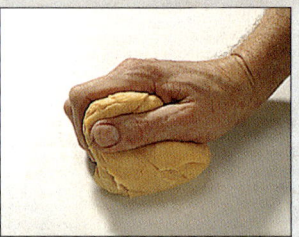

En partant des bords du puits, incorporez les œufs, peu à peu, à la totalité de la farine.

Pétrissez la pâte jusqu'à ce qu'elle soit lisse et élastique, en ajoutant au besoin de l'eau ou de la farine. Façonnez la pâte en boule, enveloppez-la de film alimentaire et laissez-la reposer pendant 1 heure.

Une fois que la pâte est détendue, abaissez-la au rouleau le plus finement possible, sur un plan de travail très légèrement fariné. Coupez les bords afin d'obtenir un rectangle.

Pour réaliser des nouilles en bandes, laissez sécher la pâte quelque temps pour qu'elle ne colle pas. Repliez ensuite le rectangle de pâte en 3 parties égales dans la longueur.

Avec un couteau éminceur, découpez des bandes de 0,5 cm de large. Déroulez celles-ci, puis faites-les sécher en les répartissant sur un torchon fariné.

Les pâtes maison multicolores

Aujourd'hui, les fabricants proposent des pâtes de très bonne qualité : bien que leur goût soit différent de celui des produits maison, il n'en est pas moins agréable. Toutefois, confectionner ses pâtes soi-même offre un avantage incomparable : on peut les colorer relativement facilement, grâce à des agents naturels, comme le safran ou le concentré de tomate. Moyennant quelques efforts supplémentaires, on pourra aussi, après avoir préparé une pulpe d'épinards, teinter la pâte de façon à lui donner un joli coloris vert pâle. Quant aux pâtes noires, elles s'obtiennent simplement en ajoutant de l'encre de seiche.

NOUILLES VERTES

Pour 10 g environ de pulpe d'épinards
   200 g d'épinards, 2 ou 3 c. à soupe d'eau
Pour les nouilles
   160 g de farine, 5 ou 6 œufs, 1 c. à soupe d'huile d'olive,
   40 g de beurre, noix muscade, farine pour le plan de
   travail, 1/2 c. à café de sel

La pulpe d'épinards ne sert qu'à colorer les nouilles, car elle est neutre de goût. Elle se prête donc aussi à la confection de sauces, de farces et, même, de plats sucrés. Préparez-la en suivant les indications de la recette ci-dessous. La confection de la pâte sera facilitée, dans la première phase, par l'utilisation d'un robot équipé d'un pétrin. Mettez tous les ingrédients dans le récipient, réglez la vitesse au minimum et actionnez l'appareil jusqu'à obtention d'une motte. Transvasez celle-ci sur un plan de travail fariné, puis pétrissez avec les mains, de façon à obtenir une pâte bien homogène.

Sauce tomate (salsa di pomodori) se confectionne avec des tomates fraîches et bien mûres et un peu d'ail. Aussi simple soit-elle, cette sauce s'associe parfaitement à toutes les variétés de pâtes. L'adjonction de parmesan râpé donne un résultat encore plus savoureux.

Préparer la pulpe d'épinards

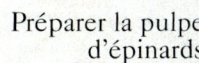

Réduisez quelques feuilles d'épinards en fine purée au mixeur avec l'eau. Ajoutez le reste des feuilles d'épinards, que vous aurez au préalable grossièrement émincées.

Cuisson des pâtes

Portez à ébullition une grande quantité d'eau salée (1 litre pour 100 g de pâtes). Lorsqu'elle bout à gros bouillons, plongez-y les pâtes.

Transférez la purée d'épinards dans un linge, puis tordez les deux extrémités de celui-ci en sens inverse, afin de récupérer le jus dans une casserole.

Dès que les pâtes sont cuites al dente, versez le contenu du récipient dans une passoire en une fois pour interrompre le processus de cuisson.

Faites chauffer le jus d'épinards à une température de 65 °C environ, en veillant bien à ne pas laisser bouillir. Avec une passoire à thé, recueillez les particules vertes (chlorophylle) et laissez égoutter.

Colorer la pâte

Certains passent les pâtes sous l'eau froide pour qu'elles ne collent pas. Les spécialistes, eux, ne les rafraîchissent pas, car elles s'imprégneront plus difficilement de la sauce et du fromage.

Incorporez la pulpe d'épinards dans la pâte à nouilles, et pétrissez bien celle-ci, de façon à obtenir un résultat homogène ; au besoin, ajoutez un peu de farine ou d'eau.

La cuisson des pâtes nécessite une surveillance attentive. Le processus de cuisson ne doit jamais être interrompu. Dès que les pâtes sont à point, il faut les transvaser dans une passoire, les passer éventuellement sous l'eau froide, puis les servir aussitôt ou bien les apprêter.

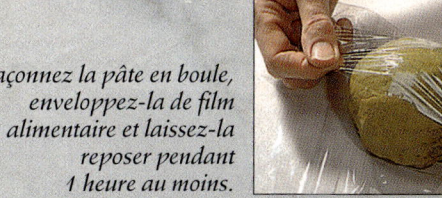

Façonnez la pâte en boule, enveloppez-la de film alimentaire et laissez-la reposer pendant 1 heure au moins.

Fettuccines,
beurre
et parmesan

Il s'agit là de la façon la plus simple d'associer des pâtes et du fromage. Cette simplicité exige l'utilisation d'ingrédients de première qualité si l'on veut obtenir un résultat satisfaisant. Un soin extrême doit également être apporté à la préparation, qui ne présente aucune difficulté mais demande un certain savoir-faire : pour cuire les pâtes, par exemple, il faut respecter quelques principes de base (voir page 169).
Il est primordial que les pâtes soient dégustées immédiatement après cuisson, notamment lorsqu'elles sont associées à du fromage.

125 g de farine de blé, 125 g de farine de blé dur, 3 œufs entiers et 1 jaune d'œuf, 100 g de beurre, 100 g de parmesan fraîchement râpé, 1/2 c. à café de sel

Préparez une pâte à nouilles (voir recette de base page 168), puis découpez-y des fettuccines. Faites-les cuire al dente dans de l'eau légèrement salée, égouttez-les, puis transférez-les dans un plat de service préalablement chauffé. (Réservez un peu d'eau de cuisson pour mouiller ultérieurement les pâtes, au cas où le plat ne serait pas suffisamment moelleux.) Ne passez surtout pas les pâtes sous l'eau froide après les avoir égouttées, sinon, le fromage y adhérerait mal. Ajoutez le beurre et le parmesan râpé le plus rapidement possible, mélangez et servez aussitôt.

Les fromages à râper offrent une palette très étendue, le parmesan étant le plus courant. Parmi les fromages à pâte très dure figurent également le grana padano et le grana trentino, au lait cru. Il existe aussi des fromages plus riches en matières grasses, comme le sbrinz et le provolone piccante, qui se marient très bien aux pâtes. Le pecorino et le manchego, apportent aux plats de pâtes une touche particulière.

TAGLIATELLES ROUGES À LA FONDUTA ET AU CAVIAR

De simples tagliatelles cuites al dente et une fonduta fraîchement préparée constituent la base de ce plat très savoureux. En outre, celui-ci est considérablement rehaussé par l'ajout d'une généreuse cuillerée de caviar.

Caviar (de préférence, sevruga), feuilles de basilic frais
Pour la pâte
250 g de farine, 3 ou 4 jaunes d'œufs, 30 à 40 g de concentré de tomate, 50 g de beurre clarifié, 30 à 40 g de pulpe de tomate, 3 c. à soupe d'eau environ, sel
Pour la fonduta
300 g de fontina ou d'emmental, 25 cl de lait, 50 g de beurre, 3 jaunes d'œufs

Préparez une pâte à nouilles que vous colorerez en mélangeant le concentré de tomate aux jaunes d'œufs, puis découpez-la en tagliatelles en suivant les indications de la page 168. Préparez la fonduta : détaillez le fromage en très fines tranches, mettez celles-ci dans un petit récipient, versez le lait dessus et laissez ramollir pendant 2 heures au moins. Faites fondre le beurre dans une poêle, ajoutez le fromage, puis la moitié du lait. Faites chauffer à feu doux en remuant constamment, de façon à obtenir un appareil crémeux. Incorporez les jaunes d'œufs et mélangez aussitôt. Faites cuire les tagliatelles al dente dans de l'eau bouillante salée, puis égouttez-les. Incorporez la fonduta dans les pâtes bien chaudes, et servez dans des assiettes préalablement chauffées. Vous pouvez également laisser les convives se servir eux-mêmes de fonduta, ou encore présenter celle-ci sur les pâtes, sans mélanger. Garnissez de caviar et de feuilles de basilic.

SPAGHETTIS DE BLÉ COMPLET, SAUCE AU GORGONZOLA

Cette recette traduit bien l'engouement actuel pour les aliments naturels. La saveur particulière de la farine de blé complet s'harmonise particulièrement bien avec le fromage.

Pour la pâte
400 g de farine complète, 1 c. à soupe de farine de soja, 2 œufs, 3 c. à soupe d'huile de tournesol, 5 c. à soupe d'eau chaude, 1 c. à café de sel aromatisé aux fines herbes
Pour la sauce
1 gousse d'ail, 50 g de branche de céleri, 2 tomates, 40 g d'olives noires, 6 filets d'anchois, 1 petit oignon, 30 g de beurre, 30 g de parmesan râpé, 100 g de gorgonzola piccante détaillé en dés, poivre noir du moulin, sel (facultatif)

Préparez une pâte à nouilles (voir recette de base page 168), abaissez-la en une mince couche, coupez-la en larges bandes et passez celles-ci dans la machine à pâtes équipée du rouleau pour spaghettis. Faites cuire les pâtes al dente dans de l'eau bouillante salée, puis égouttez-les. Préparez la sauce : pelez la gousse d'ail et hachez-la menu. Lavez le céleri et détaillez-le en julienne. Pelez les tomates, épépinez-les et coupez-les en dés. Dénoyautez les olives et hachez-les grossièrement. Coupez les filets d'anchois en petits morceaux. Faites cuire l'oignon, l'ail et le céleri à l'étuvée dans le beurre jusqu'à ce qu'ils soient moelleux. Ajoutez les dés de tomates et les morceaux d'anchois, laissez légèrement démarrer la cuisson, poivrez, salez éventuellement. Ajoutez les olives et les pâtes bien chaudes, mélangez soigneusement, puis répartissez les pâtes dans les assiettes en porcelaine à feu. Saupoudrez du parmesan, ajoutez les dés de gorgonzola et faites gratiner à four chaud (220 °C ; therm. 7).

Incorporez les œufs dans les farines de blé complet et de soja. Salez, versez l'huile et l'eau, et pétrissez jusqu'à obtention d'une pâte lisse et souple.

171

NOUILLES RUBANS, CRÈME ET FROMAGE

Cette recette très célèbre est un chef-d'œuvre de simplicité. De surcroît, elle est l'illustration parfaite que la qualité des ingrédients est la clef de la réussite en cuisine.

300 g de fettuccines, 60 g de beurre, 120 g de parmesan, 25 cl de crème fraîche, 1 pincée de noix muscade râpée, sel, poivre blanc du moulin

Faites cuire les pâtes al dente dans de l'eau bouillante salée ; égouttez-les bien. Mettez le beurre à fondre dans une casserole, puis faites-y revenir rapidement les fettuccines. Incorporez le parmesan en vous aidant de deux fourchettes. Ajoutez la crème et mélangez bien pour qu'elle enrobe les pâtes. Assaisonnez et servez aussitôt.

PENNES AU MASCARPONE

400 g de pennes rigate, 12 tomates cerises, 50 g de beurre, 60 g de parmesan râpé, 100 g de mascarpone, noix muscade, 80 g de jambon détaillé en dés, sel, poivre noir du moulin

Faites cuire les pâtes al dente dans de l'eau bouillante salée. Lavez les tomates, coupez-les en deux et épépinez-les. Mettez 10 g de beurre à chauffer dans une poêle ; faites-y rapidement revenir les tomates à feu vif et réservez-les au chaud. Égouttez les pennes et transférez-les dans un plat préalablement chauffé. Faites fondre le reste de beurre, ajoutez le parmesan râpé et le mascarpone ; lorsque le fromage a fondu, versez-le sur les pâtes. Salez, poivrez, râpez la muscade et répartissez les dés de jambon dessus. Décorez avec les tomates et servez aussitôt.

MACARONIS, COURGETTES ET SAUCE À LA CRÈME

200 g de courgettes, 1 poivron jaune (100 g), 50 g de beurre, 1 oignon coupé en dés, 1 gousse d'ail écrasée, 20 cl de crème liquide, 400 g de macaronis, 30 g de parmesan râpé, 100 g de fontina râpée (ou de fontal ou de comté), sel, poivre noir du moulin

Détaillez les courgettes en rondelles, et le poivron épépiné en dés. Chauffez la moitié du beurre, faites-y suer l'oignon et l'ail. Ajoutez les légumes et faites cuire à l'étuvée pendant 5 minutes. Versez la crème, salez, poivrez et portez à ébullition. Pendant ce temps, faites cuire les pâtes al dente dans de l'eau bouillante salée ; égouttez-les, puis mélangez-les avec le reste de beurre, les légumes et les fromages râpés.

Pâtes en sauce ou à la crème

Il existe de nombreuses recettes traditionnelles associant des pâtes, une sauce ou de la crème et du fromage. Elles ne constituent toutefois que des exemples, car la créativité en matière de cuisine n'a comme limites que l'imagination et, de plus, les pâtes se marient avec de multiples ingrédients : par exemple, légumes, charcuterie, champignons ou encore fines herbes. Tous ces plats étant très nourrissants, il n'est pas nécessaire de prévoir des portions trop importantes ; les quantités indiquées sont prévues pour un plat principal, mais ces recettes peuvent constituer également de délicieuses entrées ; dans ce cas, pour 4 personnes, vous diviserez les proportions par trois.

NOUILLES À L'ENCRE
SUR LIT DE POIVRONS

Ce plat serait tout aussi savoureux avec des pâtes ordinaires, mais l'encre de seiche donne à celles-ci une couleur noire qui contraste agréablement avec les poivrons. C'est un colorant naturel qui n'altère pas le goût des aliments et que l'on incorpore à la pâte à nouilles. Elle ne s'estompe pas à la cuisson, l'eau restant parfaitement claire.
Pour utiliser l'encre de seiche, reportez-vous à la recette du risotto nero, page 180.

Pour les nouilles à l'encre

> 300 g de farine, 2 œufs, 1/2 c. à soupe d'huile d'olive, 5 g d'encre de seiche, 1/2 c. à café de sel

Pour la garniture

> 2 poivrons jaunes, 1 gousse d'ail, 60 g d'échalotes, 2 c. à soupe d'huile d'olive, 25 cl de crème fraîche, 180 g de fontal ou de fontina ou de comté, 40 g de beurre, pluches de cerfeuil sel, poivre noir du moulin

Préparez une pâte à nouilles (voir recette de base page 168). Coupez les poivrons en deux, ôtez les membranes blanches et les graines et taillez-les en petits dés. Pelez la gousse d'ail et les échalotes et détaillez-les en petits dés. Chauffez l'huile dans une poêle, faites-y revenir les dés d'ail et d'échalote. Ajoutez les dés de poivron, du sel, du poivre, et poursuivez la cuisson en remuant constamment jusqu'à ce que le poivron soit translucide. Portez la crème à ébullition et laissez-la réduire de moitié environ. Faites cuire les nouilles al dente dans de l'eau bouillante salée, puis égouttez-les bien. Répartissez le poivron dans les assiettes, disposez les nouilles dessus, ainsi que le fromage coupé en lanières. Ajoutez la crème fraîche très chaude, puis le beurre fondu, et faites gratiner au four préchauffé à 250 °C (therm. 8). Parsemez de cerfeuil.

LASAGNES VERTES
À LA BOLOGNAISE

Les quantités indiquées conviennent pour 4 ou 8 personnes, selon que ce plat sera servi en plat principal ou en entrée.

> Beurre pour le moule à gratin, 80 g de parmesan râpé

Pour la pâte

> 320 g de farine, 12 jaunes d'œufs, 2 c. à soupe d'huile d'olive, 80 g de beurre, noix muscade, 20 g de pulpe d'épinards (voir recette page 169), 1 c. à café de sel

Pour la farce

> 500 g de viande maigre hachée (mélange bœuf-porc), 40 g de beurre, 60 g de céleri, 60 g de carotte, 60 g d'oignon, 3 c. à soupe de concentré de tomate, 50 cl de bouillon de bœuf, 1 c. à soupe de persil haché, sel, poivre noir du moulin

Pour la sauce Béchamel

> 30 g de farine, 25 g de beurre, 50 cl de lait, noix muscade râpée, sel, poivre blanc du moulin

Préparez une pâte à nouilles (voir recette de base page 168). Abaissez-la et coupez-la en bandes dont la longueur devra être égale à celle du plat à gratin. Cuisez-les al dente dans de l'eau bouillante salée, puis passez-les sous l'eau froide et égouttez. Faites revenir la viande hachée dans le beurre très chaud, ajoutez les légumes et le concentré de tomate. Salez, poivrez, mouillez avec le bouillon, ajoutez le persil et poursuivez la cuisson à feu doux pendant 30 minutes. Préparez la béchamel : ajoutez la farine dans le beurre fondu, versez le lait, mélangez pour obtenir un liquide homogène. Portez à ébullition, salez, poivrez, râpez un peu de muscade et laissez cuire à feu doux pendant 20 minutes ; passez la béchamel au tamis. Beurrez un plat à gratin, tapissez-le de lasagnes et recouvrez d'une couche de farce à la viande. Ajoutez une nouvelle couche de lasagnes, versez un peu de béchamel. Continuez à alterner lasagnes, viande et béchamel, en terminant par une couche de béchamel. Poudrez de parmesan, mettez au four préchauffé à 220 °C (therm. 7) et laissez gratiner pendant 20 minutes.

À la sortie du four, coupez les lasagnes en carrés, chacun d'eux correspondant à une portion.

Raviolis verts farcis au fromage de chèvre
Mélangez bien 150 g de fromage de chèvre avec 1 œuf, 60 g de parmesan râpé, 20 g de beurre et du basilic frais ciselé. Préparez les raviolis en suivant les indications de la recette ci-contre, et farcissez-les de fromage de chèvre. Servez avec des dés de tomate relevés d'ail et cuits à l'étuvée dans du beurre.

RAVIOLIS FARCIS À LA VIANDE

1 c. à soupe de beurre fondu, 3 c. à soupe d'un mélange de fines herbes ciselées, 60 g de parmesan râpé, 40 g de beurre

Pour la pâte

300 g de farine, 1 œuf entier et 1 jaune d'œuf, 2 c. à soupe d'huile d'olive, 3,5 c. à soupe d'eau, 1 c. à café de sel

Pour la farce

100 g de viande de porc, 80 g de foie de veau, 1/2 c. à café de beurre, 1 c. à soupe d'oignon finement haché, noix muscade, 1 œuf entier et 1 jaune d'œuf, sel, poivre blanc du moulin

Préparez la pâte : tamisez la farine sur un plan de travail, creusez un puits au centre. Ajoutez l'œuf entier, le jaune d'œuf, l'huile, l'eau et le sel. Mélangez bien tous les ingrédients. Pétrissez la pâte, façonnez-la en boule, enveloppez-la d'un film alimentaire et laissez-la reposer. Préparez la farce : salez et poivrez la viande et le foie, puis saisissez-les dans le beurre ; laissez refroidir. Ajoutez l'oignon, un peu de muscade et hachez le tout. Incorporez l'œuf entier, le jaune d'œuf, sel et poivre. Abaissez la pâte en une mince feuille, divisez-la en 2 parts. Avec une roulette, tracez sur la pâte des carrés, puis déposez un peu de farce au centre. Badigeonnez les bords de chaque carré avec de l'eau. Recouvrez avec la deuxième feuille de pâte et appuyez bien sur les bords pour les souder. Puis découpez les raviolis à l'aide de la roulette. Faites-les cuire al dente dans de l'eau bouillante salée ; égouttez-les et disposez-les sur des assiettes. Saupoudrez du parmesan, arrosez du beurre fondu. Garnissez du mélange de fines herbes.

TORTELLIS FARCIS À LA RICOTTA

30 g de parmesan râpé, 40 g de beurre fondu, 1 petite truffe blanche

Pour la pâte

160 g de farine, 5 jaunes d'œufs, 1 c. à soupe d'huile d'olive, sel

Pour la farce

60 g d'épinards blanchis, 60 g de ricotta ou d'un fromage frais à pâte ferme, 50 g de parmesan râpé, noix muscade, 4 œufs, sel, poivre noir du moulin

Préparez la pâte (voir recette de base page 168). Confectionnez la farce : pressez les épinards pour en exprimer toute l'eau, puis hachez-les menu. Passez la ricotta dans un tamis, puis mélangez-la bien avec les épinards hachés et le parmesan râpé. Salez, poivrez et râpez de la muscade. Abaissez la pâte en une mince feuille, dans laquelle vous découpez à l'emporte-pièce 4 disques de 10 cm de diamètre et 4 disques de 11 cm de diamètre. Répartissez le mélange d'épinards et de fromage sur les plus petits disques, et creusez un puits au milieu de chaque tas de farce. Cassez les œufs, en réservant le blanc, et disposez un jaune dans chaque puits. Badigeonnez les bords des petits disques de blanc d'œuf, recouvrez avec les grands disques, et appuyez fermement pour souder les bords. Faites cuire les tortellis dans de l'eau bouillante salée de 3 à 4 minutes, puis égouttez-les. Dressez-les sur des assiettes chaudes, saupoudrez-les du parmesan et arrosez avec le beurre fondu. Pour terminer, émincez finement la truffe.

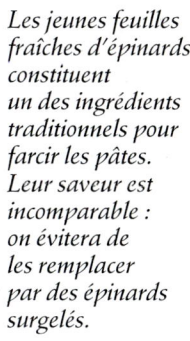

RAVIOLES FARCIES AUX ÉPINARDS

50 g de parmesan râpé, 60 g de beurre, ciboulette ciselée
Pour la pâte
150 g de farine de seigle, 150 g de farine de blé, 1 œuf entier et 4 jaunes d'œufs, 1 c. à soupe d'huile, sel
Pour la farce
600 g de feuilles d'épinards, 3 c. à soupe de persil ciselé, 15 g de farine, 30 g de beurre, 25 cl de lait, 1 oignon moyen, noix muscade râpée, 20 g de parmesan râpé, sel, poivre blanc du moulin

Préparez une pâte à nouilles (voir recette de base page 168) et laissez-la reposer. Lavez les épinards et blanchissez-les. Passez-les sous l'eau froide, pressez-les puis réduisez-les en purée avec le persil. Ajoutez la farine dans 10 g de beurre, versez le lait, mélangez jusqu'à obtention d'un liquide homogène et cuisez à feu doux pendant 20 minutes pour obtenir une béchamel. Faites revenir l'oignon pelé coupé en petits dés dans le reste de beurre. Ajoutez la purée d'épinards et le persil, faites suer de 2 à 3 minutes. Passez la béchamel à la passoire sur la purée, mélangez bien, chauffez. Assaisonnez, incorporez le parmesan, laissez refroidir. Abaissez la pâte en une mince feuille, découpez-y des ovales à l'emporte-pièce et déposez un peu de farce au centre. Badigeonnez les bords avec de l'eau, rabattez un bord sur l'autre et pressez pour les souder. Cuisez-les dans une grande quantité d'eau salée pendant 3 à 5 minutes ; égouttez. Dressez-les sur les assiettes, saupoudrez de parmesan, puis arrosez avec le beurre légèrement noisette ; garnissez de ciboulette.

CANNELLONIS FARCIS AUX LÉGUMES

8 rectangles de pâte à cannellonis, beurre pour le plat, 30 g de grana padano râpé
Pour la sauce Béchamel
20 g de beurre, 25 g de farine de blé, 50 cl de lait, noix muscade, 2 jaunes d'œufs, 10 cl de crème fraîche, 60 g de grana padano râpé, sel, poivre blanc du moulin
Pour la farce
40 g d'oignons finement hachés, 80 g de poireau, 140 g de carottes, 100 g de branche de céleri, 80 g de piment rouge, 160 g de courgettes, 130 g de brocolis, 30 g de beurre, 40 cl de bouillon de légumes

Préparez une béchamel en suivant les indications des 6 premières étapes de la recette de la page 164. Faites cuire al dente les rectangles de pâte dans de l'eau bouillante salée. Égouttez-les. Préparez la farce : nettoyez les légumes et coupez-les en petits dés, à l'exception des brocolis, que vous détaillerez en bouquets. Faites cuire les légumes, sauf les brocolis et les courgettes, à l'étuvée dans le beurre. Mouillez avec le bouillon, portez à ébullition et laissez cuire pendant 4 minutes. Ajoutez alors brocolis et courgettes, et cuisez encore 4 minutes. Égouttez les légumes et réchauffez-les dans une casserole de 2 à 3 minutes. Mélangez-les avec les deux tiers de la béchamel, et farcissez-en les cannellonis. Rangez ceux-ci dans un plat à gratin beurré, nappez avec de reste de béchamel, parsemez le grana padano. Laissez cuire au four préchauffé à 250 °C (therm. 8) à mi-hauteur pendant 20 minutes.

Les jeunes feuilles fraîches d'épinards constituent un des ingrédients traditionnels pour farcir les pâtes. Leur saveur est incomparable : on évitera de les remplacer par des épinards surgelés.

Polenta

La polenta, à l'origine, est un des plats les plus simples qui soient ; mais depuis plusieurs générations, elle s'est raffinée par l'adjonction de fromage.

Pour la préparer, il faut : 1 litre d'eau, 1 c. à café de sel, 200 g de semoule de maïs, du beurre selon le goût et du fromage comme le parmesan très dur, le pecorino ou encore du fromage des Alpes (le beaufort ou le gruyère par exemple). Dans cette région, la confection de la polenta s'effectue toujours selon la méthode traditionnelle, qui demande beaucoup de temps et se réalise au feu de bois dans un chaudron en cuivre.

La recette ci-dessous indique comment on prépare la polenta à l'ancienne ; mais on peut aussi utiliser un ustensile en acier de qualité et une cuisinière électrique ou à gaz. Ensuite, on pourra l'accommoder selon la recette proposée à droite. Il est possible également de faire revenir les tranches de polenta sur les deux faces dans une poêle contenant une bonne quantité de beurre jusqu'à ce qu'elles croustillent, et de les servir avec une viande ou un gibier. Accompagnée d'une salade, la polenta constitue un plat principal à la fois simple et original.

Pour réussir la polenta, il est indispensable de toujours remuer, et cela pendant presque 1 heure.

Préparer la polenta selon la méthode traditionnelle

Quand la bouillie commence à épaissir, il devient plus difficile de la remuer.

La polenta est prête quand elle a tendance à s'écarter des bords en laissant une croûte un peu sèche sur les parois du chaudron.

Retournez la polenta sur une planche en bois. Le beurre et le fromage se travaillent dans le chaudron.

POLENTA AU FROMAGE ET AUX FINES HERBES

60 cl d'eau, 180 g de semoule de maïs à grains moyens, poivre noir du moulin, noix muscade râpée, 150 g de beurre, 120 g de parmesan râpé, 2 gousses d'ail écrasées, 2 c. à soupe de fines herbes ciselées (basilic, persil, sauge), 1 c. à café de sel

Portez l'eau à ébullition dans une marmite de bonne taille, salez et versez la semoule progressivement en l'égrenant entre les doigts. Cela permet de maintenir la température de l'eau au point d'ébullition et, donc, d'empêcher la formation de grumeaux. Poivrez, râpez de la muscade et remuez sans interruption, comme indiqué dans la recette filmée à gauche. Une fois que la polenta est cuite, ajoutez la moitié du beurre et du fromage râpé, remuez, rectifiez l'assaisonnement si besoin, puis transférez-la sur une plaque de four préalablement beurrée en l'étalant sur une épaisseur d'environ 2 cm. Beurrez un plat allant au four, faites fondre ce qui reste de beurre dans une poêle et chauffez-y l'ail, ainsi que les fines herbes. Découpez la polenta en rectangles de mêmes dimensions et disposez-les dans le plat. Répartissez le beurre aux fines herbes dessus et parsemez le reste de fromage râpé. Faites cuire au four préchauffé à 220 °C (therm. 7) jusqu'à obtention d'une belle croûte brune.

Gnocchis

Les gnocchis se marient particulièrement bien avec le fromage, comme l'attestent les recettes italiennes traditionnelles. Ils sont autant appréciés comme plat principal que comme accompagnement d'un plat de viande ou de légumes.

GNOCCHIS DE POMMES DE TERRE AU FROMAGE

750 g de pommes de terre à chair farineuse, 3 jaunes d'œufs, 100 g de farine, 160 g de parmesan râpé, noix muscade râpée, 1 c. à soupe de fines herbes ciselées (thym, persil et ciboulette), 50 g de beurre, sel, poivre noir du moulin

Épluchez les pommes de terre, coupez-les et faites-les cuire dans de l'eau salée ; égouttez-les et faites-les sécher dans un four chaud (180 °C, therm. 6). Écrasez-les au presse-purée, incorporez les jaunes d'œufs et mélangez vivement. Ajoutez la farine, puis 100 g de fromage et, enfin, du sel, de la noix muscade et la moitié des fines herbes. Façonnez la pâte en boulettes ovales de 2 cm de long, et imprimez un sillon au milieu avec le dos de la lame d'un couteau. Jetez les gnocchis dans de l'eau bouillante salée, portez de nouveau à ébullition et laissez cuire 3 minutes environ. Égouttez les gnocchis et disposez-les dans un plat préalablement beurré. Saupoudrez-les du reste de parmesan. Faites chauffer le beurre dans une poêle avec le reste des fines herbes, laissez-le blondir, puis arrosez-en les gnocchis. Vous pouvez également ajouter de la crème fraîche préalablement réduite et faire gratiner le plat dans le four préchauffé à 230 °C (therm. 8).

GNOCCHIS À LA ROMAINE

30 g de beurre, 50 cl de lait, noix muscade râpée, 75 g de semoule de blé dur, 1 œuf entier et 2 jaunes d'œufs, 60 g de parmesan râpé, 30 g de beurre fondu, 1/2 c. à café de sel, poivre blanc du moulin

Préparez une bouillie de semoule épaisse selon les indications de la recette à droite, en la faisant bien gonfler. Versez-la sur une plaque badigeonnée d'eau ou d'huile, lissez la surface de façon à obtenir une épaisseur d'environ 2 cm. Saupoudrez-la du parmesan râpé, laissez refroidir. Badigeonnez un plat à gratin d'un peu de beurre fondu. Avec un couteau pointu ou un emporte-pièce, découpez des demi-lunes dans la bouillie et placez-les dans le plat ; arrosez-les du reste de beurre fondu. Faites gratiner dans le four préchauffé à 220 °C (therm. 7) jusqu'à obtention d'une surface bien dorée.

Préparer la pâte
à gnocchis

Portez le beurre et le lait à ébullition ; salez, poivrez et râpez un peu de muscade.

Versez ensuite la semoule, et mélangez constamment à partir du moment où le lait commence à bouillir.

Ajoutez l'œuf entier, puis les jaunes d'œufs, un par un, et mélangez bien. Portez de nouveau à ébullition à feu vif.

SPÄTZLES À L'EMMENTAL DE L'ALLGÄU

En Suisse, la véritable recette se prépare avec des « knöpfli », qui correspondent aux knepfles (petites boulettes) d'Alsace, en forme de goutte. Mais les pâtes formées avec une presse à spätzles se prêtent bien aussi à cette préparation.

Cette recette régionale connaît de nombreuses variantes. L'une d'elles, plus relevée, consiste à remplacer la moitié de l'emmental par du rocamadour ou du limbourg affiné.

350 g de farine, 6 œufs, 2,5 c. à soupe d'eau, sel, 150 g d'emmental de l'Allgäu râpé, 2 oignons moyens, 60 g de beurre

Tamisez la farine dans un plat ; creusez-y un puits, ajoutez les œufs, l'eau et du sel et travaillez jusqu'à obtention d'une pâte mollette faisant des bulles. Laissez reposer pendant quelques minutes. Faites tomber des copeaux de pâte dans un faitout d'eau bouillante en y faisant aller et venir une râpe à spätzles. Quand ceux-ci remontent à la surface, sortez-les avec une écumoire et égouttez-les. Disposez-les dans un plat en les alternant avec des couches de fromage, réservez au chaud dans le four. Pelez les oignons, coupez-les en rondelles, faites-les colorer. Garnissez le plat avec les oignons et le beurre de cuisson.
À savoir : les spätzles peuvent se façonner sans râpe spéciale, en découpant des copeaux avec un couteau, ou encore avec une râpe à main.

QUENELLES DE PAIN AU FROMAGE

Cette recette du Sud-Tyrol se décline en de multiples variantes. Traditionnellement, elle se prépare avec du graukäse (fromage de brebis au lait aigre) ; un mélange à parts égales de graukäse et de fromage de montagne donne un plat particulièrement savoureux.

250 g de pain rassis, 20 cl de lait tiède, 1 oignon moyen, 90 g de beurre, 250 g d'emmental ou d'un autre fromage de montagne, 15 g de farine, 2 œufs entiers et 1 jaune d'œuf, 2 c. à soupe de fines herbes ciselées (persil et ciboulette), noix muscade, 50 g de parmesan râpé, sel, poivre noir du moulin

Coupez le pain en minces tranches, mouillez avec le lait et laissez reposer. Pelez l'oignon, détaillez-le en petits dés et faites-les blondir dans 10 g de beurre. Coupez le fromage en petits dés, ajoutez-les au pain trempé, ainsi que l'oignon, la farine, les œufs entiers et le jaune d'œuf. Travaillez le mélange, puis incorporez les fines herbes ; salez, poivrez et râpez la muscade. À l'aide de 2 cuillères à soupe plongées dans de l'eau froide, façonnez des quenelles de la taille d'un œuf. Plongez-les dans l'eau bouillante salée pendant 12 à 15 minutes, jusqu'à ce qu'elles soient cuites. Sortez-les et laissez-les égoutter sur un torchon ou du papier absorbant. Chauffez le beurre restant jusqu'à ce qu'il soit de couleur noisette. Dressez les quenelles sur les assiettes, saupoudrez-les du parmesan râpé et arrosez-les de beurre.

La méthode « ouverte »

Chauffez 30 g de beurre dans une casserole, faites-y suer l'oignon sans le laisser colorer.

Ajoutez le riz en une fois et faites-le cuire à feu doux en remuant constamment.

Remuez le riz avec une cuillère en bois sans discontinuer, jusqu'à ce qu'il devienne translucide.

Mouillez avec le vin blanc, en une fois, et faites réduire en continuant à remuer.

Versez le bouillon par petites quantités, en tournant régulièrement pour empêcher le riz d'attacher.

Salez le risotto et poursuivez la cuisson de 12 à 15 minutes, en ajoutant éventuellement du bouillon.

Ajoutez le parmesan et le reste de beurre, couvrez et retirez du feu.

Nous n'indiquons pas ici la quantité exacte de bouillon à utiliser, les uns préférant un risotto plus mouillé que les autres. Le risotto peut être enrichi de légumes, de viande, d'aromates, etc.

Risotto

Le riz, dont la culture est l'une des plus anciennes, est un des piliers de la cuisine italienne.

Le risotto en représente la forme la plus achevée. Il est à la base de nombreuses recettes, dont la plupart font intervenir du fromage. Sa préparation exige des ingrédients de première qualité. C'est d'abord le cas du riz, dont il existe des variétés italiennes à petits grains ronds, parfaitement adaptées, comme l'arborio ou le vialone. On choisira un riz fin, parce qu'il absorbe le maximum d'eau pendant la cuisson sans que les grains ne se déforment. La qualité du bouillon est très importante, elle aussi ; selon le goût, on utilisera un bouillon de bœuf, de veau ou de volaille, pourvu qu'il soit bien corsé.

La recette présentée à gauche indique comment on prépare le risotto à découvert : selon cette méthode classique, la casserole reste toujours ouverte, et on remue le riz jusqu'à ce qu'il ait absorbé le liquide. La méthode inverse consiste à verser le bouillon en une fois, à couvrir le faitout et à laisser le riz absorber le liquide.

RECETTE DE BASE
DU RISOTTO

80 g de beurre, 1 oignon moyen finement haché, 400 g de riz arborio (ou de riz rond), 15 cl de vin blanc sec, 1 litre à 1,2 litre de bouillon de bœuf, 40 g de parmesan râpé, sel, poivre noir du moulin

Préparez le risotto en suivant les indications de la recette présentée à gauche.

RISOTTO AU RIZ COMPLET

RISOTTO NOIR

1 oignon moyen finement haché, 80 g de beurre, 400 g de riz complet, 1 litre à 1,2 litre de bouillon de bœuf, noix muscade, 2 petites carottes, 1/2 blanc de poireau, 2 branches de céleri, 50 g de ragusano ou de provolone piccante ou d'ossau-yrati vieux râpé, 2 c. à soupe de fines herbes ciselées (cerfeuil, persil, basilic), sel, poivre noir du moulin

Faites suer l'oignon dans la moitié du beurre, ajoutez le riz et chauffez-le jusqu'à ce qu'il devienne translucide. Mouillez avec le bouillon en versant celui-ci peu à peu, muscadez, salez, poivrez et faites cuire pendant 35 minutes en remuant de temps à autre. Parez les légumes : détaillez les carottes et le poireau en dés, et émincez le céleri. Faites suer rapidement les légumes dans le reste de beurre, puis ajoutez-les au riz et poursuivez la cuisson de 10 à 15 minutes. Incorporez le fromage râpé au risotto, et parsemez avec les fines herbes.

1 oignon moyen finement haché, 80 g de beurre, 400 g de riz arborio (ou de riz rond), 15 cl de vin rouge (barolo par exemple), 20 g d'encre de seiche, 1 litre à 1,2 litre de bouillon de bœuf, 40 g de parmesan râpé, médaillons de queue de langouste cuite, pluches de cerfeuil, sel, poivre noir du moulin

Faites suer l'oignon dans 50 g de beurre, ajoutez le riz et poursuivez la cuisson à feu doux jusqu'à ce que celui-ci devienne translucide. Déglacez avec le vin et faites réduire. Ajoutez l'encre de seiche diluée dans un peu de bouillon, mélangez. Versez le bouillon, peu à peu, salez, poivrez et faites cuire de 12 à 15 minutes en remuant constamment jusqu'à ce que le riz soit à point. Incorporez le reste de beurre et le parmesan ; garnissez avec des médaillons de langouste et du cerfeuil. Conseil : pour obtenir de l'encre de seiche, dégagez la tête des boyaux ; détachez la poche à encre située à l'extrémité inférieure et pressez-la pour exprimer la masse noire. Ajoutez un peu de liquide froid et passez au tamis.

RISOTTO AUX PETITS POIS ET AU LARD

80 g de pancetta ou de lard maigre, 50 g d'oignon détaillé en dés, 50 g de branche de céleri coupée en dés, 300 g de riz rond, 1 litre de bouillon de poule, 200 g de petits pois frais, 40 g de beurre, 60 g d'asiago ou de parmesan râpé, sel, poivre noir du moulin

Risotto aux cèpes
Préparez le risotto en suivant les indications de la page 179. Parez 250 g de cèpes, émincez-les. Faites-les revenir rapidement dans le beurre, ajoutez-les au risotto et mélangez.

Détaillez la pancetta en dés ; faites-les fondre dans un faitout, ajoutez l'oignon et le céleri et laissez cuire à l'étuvée. Versez le riz, salez, poivrez et faites cuire jusqu'à ce que le riz soit translucide. Versez le bouillon et poursuivez la cuisson à découvert pendant 5 minutes. Incorporez les petits pois et laissez cuire jusqu'à ce qu'ils soient à point. Ajoutez le beurre et le fromage, couvrez et laissez cuire encore de 3 à 4 minutes. Mélangez bien juste avant de servir.

RISOTTO AU SAFRAN

Voici la recette classique du « risotto alla milanese », auquel la moelle, le safran et le vin blanc sec (idéalement, un pinot bianco frais) confèrent leurs parfums. Il est indispensable de sélectionner soigneusement le safran : on choisira des filaments frais plutôt que la poudre, moins onéreuse mais de qualité nettement inférieure. Pour arriver à la coloration et au goût souhaités, on ajoutera ceux-ci progressivement.

> 30 g de moelle de bœuf, 70 g de beurre, 1/2 gousse d'ail écrasée, 1 oignon moyen finement haché, 400 g de riz arborio (ou de riz rond), 15 cl de vin blanc, 1 litre à 1,2 litre de bouillon de bœuf, 1/4 de c. à café environ de filaments de safran, 80 g de parmesan râpé, sel, poivre noir du moulin

Détaillez la moelle de bœuf en petits dés ; faites-les fondre dans 30 g de beurre. Ajoutez l'ail et l'oignon, faites cuire à l'étuvée. Versez le riz, mouillez avec le vin blanc, laissez légèrement réduire ; ajoutez ensuite le bouillon, peu à peu, puis du sel, du poivre et le safran, et laissez cuire de 12 à 15 minutes en remuant à plusieurs reprises. Enfin, incorporez le parmesan et le reste de beurre ; ajoutez, éventuellement, des coquilles de beurre.

Conseil : vous pouvez confectionner une variante de cette recette, très appréciée des Italiens, en remplaçant une partie du beurre ou la moelle de bœuf par de la pancetta, qui met particulièrement en valeur le goût typique du risotto.

RISOTTO À LA TOMATE

> 1 oignon moyen finement haché, 80 g de beurre, 400 g de riz vialone (ou riz rond), 1 litre à 1,2 litre de bouillon de bœuf, 40 g de concentré de tomate, 20 cl de jus de tomate, 1 pincée de sucre, 2 tomates pelées, 40 à 50 g de pecorino râpé (ou de pyrénées de brebis), cerfeuil ou ciboulette, sel, poivre noir au moulin

Faites suer l'oignon à l'étuvée dans la moitié du beurre sans le laisser prendre couleur. Versez le riz et poursuivez la cuisson jusqu'à ce qu'il soit translucide. Mouillez avec un peu de bouillon, ajoutez le concentré et le jus de tomate, mélangez bien, puis salez, sucrez et poivrez. Versez le reste du bouillon, peu à peu, en remuant fréquemment. Poursuivez la cuisson de 15 à 18 minutes. Détaillez les tomates en dés, ajoutez-les au risotto. Incorporez délicatement le reste de beurre et le fromage râpé. Parsemez de cerfeuil ou de ciboulette ciselés.

POISSONS, VIANDES ET VOLAILLES

Les recettes classiques fournissent de nombreux exemples
de plats de viandes ou de poissons dans lesquels le fromage
joue un rôle prépondérant. C'est le cas, par exemple,
de l'escalope cordon-bleu : la viande est farcie de jambon
et de fromage de montagne, puis panée.
Le fromage intervient également pour paner des aliments, soit
mélangé à de la chapelure, soit incorporé dans des œufs battus.
En la matière, l'essentiel est de réussir le bon dosage, afin que
la saveur du fromage choisi mette en valeur celle de l'ingrédient
principal. Le rouget illustré page ci-contre est un bon exemple.
Le poisson est farci de fines herbes fraîches et cuit au four.
Il est très savoureux avec un beurre fondu, mais, pour rehausser
sa saveur, on l'agrémente simplement d'une préparation
gratinée. Pour confectionner celle-ci, on mélange deux tiers
de chapelure et un tiers de parmesan râpé ; on en saupoudre
le rouget, qu'on arrose abondamment de beurre, puis
on enfourne jusqu'à obtention d'une belle croûte dorée.

POULET FARCI AU FROMAGE

2 poulets de 1 à 1,2 kg, sel, poivre noir du moulin
Pour la farce
2 petits pains rassis, 40 g de beurre, 2 gousses d'ail écrasées, 50 g d'oignon détaillé en dés, 60 g de lard fumé
entrelardé, 80 g de foie de volaille, 15 cl de lait tiède,
1 œuf, 1 jaune d'œuf, 4 c. à soupe de fines herbes ciselées (persil, basilic et thym), 140 g de gruyère, beurre
fondu, sel, poivre du moulin

Salez et poivrez légèrement les poulets (intérieur et extérieur). Coupez la moitié d'un petit pain en dés, faites-les
dorer dans la moitié du beurre. Chauffez le reste du beurre,
faites-y suer l'ail, l'oignon et le lard coupé en petits dés. Faites
sauter le foie de volaille détaillé en petits morceaux pendant
1 minute environ. Préparez la farce et remplissez-en les poulets en suivant les indications de la recette filmée à droite. Préchauffez le four à 200 °C (therm. 7). Arrosez les poulets de
beurre fondu, faites-les rôtir au four de 40 à 45 minutes. Au
bout de 30 minutes de cuisson, arrosez à nouveau les
volailles de beurre fondu et parsemez-les du reste des fines
herbes.

Farcir le poulet

Prélevez la croûte d'un petit pain et demi, mettez la mie dans une jatte, mouillez avec le lait et laissez tremper.

Ajoutez l'œuf, le jaune d'œuf, la moitié des fines herbes, ainsi que le mélange ail-oignon-lard-foie de volaille. Salez et poivrez.

Ajoutez les dés de pain rissolés, ainsi que le gruyère coupé en dés. Mélangez bien.

Farcissez les poulets de ce mélange en veillant à ne pas trop les remplir afin que la couture qui les ferme ne soit pas trop tendue.

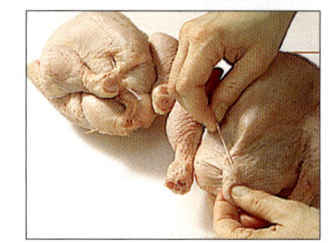

Refermez les poulets en cousant l'ouverture avec de la ficelle de cuisine et une aiguille. De la même façon, maintenez les cuisses des poulets en place en les piquant au niveau des articulations.

Sortez les poulets du four, recouvrez-les d'une feuille d'aluminium et laissez-les reposer de 8 à 10 minutes. Cela facilite la découpe, et les volailles restent bien juteuses.

ESCALOPES DE VEAU CORDON-BLEU

Cette recette est originaire de Suisse. Aujourd'hui, elle a acquis une renommée internationale qui en fait un classique. À l'origine, on la confectionnait avec des escalopes de porc. La variante proposée ici est délicieuse.

4 escalopes de veau dans le quasi ou la noix, paprika, 4 tranches de jambon cuit, 4 tranches d'emmental, beurre, sel, poivre noir du moulin

Pour la panure

farine, 1 œuf, chapelure

Demandez au boucher de pratiquer une poche dans les escalopes pour les farcir. Assaisonnez la viande à l'intérieur et à l'extérieur. Introduisez une tranche de jambon et une tranche de fromage dans chaque fente, et rabattez bien la viande par-dessus. Panez les escalopes : roulez-les dans la farine, passez-les dans l'œuf battu puis dans la chapelure. Chauffez du beurre dans une poêle, faites-y cuire les escalopes de 3 à 4 minutes sur chaque face, de façon qu'elles soient bien croustillantes. Égouttez-les sur du papier absorbant. Servez avec l'accompagnement de votre choix, par exemple des choux de Bruxelles, des épinards ou des haricots au beurre.

DORADE FARCIE

Dans cette recette, on utilise 2 fromages : l'un pour la farce, l'autre pour obtenir une belle croûte gratinée.

1 dorade de 500 à 600 g, 40 g de bleu des Causses, 50 g de beurre, 1 gousse d'ail, 1 petite courgette, 2 tomates, sel, poivre noir du moulin

Pour le gratin

1 c. à soupe de chapelure, 1 c. à soupe de parmesan râpé, 1 c. à soupe de persil haché

Videz et écaillez la dorade, ôtez les nageoires et pratiquez une incision au niveau du ventre. Lavez le poisson sous l'eau froide, essuyez-le bien. Salez et poivrez l'intérieur de la dorade, farcissez-la avec le bleu des Causses, puis refermez-la avec des piques. Faites fondre la moitié du beurre dans un plat allant au four et faites-y revenir rapidement la gousse d'ail écrasée, la courgette détaillée en rondelles et les tomates coupées en deux. Salez, poivrez puis déposez la dorade farcie. Préparez le gratin en mélangeant la chapelure, le parmesan et le persil ; répartissez ce mélange sur le poisson, arrosez avec le reste du beurre préalablement fondu. Faites cuire dans le four préchauffé à 200 °C (therm. 7) de 10 à 12 minutes, jusqu'à ce que le gratin ait une belle couleur brune et qu'il soit croustillant. Les quantités indiquées ici conviennent pour 2 personnes.

PAUPIETTES DE VEAU AU GOUDA, SAUCE À LA TOMATE

Le gouda et le jambon de Parme s'associent particulièrement bien avec la viande de veau. Vous pouvez vous inspirer de cette recette pour marier diverses variétés de jambons et de fromages à de la viande blanche. Des paupiettes de dinde au jambon cuit et au roquefort constituent, par exemple, un plat très savoureux.

Pour les paupiettes

8 escalopes de veau de 70 g dans la noix, 3 c. à soupe d'huile d'olive, 200 g de gouda demi-étuvé d'âge moyen, 8 petites tranches de jambon de Parme, 8 petites feuilles de sauge, courgettes, tomates et quenelles de semoule comme garniture, sel, poivre blanc du moulin

Pour la sauce

2 oignons de taille moyenne coupés en petits dés, 120 g de concentré de tomate, 2 pincées de sucre, 50 cl de bouillon de viande, 2 tomates coupées en petits morceaux, 1 bouquet garni (1 gousse d'ail moyenne, 1 feuille de laurier, 1 brin de thym, 6 brins de persil)

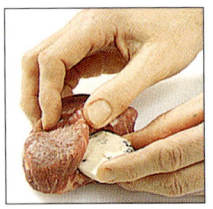

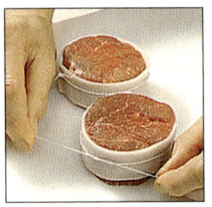

Tournedos farcis au stilton
Le stilton se marie très bien avec la viande de bœuf. Pour éviter que le fromage ne s'écoule à la cuisson, on façonne le steak comme un tournedos, en l'entourant d'une barde de lard que l'on maintient en la ficelant.

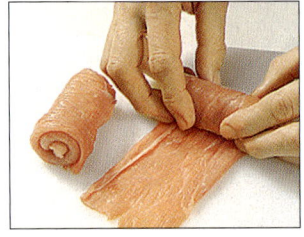
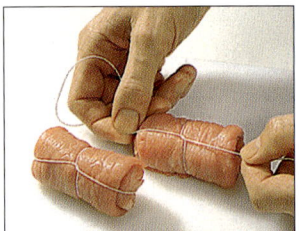

Préparation des paupiettes

Placez les escalopes entre 2 feuilles de film transparent badigeonnées d'huile, aplatissez-les avec le côté plat d'un couperet. Détaillez le gouda en 8 morceaux semblables mesurant de 3 à 4 cm de moins de large que les escalopes. Disposez une feuille de sauge sur chaque morceau de fromage, puis roulez le tout dans les tranches de jambon de Parme.

Salez et poivrez les escalopes. Placez les roulades sur une pointe des escalopes, rabattez les côtés de la viande en enroulant complètement le jambon dans les escalopes. Ficelez les paupiettes obtenues avec de la ficelle de cuisine.

Chauffez l'huile dans une sauteuse, faites-y revenir les paupiettes en les retournant pour qu'elles dorent tout autour ; égouttez-les sur une grille. Mettez les oignons coupés en dés dans la sauteuse, faites-les cuire à l'étuvée. Ajoutez le concentré de tomate et le sucre, mélangez. Mouillez à plusieurs reprises avec un peu de bouillon, faites réduire et remettez les paupiettes dans la sauteuse.

Ajoutez les morceaux de tomate, puis le reste de bouillon ; portez à ébullition, écumez. Mettez le bouquet garni dans la sauteuse, faites cuire de 50 à 55 minutes. Servez les paupiettes, déficelées, dans les assiettes, accompagnées de leur sauce, avec, par exemple, des courgettes tournées, des tomates détaillées en dés et des quenelles de semoule.

PICCATA ALLA MILANESE

Ces petites escalopes de veau passées dans un mélange d'œuf et de fromage sont une spécialité italienne.

8 escalopes de veau de 40 à 50 g dans la noix, 3 œufs, 2 c. à soupe d'huile d'olive, 60 g de parmesan râpé, farine, 60 g de beurre, sel, poivre blanc du moulin

Aplatissez les escalopes avec le côté plat d'un couperet. Suivez ensuite les indications de la recette ci-dessous.

Piccata de lotte La lotte offre l'avantage de ne pas comporter trop d'arêtes, et de se débiter facilement en tranches, qui, ici, ont 1 cm d'épaisseur environ. Elle s'accommode de la même façon que les escalopes dans la recette de la piccata alla milanese (voir ci-contre). On salera très légèrement les tranches de poisson, puis, comme indiqué dans la recette filmée, on les passera dans un mélange de fromage et d'œuf battu. Ainsi préparée, la lotte s'associe bien avec des courgettes et des poivrons, et une sauce tomate lui conviendra également.

Battez les œufs en omelette dans une jatte, versez l'huile et fouettez le mélange.

Incorporez le parmesan en fouettant et laissez reposer de 10 à 15 minutes.

PANURE AU FROMAGE

La panure au fromage permet de relever un aliment doux au goût : par exemple, du veau, de la volaille, ou encore du poisson. Le plus souvent, on mélange à égalité de la chapelure et du fromage râpé ; mais cette proportion peut varier selon les plats. Les fromages de la famille du parseman sont particulièrement indiqués pour cet apprêt.

Mettez de la farine dans une assiette creuse. Salez et poivrez les escalopes, puis passez-les dans la farine.

Plongez les escalopes dans le mélange œufs-fromage ; ôtez l'excédent.

Salez et poivrez la pièce à paner (ici, une viande blanche) ; farinez-la, piquez-la à une extrémité avec une fourchette puis passez-la dans l'œuf battu en omelette. Égouttez l'excédent contre le bord du récipient.

Chauffez le beurre dans une poêle. Faites cuire les escalopes en les retournant souvent, de façon que la croûte dore bien sur les deux faces.

Faites adhérer le mélange de chapelure et de fromage râpé sur chaque face de la viande, en appuyant bien. Si vous souhaitez une croûte épaisse, renouvelez l'opération.

Dressez les escalopes sur les assiettes avec l'accompagnement choisi, ici des brocolis cuits à l'étuvée, des nouilles à l'encre et une sauce tomate.

Fruits de mer et viandes en gratin

COQUILLES SAINT-JACQUES GRATINÉES, SAUCE AU CHAMPAGNE

4 grosses coquilles Saint-Jacques, 10 g de beurre, 10 cl de champagne, 40 g de provolone (ou de parmesan) râpé, sel, poivre blanc du moulin

Pour la sauce
10 g de beurre, 1 échalote hachée menu, 25 cl de champagne, 30 cl de fumet de poisson, 25 cl de crème fraîche, 1 c. à soupe de beurre manié, 1 jaune d'œuf, sel, poivre blanc du moulin

Pour les légumes
250 g de feuilles d'épinards, 30 g de beurre, noix muscade râpée, poivre blanc du moulin

Préparez la sauce : chauffez le beurre dans une casserole ; faites cuire l'échalote hachée sans lui faire prendre couleur et déglacez avec le champagne ; versez le fumet de poisson et faites réduire de moitié. Pendant ce temps, dans une autre casserole, faites réduire la crème des deux tiers, puis ajoutez-la à la précédente réduction. Liez légèrement la sauce avec le beurre manié. Battez le jaune d'œuf au fouet avec le reste de crème, incorporez ce mélange à la sauce. Salez, poivrez, puis passez à la passoire. Préparez les épinards : parez les feuilles, faites-les fondre dans le beurre, salez, poivrez, râpez un peu de muscade. Découpez la chair des saint-jacques en deux dans l'épaisseur, salez, poivrez. Beurrez une cocotte, placez-y les saint-jacques, versez le champagne et faites-les pocher avec précaution ; égouttez-les. Portez le liquide de cuisson des saint-jacques à ébullition, faites-le réduire et ajoutez-le à la sauce. Égouttez les épinards, répartissez-les dans les coquilles bien nettoyées et tiédies. Disposez la chair des saint-jacques dessus, nappez de sauce et parsemez de provolone râpé. Faites dorer dans la partie supérieure du four préchauffé à 200 °C (therm. 7).

HUÎTRES CHAUDES GRATINÉES, SAUCE CRÉMEUSE AU XÉRÈS

12 huîtres, 10 g de beurre, 3 c. à soupe de xérès demi-sec, piment de Cayenne, 20 g de provolone jeune (ou de parmesan) râpé, sel, poivre noir du moulin

Pour la sauce
10 g de beurre, 1 échalote coupée en petits dés, 10 cl de xérès demi-sec, 10 cl de fumet de poisson, 25 cl de crème fleurette

Préparez la sauce : chauffez le beurre dans une casserole, faites-y cuire l'échalote sans lui faire prendre couleur. Déglacez avec le xérès, ajoutez le fumet de poisson et faites réduire de moitié. Dans une autre casserole, versez la crème, portez-la à ébullition et faites-la réduire ; ajoutez-la à la base précédente et faites cuire jusqu'à obtention d'une sauce liée. Détachez les huîtres de leur coquille, réservez leur eau. Beurrez les parois d'une cocotte, disposez-y les huîtres, versez le xérès et l'eau des huîtres et faites pocher à feu doux. Quand les huîtres sont cuites, enlevez-les de la cocotte ; réduisez le jus de cuisson à feu vif, incorporez-le à la sauce, assaisonnez, puis passez la sauce à la passoire. Remettez les huîtres dans les coquilles, que vous aurez préalablement nettoyées et fait tiédir, nappez avec la sauce et parsemez le fromage râpé. Faites gratiner dans le four préchauffé à 250 °C (therm. 8) jusqu'à obtention d'une belle croûte dorée.

Brochettes de viandes et fromages
Pour éviter que le fromage, notamment s'il s'agit d'un fromage de montagne, ne coule à la cuisson, on l'enveloppe dans de minces tranches de lard fumé. On embroche alternativement des dés de viande de porc, des morceaux d'oignon et de poivron et des cubes de fromage sur les brochettes. Une autre variante consiste à faire paner les ingrédients.

MÉDAILLONS DE CHEVREUIL, FIGUES ET BLEU D'AUVERGNE

4 figues pelées et coupées en deux, 3,5 c. à soupe de porto rouge, 8 médaillons de chevreuil dans l'échine, 30 g de beurre clarifié, 8 tranches de bleu d'Auvergne de 20 g chacune, sel, poivre blanc du moulin

Pour la sauce
1 échalote hachée menu, 10 g de beurre, 1/2 c. à soupe de concentré de tomate, 10 cl de porto rouge, 40 cl de fond de gibier

Préparez la sauce : faites suer l'échalote dans le beurre, ajoutez le concentré de tomate, faites revenir en arrosant plusieurs fois avec le porto. Ajoutez le fond, portez à ébullition, écumez et poursuivez la cuisson à feu très doux. Préparez la garniture : salez et poivrez les figues, placez-les dans une cocotte et versez le porto. Faites-les cuire de 3 à 4 minutes. Réservez-les dans un plat à gratin ; faites réduire leur liquide de cuisson à feu vif, ajoutez-le à la sauce, puis passez celle-ci à la passoire. Aplatissez les médaillons de chevreuil, salez, poivrez, faites-les cuire dans le beurre clarifié de 4 à 5 minutes. Posez les médaillons sur les figues, puis disposez les tranches de fromage dessus et faites fondre celui-ci dans le four préchauffé à 180 °C (therm. 6).

CÔTELETTES D'AGNEAU GRATINÉES

1 œuf, 100 g de gruyère râpé, 40 g de jambon cuit, 2 c. à soupe de ciboulette ciselée, 2 c. à soupe de crème fouettée, 8 côtelettes d'agneau de 80 g chacune, 40 g de beurre clarifié, 40 cl de fond d'agneau ou de bouillon, sel, poivre noir du moulin

Battez l'œuf, ajoutez le gruyère râpé. Détaillez le jambon en dés, incorporez-les à l'œuf battu, ainsi que la ciboulette et la crème. Aplatissez légèrement les côtelettes, salez, poivrez. Chauffez le beurre clarifié dans une poêle, faites-y cuire les côtelettes en les retournant jusqu'à ce que la chair soit rosée. Réservez les côtelettes sur une grille. Jetez la graisse de cuisson de la poêle, versez dans celle-ci le fond d'agneau et faites-le réduire de moitié. Répartissez le mélange œuf-fromage- jambon de façon uniforme sur les côtelettes, et mettez à gratiner dans le four préchauffé à 250 °C (therm. 8) pendant 3 minutes environ, pour obtenir un gratin bien doré. Dressez les côtelettes sur les assiettes, arrosez-les de sauce. Servez un accompagnement de légumes de votre choix.

Sauces au fromage

Les sauces au fromage se marient très bien avec les poissons, les crustacés, les viandes et les volailles à condition que les ingrédients s'accordent parfaitement au niveau du goût. Il faut également tenir compte du caractère plus ou moins prononcé que le fromage confère au plat. Il est conseillé, si l'on souhaite donner libre cours à son imagination pour créer de nouvelles recettes, de commencer avec de petites quantités de fromage, et d'éviter les variétés trop marquées.

MAGRETS DE CANARD, POIRES AU CHIANTI ET SAUCE AU ROQUEFORT

2 poires, 1/2 c. à café de sucre, 25 cl de chianti (ou d'un autre vin rouge), 1/2 bâton de cannelle, 2 clous de girofle, 2 grains de poivre concassés, 1 pincée de cardamome, 2 magrets de canard de 300 g chacun et sans peau, 25 g de beurre clarifié, feuilles de menthe, sel, poivre blanc du moulin

Pour la sauce

1/2 oignon haché menu, 10 g de beurre, 2 c. à soupe de vinaigre de vin rouge, 4 c. à soupe de vin rouge, 25 cl de fond de volaille, 10 cl de crème fraîche, 50 g de roquefort, sel, poivre blanc du moulin

HOMARD SAUCE MORNAY

2 homards de 700 à 800 g chacun cuits au court-bouillon, 40 g de gruyère râpé

Pour la sauce Mornay

30 g de beurre, 30 g de farine, 50 cl de lait, noix muscade, 1 feuille de laurier, 2 ou 3 c. à soupe de crème fraîche, 2 jaunes d'œufs, 50 g de gruyère râpé, sel, poivre noir du moulin

La recette du homard sauce Mornay peut se décliner avec des langoustines. On disposera alors les queues, décortiquées, dans des ramequins, on les nappera de la sauce, que l'on saupoudrera de fromage râpé, puis on les fera gratiner.

Préparez la sauce Mornay en suivant les indications de la recette page 161. Coupez les homards en deux dans la longueur ; ôtez les intestins. Dégagez la chair de la carapace, puis détaillez-la en tranches. Brisez les pattes pour faciliter la consommation de leur chair. Déposez un peu de sauce Mornay dans les carapaces vides, posez les tranches de homard dessus en les faisant chevaucher, et nappez du reste de sauce. Saupoudrez les demi-homards du fromage râpé et faites gratiner dans le four préchauffé à 220 °C (therm. 7) pendant 10 minutes environ, jusqu'à ce que la surface soit bien dorée. Servez avec du pain grillé et une salade verte.

Épluchez les poires, coupez-les en deux, ôtez le cœur et détaillez-les en quartiers. Faites légèrement caraméliser le sucre dans une sauteuse, puis versez le chianti. Assaisonnez avec les épices enfermées dans un nouet, portez à ébullition. Ajoutez les quartiers de poire et faites-les cuire à feu doux pendant 10 minutes environ ; ôtez les épices, réservez les poires et leur jus. Préparez la sauce : faites blondir l'oignon dans le beurre, déglacez avec le vinaigre et le vin. Ajoutez le fond de volaille, faites réduire à feu vif. Versez la crème et faites chauffer jusqu'à obtention d'un mélange lié. Passez cette sauce à la passoire, puis incorporez le roquefort intimement dans un robot ; rectifiez l'assaisonnement, au besoin. Salez et poivrez les filets de canard, faites-les cuire dans le beurre clarifié très chaud de 8 à 10 minutes, en les retournant, jusqu'à ce que la chair soit rosée. Laissez reposer la viande sur une grille de four. Découpez les quartiers de poires en éventail. Portez le jus des poires à ébullition et laissez-le réduire à 6 ou 7 cl, dont vous ajouterez une partie à la sauce. Émincez les filets de canard. Dressez-les dans les assiettes avec les poires et la sauce au roquefort. Décorez d'une feuille de menthe.

Légumes

Aujourd'hui, on trouve un très vaste choix de légumes, dont l'approvisionnement ne dépend plus du cycle des saisons. Cette évolution tient, d'une part, à l'amélioration des échanges internationaux, qui permet aux pays de l'hémisphère Sud de nous fournir des produits d'été en plein cœur de l'hiver, d'autre part, aux techniques d'exploitation des maraîchers, qui permettent un rendement plus étalé dans le temps.

Il est donc possible de préparer toute l'année des plats de légumes avec différents fromages qui, dans leur majorité, sont toujours disponibles. Ces préparations pourront accompagner un poisson ou une viande, ou bien encore constituer un plat principal.

Parmi ces légumes, les pommes de terre constituent un aliment qui se marie bien avec de très nombreuses variétés de fromages, dont la palette va de la douceur du gouda à la puissance du romadur. Ces deux délicieuses recettes suivantes l'attestent.

Pommes de terre gratinées au cheddar
(voir illustration ci-contre)
Lavez et épluchez 1 kg de pommes de terre, émincez-les finement. Râpez 300 g de cheddar. Disposez les tranches de pommes de terre en couches dans un plat à gratin préalablement beurré, et répartissez le fromage râpé sur la surface. Salez, poivrez, ajoutez 50 cl de crème liquide de façon que les pommes de terre soient pratiquement recouvertes. Faites cuire dans le four préchauffé à 200 °C (therm. 7) de 1 heure à 1 h 10 jusqu'à cuisson complète des pommes de terre et obtention d'un belle croûte dorée.

Gratin de pommes de terre cuites
À l'avance, faites cuire 1 kg de pommes de terre, puis épluchez-les. Détaillez-les en rondelles et disposez-les en couches dans un plat à gratin préalablement beurré, avec un oignon haché. Répartissez 250 g de fromage coupé en dés (tomme de Savoie, par exemple) ; salez, poivrez, ajoutez 40 cl de crème liquide. Faites gratiner au four à 270 °C (therm. 9) de 12 à 15 minutes.

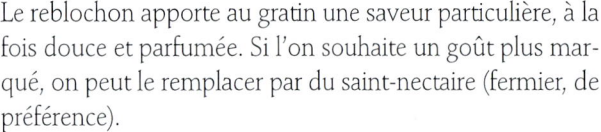

Pommes de terre en robe des champs, fromage et fines herbes
Farcissez les pommes de terre avec un mélange de fromage blanc allégé ou de ricotta (deux tiers) et de fromage de montagne râpé (un tiers).
Éventuellement, allégez ce mélange avec un peu de crème fleurette.
Salez, poivrez et saupoudrez généreusement de fines herbes ciselées.

GRATIN DE POMMES DE TERRE AU REBLOCHON

Le reblochon apporte au gratin une saveur particulière, à la fois douce et parfumée. Si l'on souhaite un goût plus marqué, on peut le remplacer par du saint-nectaire (fermier, de préférence).

1 kg de pommes de terre à chair farineuse (BF 15 ou charlotte, par exemple), 12 cl de bouillon de bœuf, 12 cl de crème fraîche, 500 g de reblochon, noix muscade, 30 g de beurre, 1 gousse d'ail, 1 c. à soupe d'oignon haché menu, sel, poivre noir du moulin

Lavez les pommes de terre, épluchez-les et détaillez-les en dés de 1 cm environ de côté. Faites-les cuire dans de l'eau bouillante salée de 4 à 5 minutes ; égouttez-les, rafraîchissez sous l'eau froide et égouttez-les bien. Faites chauffer le bouillon avec la crème. Ôtez la croûte du reblochon, ou, mieux, grattez-en seulement la couche superficielle. Coupez le fromage en minces tranches, puis faites-le fondre à feu très doux dans le mélange précédent. Salez, poivrez, râpez de la muscade. Mettez le beurre à fondre dans un plat à gratin et faites-y suer la gousse d'ail écrasée, ainsi que l'oignon haché. Ajoutez les dés de pommes de terre, nappez de sauce et faites cuire dans le four préchauffé à 220 °C (therm. 7) pendant 20 minutes. Baissez la chaleur du four à 180 °C (therm. 6) et poursuivez la cuisson de 40 à 50 minutes, jusqu'à ce que les pommes de terre soient cuites à point et gratinées.

GRATIN DE COURGETTES ET POMMES DE TERRE

Ce gratin est idéal pour accompagner les plats de viande d'agneau ou de chevreau, ou encore le lapin.

400 g de courgettes de même taille, 600 g de pommes de terre de même calibre, 50 g d'échalotes, 1 gousse d'ail, 40 g de beurre, 25 cl de bouillon de bœuf, beurre pour le plat à gratin, 1 c. à café de feuilles de thym, 2 c. à café de basilic haché, 50 g de beurre, 30 g de chapelure, 60 g de parmesan râpé, sel, poivre noir du moulin

Brossez les courgettes sous le robinet d'eau froide, ôtez les pédoncules, puis coupez-les en tranches de 1 cm d'épaisseur. Lavez les pommes de terre, épluchez-les et détaillez-les en rondelles. Pelez les échalotes, hachez-les menu et écrasez l'ail. Mettez le beurre à fondre dans une poêle, faites-y suer l'ail et l'échalote à feu doux. Mouillez avec le bouillon et faites cuire à feu doux de 3 à 4 minutes. Beurrez les parois d'un plat à gratin, puis disposez les tranches de courgettes et de pommes de terre en alternant les couches et en les faisant chevaucher. Salez, poivrez, parsemez avec le thym et le basilic, puis ajoutez le beurre coupé en noisettes et le bouillon de viande. Mélangez bien la chapelure et le parmesan râpé, puis saupoudrez-en le gratin. Faites cuire à mi-hauteur du four préchauffé à 200 °C (therm. 7) de 40 à 45 minutes.

Pommes de terre et fromage

Les pommes de terre et le fromage se complètent parfaitement pour préparer des plats familiaux, mais aussi des mets plus raffinés. Ainsi, un simple gratin pourra se transformer en un plat somptueux pour peu qu'on l'agrémente de quelques lamelles de truffe ou encore d'une cuillerée de caviar.

Les gratins de pommes de terre peuvent constituer le plat principal d'un repas, avec une salade verte, par exemple, ou encore accompagner un plat de viande, de poisson ou de volaille. Les quantités indiquées dans les recettes conviennent respectivement pour 4 ou 8 personnes, selon qu'il s'agit d'un plat principal ou d'une garniture.

POMMES DE TERRE AU FROMAGE ET AU CUMIN

8 grosses pommes de terre, 150 g de gruyère râpé ou de fromage de montagne (emmental, par exemple), huile ou beurre pour la plaque, cumin

Lavez les pommes de terre, brossez-les bien et faites-les cuire dans leur peau à l'eau salée jusqu'à ce qu'elles soient presque cuites. Coupez-les en deux dans la longueur ; parsemez généreusement les faces tranchées du fromage râpé, puis disposez les pommes de terre sur une plaque de four graissée. Faites gratiner dans le four préchauffé à 220 °C (therm. 7) pendant 10 minutes environ, jusqu'à ce que le fromage soit fondu, puis parsemez de cumin.

POMMES DE TERRE À LA TESSINOISE

1 kg de pommes de terre à chair farineuse (BF 15, par exemple), 2 c. à soupe d'huile végétale de qualité, 20 g de beurre, beurre pour le plat à gratin, 100 g de parmesan râpé, sel

Lavez les pommes de terre, épluchez-les et pratiquez des entailles au couteau en espaçant celles-ci de 5 mm, sur les deux tiers de la hauteur. Faites chauffer l'huile avec 20 g de beurre ; badigeonnez au pinceau les pommes de terre de ce mélange et salez-les. Beurrez les parois d'un plat à gratin. Disposez les pommes de terre dans le plat et faites-les cuire dans le four préchauffé à 200 °C (therm. 7) de 30 à 40 minutes en les badigeonnant pendant la cuisson avec le reste de mélange huile-beurre. Saupoudrez le plat de parmesan et poursuivez la cuisson de 10 à 15 minutes. Il existe une variante de cette recette : on mélange 12 cl de bouillon de bœuf et 12 cl de crème fraîche, on verse ce liquide dans le plat à gratin, et on saupoudre les pommes de terre d'un mélange de 50 g de parmesan râpé et de 100 g d'emmental râpé fin.

GALETTES DE POMMES DE TERRE AU FROMAGE ET AUX POIVRONS

Poivrons rouge, vert et jaune (80 g de chaque), 3 œufs, 4 c. à soupe de crème liquide, 6 c. à soupe de farine, 1 kg de pommes de terre à chair farineuse, 2 oignons et 1 gousse d'ail hachés menu, 60 g de poitrine fumée coupée en petits dés, 150 g de fromage de montagne détaillé en petits dés, beurre et huile

Le rösti, sorte de crêpe de pommes de terre, est une spécialité suisse, que l'on peut enrichir de fromage. Après avoir retourné les pommes de terre, on dispose du fromage râpé dessus, qu'on laisse fondre : il pourra s'agir aussi bien d'emmental que d'appenzell.

Coupez les poivrons en deux, ôtez les membranes et les graines, lavez-les et détaillez-les en dés de 5 mm de côté. Dans une jatte, mélangez les œufs, la crème et la farine. Lavez et épluchez les pommes de terre ; râpez-les, puis passez-les dans l'eau froide ; épongez-les bien. Incorporez les pommes de terre râpées, les dés de poivrons, les oignons, l'ail, les dés de poitrine fumée et de fromage aux œufs et mélangez. Dans une poêle, faites chauffer un mélange d'huile et de beurre en quantités égales ; déposez 1 cuillerée du mélange aux pommes de terre, aplatissez-la de façon à obtenir une galette et faites dorer sur les deux faces. Les quantités indiquées permettent de confectionner 16 galettes.

CRÊPES DE MAÏS AU FROMAGE

12 cl de lait, 2 œufs, 4 c. à soupe de farine, 100 g de lard de poitrine, 120 g de gruyère, d'emmental ou de comté, 4 épis de maïs doux, beurre et huile, 1/2 c. à café de sel, poivre noir du moulin

Préparez une pâte à crêpes avec le lait, les œufs et la farine, salez et poivrez. Détaillez le lard en petits dés, et le fromage en dés de 5 mm de côté. Ôtez les feuilles et les barbes des épis de maïs et dégagez les grains à l'aide d'un petit couteau. Ajoutez-les à la pâte à crêpes, ainsi que les dés de lard et de fromage, mélangez bien. Dans une poêle, faites chauffer un mélange d'huile et de beurre en quantités égales ; déposez 1 grosse cuillerée de la préparation au maïs, répartissez-la bien de façon à obtenir une crêpe, et faites cuire et dorer sur les deux faces. Les quantités indiquées ici permettent de confectionner 8 crêpes.

TARTELETTES
AUX COURGETTES

400 g de courgettes, 6 tomates pelées, persil, beurre
pour les moules

Pour la pâte

250 g de farine, 125 g de beurre, 1 jaune d'œuf, 1 pincée de sel

Pour la liaison

25 cl de crème fraîche, 2 œufs, 1/2 c. à café de piment
fort en poudre, 100 g de montasio (ou de gouda vieux)
râpé, 100 g de parmesan râpé, sel, poivre noir du moulin

Préparez une pâte sablée en suivant les indications de la
recette page 213. Répartissez la pâte dans 8 moules de 11 cm
de diamètre préalablement beurrés et faites-la cuire à blanc.
Lavez les courgettes, coupez-les en minces rondelles. Épépinez les tomates, détaillez-les en dés. Mélangez au fouet la
crème, les œufs, les condiments et le fromage râpé ; versez
une petite quantité de liaison dans le fond des tartes, puis disposez dessus les rondelles de courgettes en éventail, en inter-
calant les dés de tomate entre chaque rondelle ; nappez avec
le reste de liaison. Faites dorer dans le four préchauffé à
200 °C (therm. 7) pendant 20 minutes. Garnissez de persil
haché et servez chaud.

TARTELETTES AUX
CHAMPIGNONS DE PARIS

2 échalotes, 300 g de champignons de Paris, 30 g de
beurre, 1 pincée de noix muscade, beurre pour les
moules, 200 g de pâte feuilletée, 2 œufs, 50 g de comté
râpé, 1 botte de ciboulette finement ciselée, sel, poivre
noir du moulin

Pelez les échalotes, hachez-les menu. Nettoyez les champignons, détaillez-les en lamelles. Faites revenir les échalotes
dans le beurre très chaud, ajoutez les champignons et faites
cuire à feu doux jusqu'à ce que leur eau de végétation se
soit évaporée. Salez, poivrez, râpez la muscade, laissez refroidir. Pendant ce temps, beurrez 4 moules à tartelette de 10 cm
de diamètre. Abaissez la pâte feuilletée à 5 mm d'épaisseur,
puis garnissez-en les moules. Mélangez les œufs et le fromage râpé, salez et poivrez. Répartissez les champignons
dans les moules, ajoutez la ciboulette ciselée, puis le mélange
œufs-fromage (voir illustration ci-dessus, en haut). Faites
cuire dans le bas du four préchauffé à 220 °C (therm. 7) pendant 10 minutes. Baissez la température du four à 190 °C
(therm. 6), placez la grille à mi-hauteur et poursuivez la cuisson pendant 10 minutes. Servez chaud.

Légumes en gratin

Pratiquement tous les légumes se prêtent bien à la confection des plats gratinés. Toutefois, leur passage au four intervient seulement après qu'on les a cuits partiellement.

CÔTES DE BETTES GRATINÉES

800 g de bettes, 50 g de lard fumé entrelardé, 40 g de beurre, 1 c. à café de farine, 35 cl de lait, noix muscade, beurre pour le plat à gratin, 100 g de provolone vieux (ou de parmesan) râpé, sel, poivre noir du moulin

Lavez les bettes, séparez les feuilles des côtes avec un couteau en laissant intactes les cardes intérieures, qui sont plus tendres. Coupez les côtes en morceaux d'environ 5 cm de long en ayant au préalable retiré les parties filandreuses sur l'extérieur, faites-les cuire dans de l'eau salée pendant 5 minutes ; égouttez-les bien. Détaillez le lard en petits dés, faites-les revenir dans une casserole ; jetez la graisse qu'ils ont rendue. Ajoutez les bettes et faites-les cuire à l'étuvée pendant 5 minutes environ. Mélangez bien ensemble la farine, le lait et les condiments, versez l'appareil sur les bettes et faites cuire à feu doux de 8 à 10 minutes en remuant de temps à autre. Beurrez un plat à gratin, garnissez-le des bettes, nappez celles-ci de la sauce et parsemez-les du fromage râpé. Faites gratiner dans le four préchauffé à 220 °C (therm. 7) jusqu'à obtention d'une belle croûte dorée.

FENOUIL À LA CRÈME ET AU PARMESAN

800 g de bulbes de fenouil, 60 g de beurre, 12 cl de crème fraîche, 100 g de parmesan râpé, sel, poivre noir du moulin

Lavez et parez les bulbes de fenouil, en ôtant les côtes extérieures si elles sont dures, ainsi que les tiges vertes. Coupez-les en deux, voire en quatre s'ils sont très gros. Faites-les cuire dans de l'eau bouillante légèrement salée pendant 10 minutes environ, puis égouttez-les bien. Beurrez un plat à gratin ; disposez les morceaux de fenouil et faites-les revenir rapidement sur le feu. Ajoutez la crème, du sel, du poivre, puis répartissez dessus le parmesan râpé. Faites gratiner dans le four préchauffé à 200 °C (therm. 6), jusqu'à obtention d'une belle croûte dorée.

Le parmesan est un fromage tout à fait indiqué pour les plats gratinés : outre la délicieuse saveur piquante qu'il leur apporte, il offre l'avantage d'avoir une teneur en matières grasses réduite. Il est possible, bien sûr, de réaliser un gratin avec d'autres variétés de fromages, notamment des produits de montagne comme le gruyère ou l'emmental ; seul inconvénient, en fondant, ces fromages forment des fils qui ne facilitent pas la consommation. Par ailleurs, l'adjonction de chapelure au fromage râpé donne une croûte appétissante.

ENDIVES GRATINÉES
AU JAMBON

3 endives de 200 g chacune, 6 tranches de gouda demi-étuvé, 6 tranches de jambon cuit, 25 cl de bouillon de bœuf, 12 cl de crème fraîche, 60 g de parmesan râpé, noix muscade, 1 c. à soupe de fines herbes ciselées (persil et thym), 2 c. à soupe de chapelure, 40 g de beurre, sel, poivre noir du moulin

Lavez les endives et ôtez les trognons, qui donneraient trop d'amertume. Faites-les cuire dans de l'eau salée pendant 10 minutes environ, égouttez-les bien et coupez-les en deux dans la longueur. Déposez une tranche de gouda et une demi-endive sur chaque tranche de jambon, puis enroulez celles-ci et transférez les 6 roulades dans un plat à gratin préalablement beurré. Mélangez le bouillon avec la crème et le parmesan râpé, salez, poivrez, muscadez et ajoutez les fines herbes ; versez cette sauce sur les roulades. Répartissez la chapelure dessus, ajoutez le beurre coupé en dés et faites dorer dans le four préchauffé à 200 °C (therm. 7) pendant 20 minutes environ.

AUBERGINES
À LA MOZZARELLA

Cette recette est une spécialité du sud de l'Italie.

1 kg d'aubergines, 1 c. à. soupe de gros sel, 800 g de tomates, 100 g d'oignons, 6 c. à soupe d'huile d'olive d'excellente qualité, 1 gousse d'ail, 12 cl de vin blanc sec, farine, 300 g de mozzarella, 40 g de parmesan râpé, sel, poivre

Lavez les aubergines, essuyez-les délicatement, coupez-les en tranches de 1 cm d'épaisseur puis disposez-les en couches dans un plat dont le fond aura été saupoudré de la moitié de gros sel. Parsemez ensuite sur les tranches d'aubergines le reste de gros sel. Laissez-les dégorger durant 1 heure en les retournant après 30 minutes de marinage. Pelez les tomates, ôtez les pépins et détaillez la pulpe en morceaux. Hachez les oignons et faites-les suer dans 3 cuillerées à soupe d'huile. Ajoutez les morceaux de tomates et la gousse d'ail écrasée, salez, poivrez. Mouillez avec le vin blanc, laissez cuire à feu doux pendant 40 minutes environ en remuant de temps à autre. Retirez délicatement des tranches d'aubergines le sel non dissous, puis essuyez-les bien et farinez-les. Chauffez le reste d'huile dans une poêle et faites-les revenir brièvement sur les deux faces. Versez l'huile de cuisson dans un plat à gratin, disposez les tranches d'aubergines en les faisant chevaucher puis une couche de mozzarella en tranches et terminez par une couche de sauce à la tomate. Répartissez dessus le parmesan râpé et faites cuire dans le four préchauffé à 200 °C (therm. 7) pendant 30 minutes environ. Conseil : pour plus d'arômes, on peut ajouter du thym émietté ou de l'origan aux tranches d'aubergines au moment de les mettre à dégorger dans le sel.

Tomates farcies
*Découpez
une calotte sur
le haut de 8 tomates
bien mûres. Évidez
celles-ci, salez,
poivrez, et farcissez-
les avec un mélange
au fromage de
chèvre et aux
épinards (voir recette
page ci-contre,
en haut à gauche).
Saupoudrez
les tomates de 50 g
de provolone (ou de
grana) râpé,
déposez une noisette
de beurre sur
chacune. Faites
cuire dans le four
préchauffé à 200 °C
(therm. 7) pendant
30 minutes.*

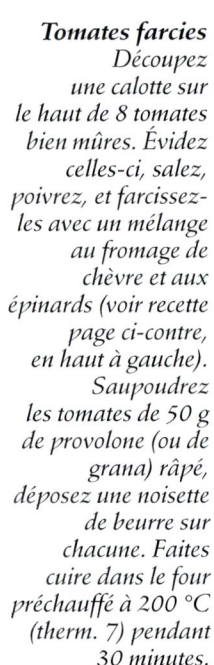

CHAMPIGNONS FARCIS AU FROMAGE DE CHÈVRE ET AUX ÉPINARDS

18 gros champignons de Paris nettoyés et lavés
Pour la farce

250 g d'épinards, 1 c. à soupe de jus de citron,
4 c. à soupe de vin blanc sec, 15 g de beurre, 2 échalotes et 2 gousses d'ail hachées menu, 1 c. à soupe de
thym haché, 100 g de valençay, beurre pour le moule,
20 g de pain rassis émietté, 20 g de ragusano (ou de
grana ou de parmesan) râpé, 15 g de beurre coupé en
petits morceaux, sel, poivre noir du moulin

Nettoyez les épinards, retirez les tiges, puis hachez grossièrement les feuilles. Coupez les pieds des champignons,
hachez-les menu, retournez les têtes et arrosez-les du jus de
citron. Mettez le vin blanc et le beurre dans un faitout, portez
à ébullition ; faites-y cuire à l'étuvée les échalotes, l'ail, le
thym et les pieds de champignons de 3 à 4 minutes. Ajoutez
les épinards, laissez les feuilles se défaire, puis salez et poivrez. Émiettez le fromage de chèvre, incorporez-le aux épinards avec deux fourchettes. Répartissez la farce dans les
têtes des champignons, placez-les dans un plat à gratin
beurré. Mélangez le pain émietté et le ragusano râpé, saupoudrez la farce de ce mélange, ajoutez un morceau de
beurre sur chaque champignon. Faites cuire dans le four
préchauffé à 180 °C (therm. 6) pendant 20 minutes.

COURGETTES FARCIES

4 courgettes de 200 g
Pour la farce

1 c. à soupe d'huile d'olive, 120 g d'oignons hachés
menu, 1/2 gousse d'ail écrasée, 150 g d'asiago vieux ou
de beaufort vieux, 500 g d'un mélange de viandes
hachées, 2 œufs, 1 c. à soupe de basilic haché,
1/2 c. à café de thym séché, 1 c. à café de paprika, beurre pour le plat à gratin, 40 g de mie de pain rassis râpée,
40 g de parmesan râpé, 50 g de beurre coupé en petits
morceaux, 1 c. à café de sel, 1 c. à café de poivre noir

Lavez les courgettes, ôtez les pédoncules, coupez-les en
deux, évidez-les, puis détaillez la chair en petits dés. Chauffez l'huile dans une poêle et faites-y suer les oignons et l'ail.
Coupez le fromage en petits dés, mettez-les dans une jatte ;
ajoutez les viandes, le mélange oignons-ail, les dés de courgettes, les œufs, les herbes aromatiques et les assaisonnements. Répartissez l'appareil dans les courgettes évidées.
Disposez celles-ci dans un plat à gratin beurré. Mélangez la
mie de pain et le parmesan râpé, puis saupoudrez-en la farce.
Répartissez les morceaux de beurre dessus et faites cuire
25 minutes dans le four préchauffé à 220 °C (therm. 8).

POIVRONS FARCIS AU FROMAGE DE BREBIS

Cette recette est une spécialité bulgare.

4 poivrons verts
Pour la farce

150 g de sirene (fromage de brebis bulgare) ou de feta,
1 œuf, 2 c. à soupe de crème fraîche, huile pour le plat,
4 c. à soupe d'huile, 1/2 c. à café de sel, poivre noir du
moulin

Lavez les poivrons, essuyez-les bien avec un torchon. Disposez-les sur une plaque et faites-les griller dans le four préchauffé à 200 °C (therm. 7) jusqu'à ce que la peau se
boursoufle. Sortez les poivrons du four, ôtez la peau, puis
coupez-les en deux dans la longueur jusqu'au pédoncule ;
épépinez-les et ôtez les membranes. Écrasez le fromage à la
fourchette, mélangez-le à l'œuf et à la crème fraîche. Farcissez la moitié de chaque poivron de cet appareil, rabattez
l'autre moitié par-dessus et disposez-les dans un plat à gratin
préalablement huilé. Salez, poivrez, arrosez d'huile, faites
cuire dans le four préchauffé à 180 °C (therm. 6) pendant
40 minutes environ.

ASPERGES VERTES GRATINÉES, BÉCHAMEL À LA FONTINA

1 kg d'asperges vertes, 30 g de beurre, 60 g de fontina (ou de fontal ou de comté), 30 g de parmesan râpé, 40 g de beurre fondu

Pour la sauce

20 g de beurre, 20 g de farine, 35 cl de lait, 2 jaunes d'œufs, 10 cl de crème fraîche, sel, poivre noir du moulin

Lavez les asperges, épluchez-les. Faites-en 4 bottes, disposez-les à la verticale (tête en l'air) dans un faitout d'eau bouillante légèrement salée, de façon qu'elles soient immergées, et faites-les cuire à feu doux de 15 à 20 minutes, selon la grosseur des asperges, en veillant à ce qu'elles ne soient pas trop molles. Égouttez-les bien, raccourcissant les tiges, au besoin. Faites fondre le beurre dans un plat à gratin ; disposez les asperges en couches dans le plat. Préparez une béchamel et faites-la cuire pendant 20 minutes au moins. Incorporez-lui la fontina détaillée en dés. Versez cette sauce sur les asperges, saupoudrez-les du parmesan râpé (voir illustration ci-dessus). Faites gratiner dans le four préchauffé à 200 °C (therm. 7) pendant 20 minutes environ. Arrosez de beurre fondu et servez aussitôt.

GRATIN DE CÉLERI

On utilise un mélange de parmesan et de pecorino râpés, dont le goût se marie bien avec celui du céleri.

1 kg de branches de céleri, 50 g de beurre, 1 c. à soupe d'échalote hachée, 50 cl de bouillon de bœuf, 50 g de jambon de Parme détaillé en dés, sel, poivre noir du moulin

Pour la sauce

25 cl de crème fraîche, 60 g de pecorino romano (ou d'ossau-yrati vieux) râpé, 80 g de parmesan râpé

Lavez le céleri. Si les branches sont très grosses, coupez-les en deux dans la longueur. Détaillez-les en morceaux de la taille du plat à gratin que vous utiliserez, en réservant quelques petites feuilles du cœur pour la garniture. Chauffez le beurre dans un grand faitout, faites-y fondre l'échalote, puis ajoutez le céleri. Mouillez avec le bouillon, salez, poivrez. Faites cuire à découvert pendant 20 minutes, jusqu'à ce qu'il ne reste que 2 c. à soupe environ de bouillon. Disposez le céleri en couches dans le plat à gratin et répartissez dessus les dés de jambon de Parme. Mélangez le bouillon réduit avec la crème et les fromages râpés, versez l'appareil sur le céleri (voir illustration ci-dessus). Faites gratiner dans le four préchauffé à 220 °C (therm. 7-8). Garnissez avec les feuilles de céleri réservées.

Cet ustensile en acier inoxydable permet de râper aisément les fromages à pâte très dure au fur et à mesure des besoins. Le fromage râpé est recueilli dans un tiroir.

FONDUES ET RACLETTES

C'est véritablement dans ces plats tout simples que
le fromage figure en majesté. Fondue et raclette trouvent
leur origine en Suisse romande, qui a une longue tradition
de fabrication de fromages de montagne. Mais leur
consommation s'est rapidement étendue à d'autres régions.

C'est ainsi, par exemple, que la raclette fait aussi partie
de l'histoire des bûcherons français, qui profitaient des feux
de bois pour y faire fondre un peu de fromage à pâte dure.
Quant à la fondue, plat populaire roboratif, elle a fait l'objet
dans les années 50 d'un engouement qui l'a fait connaître
à de nouvelles catégories de consommateurs.
Plat économique et convivial par excellence, elle fait
désormais partie des options incontournables pour régaler
les grandes tablées. Pour autant, la qualité du fromage
utilisé reste essentielle, de même que son âge : il ne doit
être ni trop jeune, ni trop affiné. Le choix du vin utilisé
pour la cuisson revêt aussi une importance primordiale.
Il doit offrir assez d'astringeance pour opérer une liaison
suffisante. Dans un certain nombre de recettes, on ajoute
par ailleurs un petit verre de kirsch dans lequel on a délayé
de la fécule. Cet alcool peut aussi se déguster comme
boisson d'accompagnement. Les boissons chaudes
se marient aussi très bien avec la fondue. En tout état
de cause, on évitera les liquides trop froids, qui rendent
la fondue difficile à digérer du fait d'un raffermissement
du fromage. Quant au pain à piquer au bout
des fourchettes, l'idéal est une baguette ou un pain
de campagne, qui offrent une croûte abondante.

RECETTE DE BASE DE LA FONDUE

600 g de fromages, 1 gousse d'ail, 30 cl de vin blanc sec, 2 c. à café de fécule, noix de muscade râpée, poivre du moulin

Pour réussir une fondue, il est essentiel de chauffer lentement le vin et le fromage, tout en remuant. De même, il est important que, lors de la dégustation, les convives remuent le fond du caquelon avec le pain piqué au bout de la fourchette pour éviter que la fondue ne brûle.

Détaillez le fromage en le râpant grossièrement ou, mieux encore, en le coupant en petits dés. Ainsi, il fondra de façon régulière.

Coupez la gousse d'ail en deux, frottez les parois du caquelon avec les faces tranchées. Versez le vin dans le caquelon.

Ajoutez la moitié du fromage (en commençant toujours par les fromages ayant les pâtes les plus fermes) et chauffez lentement le tout à feu doux en remuant sans cesse.

Une fois que le fromage à pâte ferme a presque totalement fondu, ajoutez le fromage à pâte moins dure et poursuivez la cuisson à feu très doux.

Ajoutez la fécule délayée dans un peu de vin et liez la fondue. Remuez jusqu'à obtention d'une consistance crémeuse et homogène.

Ajoutez les condiments, placez le caquelon au-dessus d'un réchaud disposé sur la table et dégustez en conservant la fondue au chaud.

La véritable fonduta italienne se déguste garnie de truffe blanche, dont l'arôme prononcé contraste fortement avec la saveur douce de la fontina.

FONDUE NEUCHÂTELOISE

Pour les Neuchâtelois, cette fondue est bien entendu la seule authentique. Le gruyère s'associe très bien à l'emmental, plus doux et à la saveur rappelant la noix.

300 g de gruyère, 300 g d'emmental, 1 gousse d'ail, 30 cl de vin blanc sec, 2 c. à café de fécule, 4 cl de kirsch, noix de muscade, poivre noir du moulin

Suivez la recette de base en liant la fondue avec la fécule délayée dans le kirsch.

FONDUE VAUDOISE

Une variante faisant intervenir du fromage à raclette.

400 g de gruyère, 200 g de fromage à raclette, 1 gousse d'ail, 30 cl de vin blanc sec (si possible d'origine locale), 3 c. à café de fécule, 6 cl de kirsch, poivre du moulin

Préparez la fondue selon la recette de base. Pour obtenir un plat plus riche, déposez sur la surface une grosse truffe noire fraîche détaillée en lamelles.

FONDUE MOITIÉ-MOITIÉ

Spécialité de Fribourg, qui est aussi la patrie du vacherin, la fondue moitié-moitié met en valeur ce fromage régional au goût doux et légèrement acide.

300 g de gruyère, 300 g de vacherin fribourgeois, 1 gousse d'ail, 30 cl de vin blanc pétillant, 3 c. à café de fécule, 6 cl de kirsch, noix de muscade, poivre noir du moulin

Préparez la fondue en suivant la recette de base.

FONDUTA

300 g de fontina (ou de fontal), 25 cl de lait, 3 jaunes d'œufs, 50 g de beurre, 4 tranches de pain blanc, 1 truffe blanche, poivre du moulin

Détaillez le fromage en petits dés, recouvrez de lait et laissez ramollir pendant 1 heure. Faites ensuite fondre le tout à feu très doux, de préférence au bain-marie. Fouettez les jaunes d'œufs avec un peu de lait. Incorporez-les lentement au fromage. Ajoutez le beurre fondu, mélangez bien, poivrez. Répartissez la fonduta dans 4 assiettes, parsemez de lamelles de truffe blanche et servez avec les tranches de pain grillé.

La raclette, plat traditionnel du Valais

La raclette est un plat simple et savoureux à la fois. À l'origine, elle constituait le repas typique des paysans et des montagnards du Valais, et sa consommation restait très localisée dans cette région productrice de fromages de montagne originaires de plusieurs vallées. Idéalement, le fromage servant à la raclette doit avoir entre trois et cinq mois : à cet âge, sa pâte crémeuse fond aisément, sans pour autant couler. C'est ce comportement à la chaleur qui explique qu'il faille se défier de certains produits vendus comme des fromages à raclette, par exemple la fontina, qui fond correctement mais se liquéfie de façon excessive.

La raclette est le plat idéal pour un déjeuner chaud en plein air. On utilise alors un feu de bois pour faire fondre le fromage. On dispose la moitié d'une meule sur une pierre, la face tranchée exposée au feu. Dès que la pâte commence à prendre une coloration jaune foncé et à briller, on racle la partie fondue et on prélève ainsi progressivement des portions de fromage chaud. Il est conseillé de choisir une pierre froide pour poser la demi-meule, ce qui évite à la croûte de ramollir. Cela étant, les appareils à raclette électriques en vente aujourd'hui permettent d'en faire un plat d'intérieur.

Traditionnellement, la raclette se déguste accompagnée de pommes de terre en robe des champs, de cornichons et d'oignons marinés dans du vinaigre, mais il est possible de la personnaliser avec d'autres ingrédients, de préférence acides.

Il est plus facile de préparer une raclette avec du charbon de bois qu'avec un feu de bois traditionnel. Avant de déposer le fromage près des braises, donnez quelques coups de soufflet pour éliminer les particules risquant de se coller à la pâte.

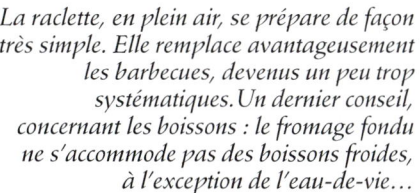

Raclez le fromage fondu avec un couteau. Il est important de vérifier régulièrement l'état de la pâte, qui ne doit pas trop ramollir. En principe, un bon fromage à raclette du Valais ne coule pas trop rapidement.

La raclette, en plein air, se prépare de façon très simple. Elle remplace avantageusement les barbecues, devenus un peu trop systématiques. Un dernier conseil, concernant les boissons : le fromage fondu ne s'accommode pas des boissons froides, à l'exception de l'eau-de-vie…

Les raclettes d'aujourd'hui

Les recettes proposées ici n'ont plus rien à voir avec la raclette du Valais. Mais, après tout, tout est permis à partir du moment où le résultat est savoureux.

Le seul point commun avec la raclette traditionnelle réside dans la fonte du fromage. Les appareils modernes comportent de petits poêlons individuels dans lesquels il est commode de faire chauffer, outre le fromage, d'autres ingrédients, comme des viandes, des poissons, des légumes et même des fruits. Grâce à leurs rebords qui évitent les débordements, ils permettent une très grande diversité dans le choix des fromages.

Dans la recette de base, expliquée ci-dessous par étape, les poêlons n'accueillent que des tranches de fromage. Mais nos suggestions regroupées sur la page suivante montrent que les variantes peuvent être très nombreuses. Il est possible de commencer en cuisine la cuisson de certains ingrédients, les légumes par exemple. Les quantités données ici correspondent à 4 poêlons, ce qui représente à peu près une portion.

Détaillez le fromage en tranches de 3 ou 4 mm d'épaisseur environ, coupées aux dimensions des poêlons.

Faites chauffer le four à raclette jusqu'à ce que les résistances soient bien rouges, puis glissez-y le poêlon garni.

La durée de fonte dépend de la variété de fromage utilisée et du four. Le fromage ne doit pas trop brunir, car il risquerait alors de prendre une saveur amère.

Versez le fromage fondu dans l'assiette, ou même directement sur une pomme de terre. Au besoin, aidez-vous d'une spatule en bois.

Les fromages qui fondent bien sont aussi ceux qui donnent les meilleurs gratins. Outre le fromage à raclette (ci-dessus, en haut), citons aussi (de haut en bas) le gruyère, à la saveur piquante, le vacherin fribourgeois, qui offre un goût doux et acidulé et fond aisément, ainsi que la fontina. Il est cependant tout à fait possible d'utiliser d'autres variétés de fromages, à pâte persillée par exemple.

Avec des tomates *Faites chauffer dans une poêle 20 g de beurre et 30 g de lard détaillé en dés. Faites-y revenir 100 g d'oignons coupés en rondelles. Répartissez le tout dans les poêlons avec des tomates détaillées en rondelles (150 g environ). Salez et poivrez. Garnissez d'une feuille de basilic et ajoutez 150 g de fontina coupée en tranches.*

Avec des ananas et du jambon de Parme *Faites fondre 20 g de beurre dans les poêlons. Coupez en morceaux 150 g d'ananas frais et faites-les revenir dans le beurre. Ajoutez du sel et du poivre du moulin et disposez dans chaque poêlon 1 tranche de jambon de Parme. Répartissez 150 g de fromage à raclette détaillé en dés, puis faites fondre.*

Les pommes de terre constituent l'accompagnement traditionnel d'une raclette. Elles s'associent très bien aussi avec les variantes présentées ici.

Avec des oignons et des lardons *Faites fondre 50 g de lard fumé détaillé en dés dans une poêle. Jetez la graisse. Coupez en rondelles 120 g d'oignons, faites-les suer. Répartissez-les dans les poêlons, salez, poivrez, saupoudrez éventuellement de paprika. Ajoutez 160 g de gruyère coupé en tranches et faites fondre.*

Avec des crevettes pimentées *Faites suer dans 20 g de beurre 40 g d'échalote coupée en dés, la moitié d'une gousse d'ail pressée et 1 petit piment coupé en tranches. Répartissez le tout dans les poêlons avec 8 crevettes décortiquées. Salez, faites légèrement revenir. Ajoutez alors 120 g de vacherin fribourgeois coupé en tranches et faites fondre.*

Avec du bœuf et du roquefort *Faites suer 30 g d'échalote coupée en dés dans 20 g de beurre. Ajoutez 4 tranches de filet de bœuf préalablement assaisonnées et faites-les revenir d'un côté. Répartissez l'échalote dans les poêlons, ajoutez les tranches de filet. Recouvrez avec une tranche de roquefort et une de fromage à raclette (80 g chaque) et faites fondre.*

Avec des légumes *Faites suer, dans 20 g de beurre, 30 g d'oignon coupé en petits dés. Ajoutez 80 g de rondelles de courgette et de petits dés de poireau, de carotte et de poivron. Faites revenir pendant 3 minutes, puis répartissez dans les poêlons. Ajoutez 150 g de fromage à raclette coupé en tranches, faites fondre et garnissez de persil ciselé.*

PÂTISSERIES SALÉES, SUCRÉES ET PÂTE LEVÉE

Dans ce chapitre sont regroupées des préparations sucrées et relevées. Les desserts se confectionnent en général avec des fromages frais, comme la ricotta, le fromage blanc ou le fromage frais double crème. Les préparations relevées sont plus nombreuses, car le choix des fromages est plus large.

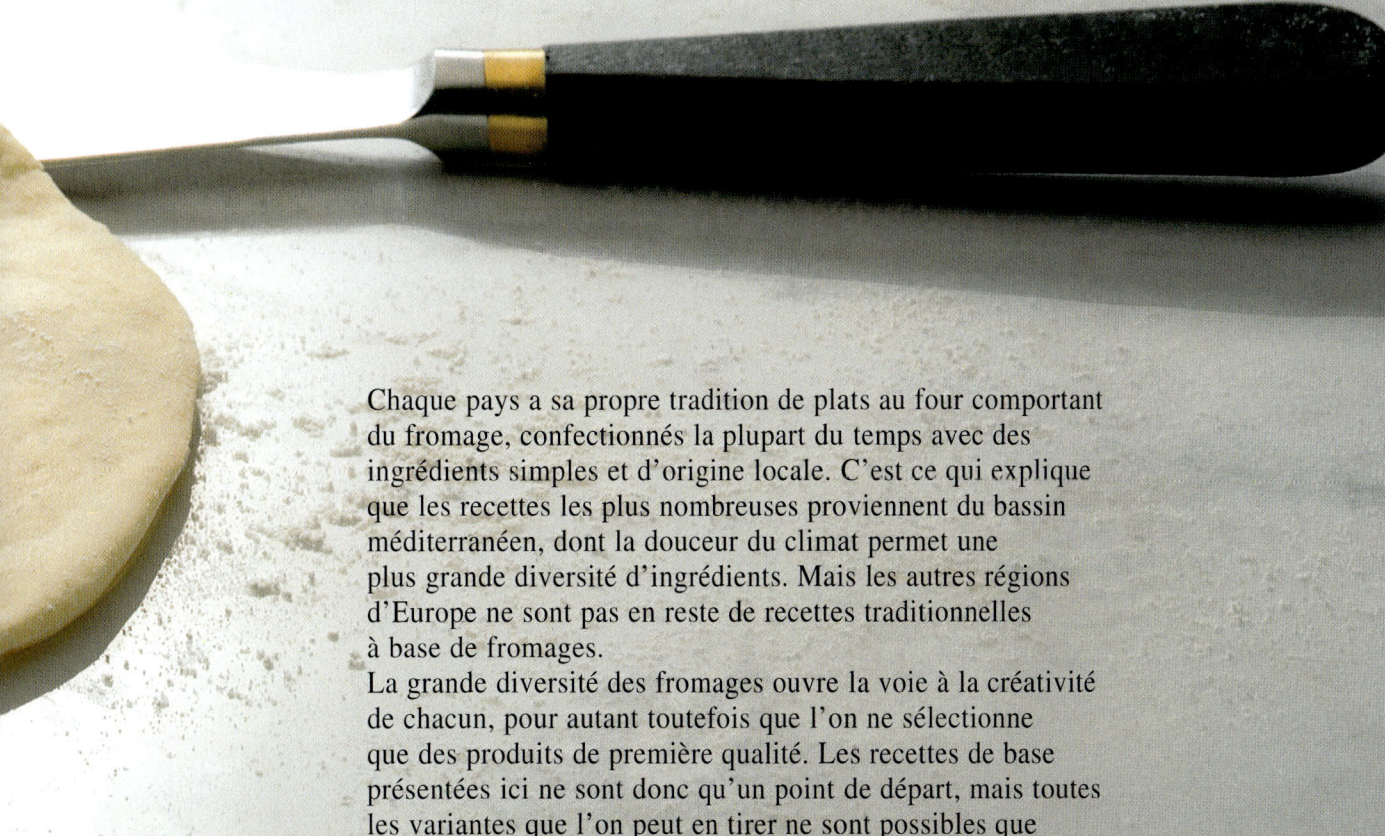

Chaque pays a sa propre tradition de plats au four comportant du fromage, confectionnés la plupart du temps avec des ingrédients simples et d'origine locale. C'est ce qui explique que les recettes les plus nombreuses proviennent du bassin méditerranéen, dont la douceur du climat permet une plus grande diversité d'ingrédients. Mais les autres régions d'Europe ne sont pas en reste de recettes traditionnelles à base de fromages.
La grande diversité des fromages ouvre la voie à la créativité de chacun, pour autant toutefois que l'on ne sélectionne que des produits de première qualité. Les recettes de base présentées ici ne sont donc qu'un point de départ, mais toutes les variantes que l'on peut en tirer ne sont possibles que moyennant une connaissance suffisante des fromages utilisés.

Pâte brisée, pâte dorée

PETITS FOURS EN PÂTE AUX FROMAGES

L'idéal est de déguster ces amuse-gueule dès leur sortie du four, au terme d'une rapide cuisson.

150 g de beurre, 60 g de sbrinz (ou de comté) râpé, 120 g de gruyère râpé, 1/2 c. à café de sel, 1 c. à café de paprika doux, 15 cl de crème liquide, 250 g de farine, 1/2 c. à café de levure chimique, 2 jaunes d'œufs

Pour la décoration
graines de pavot et de sésame, pistaches concassées, cumin, gros sel, amandes mondées et ouvertes en deux

Faites la pâte au fromage en suivant la recette ci-dessous.

Confectionner la pâte aux fromages

Mettez dans un récipient creux le beurre ramolli, les fromages, le sel et le paprika. Ajoutez la crème liquide et travaillez le tout avec une cuillère en bois jusqu'à obtention d'une masse homogène.

Tamisez sur un plan de travail la farine et la levure, incorporez-y le mélange à base de beurre en pétrissant avec les mains. Vous devez obtenir une masse qui s'émiette.

Pétrissez rapidement cette masse jusqu'à obtention d'une pâte homogène pour éviter qu'elle ne devienne trop élastique. Façonnez la pâte en boule, enveloppez-la dans un film alimentaire et laissez reposer 2 heures environ au réfrigérateur. Puis farinez un plan de travail et abaissez-y la pâte à 5 mm.

Découpez à l'emporte-pièce différentes formes, disposez-les sur une plaque non beurrée, la pâte étant suffisamment grasse pour ne pas coller. Dorez les formes au jaune d'œuf, garnissez-les de graines de pavot ou de sésame, de pistaches, de cumin, d'amandes ou de gros sel. Faites cuire de 10 à 15 minutes dans un four préchauffé à 200 °C (therm. 7).

212

Recette de base de la pâte brisée

Tamisez la farine au-dessus d'un plan de travail, formez un puits au milieu, et ajoutez-y le beurre en morceaux, le jaune d'œuf et le sel. Mélangez bien le tout et réduisez-le en miettes.

Ajoutez l'eau. Pétrissez l'ensemble avec les mains jusqu'à obtention d'une pâte homogène, puis façonnez celle-ci en boule. Travaillez rapidement pour que le beurre ne ramollisse pas trop.

Enveloppez la boule de pâte dans un film alimentaire, laissez reposer au frais pendant 30 minutes.

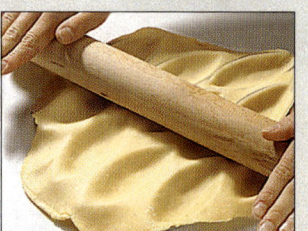

Puis, abaissez la pâte et posez-la sur les moules, alignés et graissés. Enfoncez légèrement la pâte dans les moules, puis passez le rouleau sur l'ensemble pour détacher l'excédent de pâte.

Avec les pouces, appuyez avec précaution sur la pâte contre la paroi des moules, en veillant à ce qu'il n'y ait plus d'air entre les deux.

Éliminez avec un couteau l'excédent de pâte qui déborde. Piquez plusieurs fois le fond de chaque moule avec une fourchette, pour éviter l'apparition de bulles d'air à la cuisson.

Cuire à blanc

Mettez des lentilles ou du riz dans les moules pour éviter que, à la cuisson, la pâte ne gonfle.

Faites cuire 10 minutes environ, dans un four préchauffé à 200 °C (therm. 6) jusqu'à ce que la croûte soit dorée. Ôtez les lentilles des fonds de tarte, puis démoulez avec précaution.

BARQUETTES EN PÂTE BRISÉE

Ces barquettes sont idéales pour accueillir une crème au fromage frais ou une salade au fromage. Elles auront été au préalable cuites à blanc dans un four à 220 °C (therm. 6). Elles se congèlent par ailleurs très bien vides.

250 g de farine, 125 g de beurre coupé en gros morceaux, 1 jaune d'œuf, 1 pincée de sel, 1 ou 2 c. à soupe d'eau

Confectionnez les barquettes en suivant les étapes de la recette filmée ci-contre.

Pour la salade au fromage
Détaillez 80 g de poivrons (rouge, vert, jaune) en petits dés, et 120 g de gouda jeune en minces bâtonnets. Confectionnez une vinaigrette avec 20 g d'oignon haché menu, 1 cuillerée à soupe de vinaigre, 2 cuillerées à soupe d'huile, 1 cuillerée à soupe de ciboulette ciselée, sel et poivre. Mélangez bien tous les ingrédients, répartissez dans dix barquettes.

Plats roboratifs

Voici deux tartes salées qui peuvent constituer soit une entrée, soit le plat principal d'un repas. Elles peuvent se réaliser avec différentes variétés de fromages et s'enrichir d'ingrédients raffinés.

La base de la garniture est la même dans les deux cas : un mélange de fromages, d'œufs et de lait ou de crème. Il est préférable de consommer ces tartes encore chaudes, mais on peut aussi les préparer à l'avance et les réchauffer au dernier moment.

La base des quiches est ici constituée d'une pâte brisée, qui présente de nombreux avantages : elle offre une consistance croquante, se réchauffe facilement et se coupe aisément. Mais il est possible également de la remplacer par une pâte levée ou feuilletée. Toutefois, la pâte levée doit être abaissée à une mince épaisseur et avoir le temps de lever légèrement avant d'être garnie. Quant à la pâte feuilletée, elle offre un agréable croustillant, mais le fond risque de ne pas cuire correctement si la garniture est trop liquide.

QUICHE AUX OIGNONS ET AUX LARDONS

Pour la pâte

> 200 g de farine, 100 g de beurre, 1 jaune d'œuf, 1/2 c. à café de sel, 1 c. à soupe d'eau

Pour la garniture

> 120 g d'oignons pelés, 30 g de beurre, 80 g de lard fumé entrelardé, détaillé en petits dés, 250 g de gruyère râpé, 30 g de farine, 12 cl de lait, 12 cl de crème, 2 jaunes d'œufs, 2 blancs d'œufs, 1/2 c. à café de sel, poivre du moulin

Les quantités indiquées correspondent à un moule (à fond amovible de préférence) de 26 cm de diamètre. Préparez une pâte brisée en suivant la recette filmée de la page 213, enveloppez-la en boule dans un film alimentaire, laissez reposer 1 heure au réfrigérateur. Puis farinez un plan de travail, abaissez-y la pâte et posez-la dans le moule non graissé. Appuyez sur les bords, détachez l'excédent de pâte. Préparez la garniture : détaillez les oignons en minces rondelles, faites-les revenir dans le beurre jusqu'à ce qu'ils soient translucides. Ajoutez les dés de lard, faites cuire 5 minutes. Laissez refroidir le mélange, répartissez-le sur la pâte, parsemez avec le gruyère. Puis mélangez le lait et la crème, ajoutez la farine, les jaunes d'œufs, le sel et le poivre, malaxez bien le tout. Battez les blancs d'œufs en neige ferme, incorporez-les à la masse. Puis répartissez ce mélange sur la garniture, et faites cuire la quiche de 35 à 40 minutes dans un four préchauffé à 200 °C (therm. 7) jusqu' à l'obtention d'une belle coloration.

TARTE AUX LARDONS ET FINES HERBES

> 200 g de lard fumé entrelardé, 150 g d'emmental râpé, 4 œufs, 2 à 3 c. à soupe de fines herbes ciselées (persil, basilic et un peu de thym), 25 cl de crème fleurette, 1/4 c. à café de sel, poivre du moulin

Pour la pâte

> 200 g de farine complète, 100 g de beurre en pet morceaux, 4 c. à soupe d'eau, 1/4 c. à café de sel

Les quantités indiquées correspondent à un moule (à fond amovible de préférence) de 24 cm de diamètre. Préparez une pâte brisée en suivant les indications de la recette filmée page 213, poursuivez la préparation avec nos conseils illustrés ci-contre. Faites cuire 35 minutes à mi-hauteur d'un four préchauffé à 200 °C (therm. 7).

Préparer et garnir la tarte aux lardons et fines herbes

Abaissez la pâte, enroulez-la autour du rouleau, déroulez-la au-dessus du moule préalablement beurré.

Appuyez sur le pourtour du moule avec les doigts ou une boulette de pâte, détachez l'excédent de pâte.

Détaillez le lard fumé en petits dés, versez-les dans un récipient creux, ajoutez le fromage râpé.

Puis ajoutez les œufs un par un dans le récipient.

Salez, poivrez, ajoutez les fines herbes ciselées, puis versez la crème.

Mélangez délicatement tous les ingrédients avec un fouet.

Versez cet appareil sur la pâte, et faites cuire.

TARTELETTES SUISSES

15 cl de crème fraîche, 15 cl de lait, 3 œufs, 200 g de gruyère râpé, 100 g d'emmental râpé, noix de muscade, sel, poivre

Pour la pâte

250 g de farine, 125 g de beurre, 1 œuf, 1 ou 2 c. à soupe d'eau, 1/4 c. à café de sel

Les quantités indiquées permettent de confectionner 15 tartelettes dans des moules de 8 cm de diamètre. Tamisez la farine au-dessus d'un plan de travail, formez un puits au milieu. Ajoutez le beurre détaillé en morceaux, l'œuf, l'eau et le sel, et travaillez rapidement le tout jusqu'à obtention d'une pâte. Enveloppez celle-ci dans un film alimentaire, et laissez-la reposer 1 ou 2 heures dans le réfrigérateur. Mélangez ensuite avec un fouet la crème, le lait et les œufs, puis les fromages. Salez, poivrez, râpez de la muscade. Farinez le plan de travail, abaissez-y la pâte en une mince couche, et garnissez-en les moules à tartelette puis remplissez-les avec le ménage crémeux au ras de la pâte (voir l'illustration ci-dessous). Faites cuire 25 minutes environ dans un four préchauffé à 220 °C (therm. 7-8).

TARTELETTES AU FROMAGE ET AU SÉSAME

3 jaunes d'œufs, 150 g de crème fraîche, 100 g de manchego râpé, 150 g de fromage de montagne râpé, 3 blancs d'œufs battus en neige ferme, graines de sésame noires et blanches, sel, poivre, piment de Cayenne

Pour la pâte

200 g de farine complète, 100 g de beurre, 4 c. à soupe d'eau, 1/4 c. à café de sel

Les quantités indiquées permettent de confectionner 8 tartelettes dans des moules de 10 cm de diamètre. Préparez une pâte brisée (voir recette page 213), laissez reposer au minimum 30 minutes dans le réfrigérateur. Pendant ce temps, préparez la garniture : mélangez intimement les jaunes d'œufs et la crème, ajoutez les fromages râpés, puis salez et poivrez. Abaissez la pâte au rouleau, tapissez-en les moules préalablement beurrés. Battez les blancs d'œufs en neige ferme avec une pincée de sel. Incorporez-les avec précaution au mélange à base de fromages. Répartissez cet appareil sur les moules, saupoudrez de graines de sésame. Faites cuire de 20 à 25 minutes dans un four préchauffé à 200 °C (therm. 7).

Variante plus riche des
tartelettes au fromage
Ajoutez à la recette 100 g de coppa
ou de lard fumé détaillé en petits
lardons, ainsi que du persil ciselé
(1 cuillerée à soupe).

QUICHE D'OBWALD

Cette tarte est une spécialité du canton d'Unterwald, en Suisse alémanique. Elle se prépare avec des ingrédients très simples : fromages, œufs, lait, crème, sel et poivre.

150 g de sbrinz (ou de comté) râpé, 150 g d'emmental râpé, 20 cl de lait, 20 cl de crème fraîche, 2 jaunes d'œufs, 2 blancs d'œufs, sel, poivre au moulin

Pour la pâte

200 g de farine, 100 g de beurre ramolli, 50 g de sbrinz (ou de comté) râpé, 8 cl d'eau, 1/2 c. à café de sel

Les quantités indiquées permettent de confectionner une quiche dans un moule de 28 cm de diamètre. Préparez la pâte brisée en suivant la recette présentée page 213, faites-en une boule, enveloppez-la dans un film alimentaire et laissez-la reposer et se détendre 30 minutes dans le réfrigérateur. Puis farinez un plan de travail et abaissez-y la pâte. Formez un disque, tapissez-en une tourtière non graissée. Piquez la pâte avec une fourchette ; tapissez-la avec le mélange d'emmental et de sbrinz râpés. Puis mélangez bien ensemble le lait, la crème et les jaunes d'œufs, salez, poivrez, incorporez avec précaution les blancs d'œufs battus en neige ferme. Répartissez le tout sur le fromage râpé. Posez la tourtière sur la plaque d'un four préchauffé à 200 °C (therm. 7). Faites cuire de 30 à 35 minutes, jusqu'à l'obtention d'une bonne consistance de la garniture et une surface bien dorée.

La garniture doit se répartir sur le fromage râpé tapissant déjà la pâte.

GAUFRES AU FROMAGE

Ces gaufres seront meilleures si on les déguste encore chaudes. Mais on peut aussi les laisser refroidir, puis étaler une crème au fromage bien relevée entre deux gaufres, que l'on détaillera ensuite en lanières.

200 g de beurre, 4 œufs, 200 g de farine tamisée, 1/2 c. à café de levure chimique, 80 g de cheddar râpé, 1 c. à café paprika fort, 6 à 8 c. à soupe de lait tiède huile à badigeonner sur le moule, 1/2 c. à café de sel

Pour que la pâte soit le plus légère possible, battez l'un après l'autre les œufs avec le beurre jusqu'à obtention d'un mélange mousseux. Le résultat sera encore meilleur si vous séparez les jaunes et les blancs : battez les jaunes avec le beurre, et battez les blancs en neige ferme. Puis incorporez cette neige avec la farine à la masse. Les quantités indiquées ci-dessous permettent de confectionner 10 gaufres.

Battez ensemble le beurre et le sel. Incorporez alors les œufs un par un, en les accompagnant chacun d'une cuillerée à soupe de farine pour assurer un mélange homogène. Puis incorporez le restant de farine, la levure, le fromage et le paprika. Ajoutez le lait, travaillez le tout jusqu'à obtention d'une masse bien lisse. Avec une cuillère en bois, déposez et répartissez un peu de pâte dans le moule à gaufre, préalablement chauffé et huilé. Faites cuire 2 minutes à 200 °C (therm. 7).

VATRUCHKI (RUSSIE)

Pour la pâte

300 g de farine, 1/2 c. à café de levure chimique, 80 g de beurre, 1 œuf, 12 cl de crème fraîche, 1/2 c. à café de sel

Pour la farce au fromage blanc

500 g de fromage blanc en faisselle fortement égoutté, 1 c. à soupe de crème fraîche, 1 c. à café de jus de citron, 2 œufs, 1 c. à café de sucre, 1 jaune d'œuf, 1/2 c. à café de sel, poivre du moulin

Tamisez dans un récipient la farine et la levure, formez un puits au milieu. Déposez-y le sel et le beurre ramolli, mélangez avec un peu de farine. Ajoutez l'œuf et la crème, et travaillez jusqu'à obtention d'un mélange homogène. Façonnez cette pâte en boule, enveloppez-la dans un film alimentaire, et laissez-la reposer 45 minutes dans le réfrigérateur. Mélangez le fromage blanc avec la crème, le jus de citron, les œufs et les assaisonnments. Laissez reposer 45 minutes dans le réfrigérateur. Abaissez ensuite la pâte à 2 ou 3 mm, et découpez-y à l'emporte-pièce 12 disques de 9 cm de diamètre et 12 de 12 cm de diamètre. Déposez sur chaque grand disque un peu de farce, recouvrez avec un petit disque. Badigeonnez les bords avec le jaune d'œuf, relevez les bords des grands disques et pincez avec les doigts pour obtenir des pliures (voir ci-dessus). Dorez les vatruchki à l'œuf. Faites cuire 20 min dans un four préchauffé à 200 °C (therm. 7).

FEUILLETÉS SALÉS AU FROMAGE BLANC

Cette recette ne se réalise pas en fait avec une véritable pâte feuilletée, car ici le beurre intervient dès le début, et en outre, il ne doit pas être complètement travaillé, de façon à se présenter sous forme de petits agrégats. La pâte n'en est que plus feuilletée, et la légèreté de la préparation est renforcée par l'acidité du fromage blanc.

Pour la pâte

500 g de farine, 500 g de fromage blanc en faisselle (20 % de M.G.) bien pressé, 500 g de beurre, 1 jaune d'œuf battu, 1 c. à café de sel

Pour la farce au fromage et au jambon

50 g d'oignons hachés menu, 200 g de jambon détaillé en petits morceaux, 70 g de brebis des Pyrénées (par exemple ossau-yrati) râpé, 1 blanc d'œuf battu, sel, poivre

Pour la farce au fromage et aux champignons

80 g d'oignons hachés menu, 200 g de champignons de Paris finement hachés, 1 c. à soupe de persil haché menu, 1 c. à soupe de beurre, 100 g de fromage de montagne (gruyère, comté, beaufort par exemple) détaillé en petits dés, 1 œuf battu, sel, poivre

La pâte obtenue se travaille et se découpe comme une pâte feuilletée. Les formes rondes ont l'inconvénient d'entraîner beaucoup de perte car, même en utilisant les chutes, on obtient une pâte de qualité moindre : c'est pourquoi dans la recette filmée figurent des découpes rectangulaires. Les quantités indiquées ci-contre permettent d'obtenir au total 32 chaussons, 16 au jambon et 16 aux champignons. Pour préparer la farce au jambon, mélangez bien tous les ingrédients dans un plat creux puis incorporez le blanc d'œuf battu en neige. Pour confectionner la farce aux champignons, faites d'abord revenir dans le beurre, pendant 3 ou 4 minutes, les oignons, les champignons et le persil jusqu'à évaporation complète du liquide. Laissez refroidir, puis ajoutez dans ce mélange le fromage en dés, les condiments et l'œuf battu. Faites cuire les chaussons une vingtaine de minutes dans un four préchauffé à 220 °C (therm. 7), et servez aussitôt.

Préparez tous les ingrédients. Tamisez la farine au-dessus d'un plan de travail, formez un grand puits au milieu. Déposez-y le beurre coupé en morceaux, le fromage blanc et le sel.

Mélangez les ingrédients jusqu'à ce que la farine soit incorporée en laissant des morceaux de beurre apparents. Puis pétrissez la pâte brièvement jusqu'à obtention d'une boule. Couvrez, laissez reposer 30 minutes dans le réfrigérateur.

Abaissez la pâte à environ 1 cm, en un rectangle de 20 x 35 cm. Pliez celui-ci en trois. Laissez reposer dans le réfrigérateur 30 minutes environ, puis abaissez la pâte de nouveau. Répétez 2 fois le pliage.

Abaissez la moitié de la pâte. Découpez 8 rectangles à la roulette crantée. Déposez au centre de chacun un peu de farce, badigeonnez les bords avec le jaune d'œuf battu. Pliez en 2, soudez les bords, dorez la surface à l'œuf.

219

ALLUMETTES
AUX FROMAGES

Ces allumettes offrent un goût prononcé dû à l'association de deux fromages : dans la farce, un fromage de montagne de l'Allgäu, qui se prête à la fonte et qui donc se lie bien à la pâte et, saupoudré à la surface, du parmesan.

250 g de farine, 125 g de beurre, 1 œuf, 1 c. à soupe d'eau, 150 g de fromage de montagne de l'Allgäu (ou un comté) finement râpé, 1 blanc d'œuf, 100 g de parmesan râpé, un peu de sel

Préparez une pâte brisée avec la farine, le beurre, l'œuf, le sel et l'eau, en suivant les indications de la recette présentée page 213. Laissez reposer dans le réfrigérateur 1 heure au moins, puis poursuivez comme indiqué ci-dessous.

Abaissez la pâte en un rectangle de 16 x 60 cm. Badigeonnez-en la moitié avec une bonne quantité de blanc d'œuf légèrement battu, saupoudrez-la de fromage de montagne. Passez la seconde moitié du rectangle au blanc d'œuf.

Pliez en 2 le rectangle de pâte. Badigeonnez la surface au blanc d'œuf, saupoudrez de parmesan râpé. Avec une roulette à pâte, égalisez les bords et divisez la pâte en 2 dans le sens de la longueur.

Avec une roulette crantée et une règle, découpez des rectangles de 1,5 x 8 cm. Posez les allumettes sur une plaque, et faites dorer de 10 à 12 minutes dans un four à 200 °C (therm. 7).

PETITS GÂTEAUX
AU FROMAGE

La nature du fromage utilisé influe bien sûr sur la saveur des gâteaux. Pour cette recette, nous avons opté pour un laguiole, fromage de vache à pâte pressée, non cuite, proche du cantal, et qui donne aux gâteaux une saveur très aromatique. Si l'on souhaite un résultat plus doux, on pourra choisir 120 g de gouda demi-étuvé (âge moyen), mélangé à 70 g d'amandes en poudre.

200 g de beurre ramolli, 5 cl de lait, 170 g de laguiole râpé, 1 œuf, 350 g de farine, 1 pincée de levure chimique, 5 g de sel

Les quantités indiquées permettent de confectionner environ 150 petits gâteaux. Mettez dans un récipient creux le beurre ramolli, le lait, le fromage, l'œuf et le sel ; brassez bien le tout. Mélangez la levure à la farine, incorporez dans la masse. Pétrissez rapidement la pâte sur le plan de travail, puis roulez-la en boudins de 3 cm de diamètre. Laissez ceux-ci reposer 30 minutes dans le réfrigérateur, puis procédez comme indiqué ci-dessous.

Découpez les boudins en rondelles d'une épaisseur de 5 mm environ.

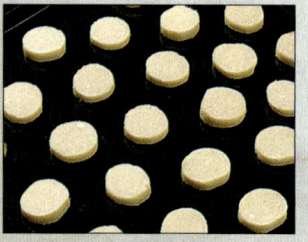

Disposez les gâteaux sur une plaque (prévoyez des intervalles suffisants), et faites cuire de 8 à 10 minutes dans un four préchauffé à 200 °C (therm. 7).

NŒUDS AU SBRINZ

Le sbrinz est un fromage à pâte dure, qu'il est possible de remplacer par du parmesan ou un fromage apparenté.

300 g de pâte feuilletée surgelée, 1 jaune d'œuf, 20 g de sbrinz finement râpé, sel, poivre

Abaissez la pâte feuilletée en un rectangle de 20 x 30 cm. Découpez-le dans la longueur en 3 morceaux de 10 x 20 cm. Prenez deux de ces morceaux, badigeonnez-les avec le jaune d'œuf pour que le fromage adhère bien. Saupoudrez-les de sbrinz, salez, poivrez. Superposez les deux morceaux, face au fromage sur le dessus. Continuez en suivant la recette ci-dessous.

CROISSANTS FOURRÉS AU JAMBON ET AUX FROMAGES

300 g de pâte feuilletée surgelée
Pour la farce
50 g de jambon cru détaillé en petits dés, 50 g de cantal ou de cheddar râpé, 20 g de fromage frais, 1 jaune d'œuf, 1 jaune d'œuf pour le badigeonnage, noix muscade, graines de sésame, sel, poivre

Confectionnez la farce : préparez les ingrédients, mélangez-les bien, salez, poivrez, râpez la muscade. Abaissez la pâte feuilletée en un rectangle de 45 x 30 cm. Découpez cette feuille en 2 bandes de 45 x 15 cm, puis en triangles ayant une base de 9 cm : vous obtenez ainsi 18 triangles. Entaillez la pâte sur 2 ou 3 cm au milieu du petit côté. Répartissez la farce à la base des triangles, et poursuivez comme indiqué ci-dessous.

Badigeonnez avec une couche de jaune d'œuf le troisième rectangle. Posez-le face à l'œuf sur les autres, abaissez au rouleau en rectangle de 11 x 22 cm, en appuyant bien pour que les trois épaisseurs se collent.

Découpez des languettes de 1 cm de large au moyen d'un couteau bien tranchant, la pâte évoluant au mieux quand elle est coupée net et non étirée par une lame.

Badigeonnez avec le jaune d'œuf les pointes de triangles opposées aux petits côtés, sans atteindre les bords. Séparez légèrement l'un de l'autre les petits côtés entaillés, repliez-les sur la farce et faites un autre tour.

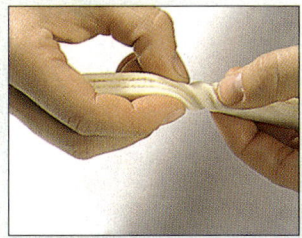

Faites avec chaque languette un nœud en effectuant au milieu une rotation de 180 degrés, en tenant bien la pâte en mains, mais sans tirer dessus.

Rabattez la pointe sur les croissants, soudez-la contre le dessous. Badigeonnez la surface avec le jaune d'œuf, saupoudrez de graines de sésame. Faites cuire de 12 à 15 minutes dans un four préchauffé à 220 °C (therm. 7).

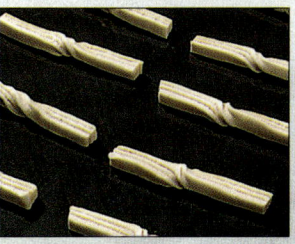

Posez ces nœuds sur une plaque non graissée ; prévoyez entre eux un intervalle suffisant. Faites dorer de 10 à 12 minutes dans un four préchauffé à 200 °C (therm. 7).

BAGUETTES TORSADÉES AU FROMAGE

300 g de pâte feuilletée, 100 g d'asiago d'âge moyen râpé, 2 jaunes d'œufs battus avec de l'eau, cumin, poivre concassé

Avec les ingrédients indiqués ci-dessus, réalisez les baguettes torsadées au fromage en suivant la recette de gauche.

CHAUSSONS AU FROMAGE

300 g de pâte feuilletée, 1 jaune d'œuf
Pour la farce

1 oignon de petite taille, 1 gousse d'ail, 60 g de poivrons, 80 g de fromage de montagne, 100 g de viande hachée, 1 c. à café de moutarde, 1 c. à soupe de persil haché, 1/2 c. à café de grains de poivre vert concassé, sel

Hachez finement l'oignon et l'ail, détaillez en petits dés les poivrons et le fromage. Mélangez avec la viande hachée, la moutarde et le persil, assaisonnez. Abaissez la pâte feuilletée en un carré de 33 cm de côté, et découpez-y 9 carrés de 11 cm de côté. Répartissez la farce sur ces carrés en laissant les bords libres. Badigeonnez ceux-ci avec du jaune d'œuf, puis repliez-les en triangles. Soudez les bords, disposez les chaussons sur une plaque. Faites dorer de 12 à 15 minutes dans un four préchauffé à 225 °C (therm. 7-8).

Confectionner les baguettes torsadées

Abaissez la pâte en un carré de 30 cm. Badigeonnez-la avec le mélange d'eau et de jaunes d'œufs, saupoudrez de fromage sur la moitié de la surface, poivrez. Pliez en deux.

Abaissez la pâte à plusieurs reprises pour bien incorporer le fromage. Puis, avec une roulette crantée et une règle, découpez des bandes de 1 cm de large.

On peut préparer des variantes de ces torsades en utilisant du pecorino ou du parmesan, et en répandant du gros sel ou des graines de pavot ou de sésame.

Prenez ces bandes par les deux extrémités, et tordez-les plusieurs fois pour obtenir des torsades. Déposez celles-ci sur une plaque humectée d'eau.

Dorez les torsades avec le jaune d'œuf, saupoudrez de cumin, et faites cuire 10 minutes environ dans un four préchauffé à 220 °C (therm. 7).

GÂTEAU MICADO ÉPICÉ AU FROMAGE BLANC

Ayant un goût assez neutre, la pâte feuilletée se marie avec des garnitures relevées, comme dans la recette présentée, qui en associe trois différentes. Mais il est également possible de préparer des garnitures plus légères : par exemple de la crème fouettée avec un fromage râpé, ou encore un mélange de fromage frais travaillé, de fromage râpé et d'une généreuse quantité de crème fouettée.

300 g de pâte feuilletée

Pour la garniture

750 g de fromage de brebis ou de chèvre frais (par exemple broccio), environ 10 cl de crème, 2 c. à café de jus de citron, 100 g de poivrons rouges détaillés en petits dés, 1 c. à soupe d'oignon finement haché, 1 c. à soupe de paprika doux, 5 olives vertes, 2 c. à café de câpres, 1/2 gousse d'ail, 50 g de poivrons verts détaillés en petits dés, 1 c. à soupe d'un assortiment de fines herbes hachées, 1 c. à café de sel, poivre blanc

Pour la décoration

50 g d'amandes effilées et grillées, quelques olives fourrées, 1 carotte cuite, persil, piri-piri (petits piments confits l'huile)

Découpez la pâte feuilletée en morceaux grossiers, et opérez un rapide pétrissage pour qu'elle ne lève pas trop à la cuisson. Puis divisez-la en 3 parties, façonnez celles-ci en boules, et abaissez-les en 3 disques de 26 cm de diamètre. Tapissez une plaque de four avec du papier sulfurisé, déposez-y les disques de pâte, piquez-les avec une fourchette, laissez reposer 15 minutes. Puis faites cuire au four préchauffé à 180 °C (therm. 6) de 12 à 15 minutes. Passez le fromage dans un tamis. Battez la crème jusqu'à ce qu'elle soit assez ferme, incorporez-la : le mélange doit avoir la consistance d'une chantilly très ferme. Ajoutez le sel, le poivre et le jus de citron, mélangez bien. Répartissez la crème au fromage dans 3 récipients pour confectionner 3 garnitures.

Première garniture : ajoutez à la crème les poivrons rouges détaillés en dés, l'oignon haché menu et le paprika, mélangez bien. Répartissez ce mélange sur l'un des disques de pâte feuilletée, recouvrez le tout d'un autre disque.

Deuxième garniture : hachez les olives vertes et les câpres, pressez l'ail. Transférez ces ingrédients dans le deuxième récipient, ajoutez les dés de poivrons verts et les fines herbes, mélangez bien le tout. Répartissez ce mélange sur le deuxième disque de pâte, couvrez avec le dernier disque.

Troisième garniture : répartissez sur ce troisième disque une mince couche composée d'une partie de la crème au fromage du dernier récipient. Tracez sur la surface de la tarte des traits de coupe pour 16 portions. Placez le restant de crème au fromage dans une poche à douille, et décorez-en la tarte. Dressez des amandes grillées sur le pourtour et au centre. Décorez chaque portion avec des rondelles d'olives farcies et de carottes, ainsi qu'avec du persil et des piri-piri.

Ce gâteau relevé doit être cuit le plus tôt possible après sa préparation pour éviter que la garniture ne détrempe la pâte. Mais on peut cuire celle-ci à l'avance, et la réchauffer au four peu avant de procéder à la dégustation.

Pâte à choux

La pâte à choux est idéale pour les bouchées sucrées mais peut aussi être associée au fromage. Celui-ci peut soit être incorporé directement à la pâte, soit intervenir ultérieurement pour fourrer des choux cuits à blanc, sous forme de crème ou de salade. Si le fromage participe à la cuisson, il faut choisir des variétés appropriées : c'est notamment le cas des produits à pâte dure ou mi-dure, de certaines pâtes pressées, cuites, d'âge avancé (gruyère ou emmental), ou encore de fromages très durs comme le parmesan ou le pecorino. Il faut aussi veiller à la quantité de sel utilisée (en particulier pour le sel dont on saupoudre la préparation), en tenant compte de la saveur propre du fromage.

RECETTE DE BASE DE LA PÂTE À CHOUX

12 cl de lait, 12 cl d'eau, 125 g de beurre, 220 g de farine, 5 ou 6 œufs, 1/2 c. à café de sel

Dans le cas d'une pâte au fromage

150 g de gruyère râpé

Pour la décoration

cumin, gros sel

Confectionner la pâte à choux

Mettez dans une casserole le lait, l'eau, le beurre, et le sel, portez à ébullition.

Baissez le feu, ajoutez alors la farine en une fois, et travaillez immédiatement le mélange avec une cuillère en bois jusqu'à ce que la pâte ait une consistance homogène.

Continuez à travailler la pâte pour la dessécher jusqu'à ce qu'elle forme une boule et que le fond de la casserole soit recouvert d'une pellicule blanche.

Transférez alors la pâte dans un récipient creux. Puis ajoutez les œufs un à un.

Veillez à ce qu'un œuf soit complètement incorporé à la pâte avant d'ajouter le suivant.

Si vous souhaitez parfumer la pâte au fromage, incorporez celui-ci et mélangez bien le tout.

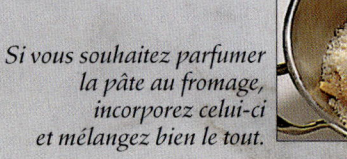

Ces choux se préparent en déposant sur une plaque des boules de pâte avec une poche à douille, à intervalles suffisants en prévision du gonflement à la cuisson. On les enfourne après saupoudrage de sel et de cumin, et on les consomme après cuisson. Mais on peut aussi les congeler.

Ces couronnes réalisées en pâte à choux ont été saupoudrées de gros sel et de cumin avant d'être enfournées. Après cuisson, elles ont été ouvertes en 2 pour être fourrées avec une mousse au fromage frais (voir la recette page 128).

GOUGÈRES

25 cl d'eau, 70 g de beurre, 125 g de farine tamisée, 4 ou 5 œufs selon grosseur, 125 g de gruyère coupé en petits morceaux, 1 œuf pour dorer les choux, poivre du moulin, 1 pincée de sel

Préparez une pâte à choux en utilisant les ingrédiens indiqués ci-dessus et en suivant les indications de la recette de la page 224. Transférez cette pâte dans une poche à douille unie (n° 12), et déposez des petites boules de pâte sur une plaque légèrement graissée. Battez l'œuf jusqu'à obtention d'un mélange mousseux, badigeonnez-en les boules. Celles-ci doivent cuire 10 à 12 minutes à 230 °C (therm. 8). On peut favoriser le développement des choux grâce à la vapeur, en déposant une demi-tasse d'eau dans le bas du four.

FARCE AU FROMAGE ET À LA CRÈME

150 g de fromage de chèvre frais, 150 g de fromage de vache double crème (par exemple fontainebleau), 60 g de gruyère râpé, persil haché, 25 cl de crème fouettée, sel, poivre du moulin

La gougère est une spécialité bourguignonne composée d'une pâte à choux au fromage. Elle se déguste tiède ou froide, fourrée ou non, de préférence avec un vin de la région.

Mélangez tous les ingrédients avec un fouet (à l'exception de la crème). Puis incorporez peu à peu la crème fouettée.

Variante de la gougère traditionnelle
Celle-ci est fourrée avec une farce à base de fromage et de crème (voir la recette ci-contre). Disposez en couronne des boulettes de pâte sur une plaque, faites cuire de 10 à 12 minutes dans un four préchauffé à 230 °C (therm. 8). Après cuisson, ouvrez la gougère, répartissez la farce dans la partie inférieure, puis replacez le dessus de la couronne.

Préparer la pâte levée pour la pizza

Versez la farine dans un récipient, formez un puits au centre, émiettez-y la levure, versez l'eau sur la levure.

Avec les doigts ou une cuillère en bois, délayez la levure, puis recouvrez-la d'une couche de farine, et laissez reposer.

Lorsque la masse présente des crevasses marquées en surface, ajoutez l'huile.

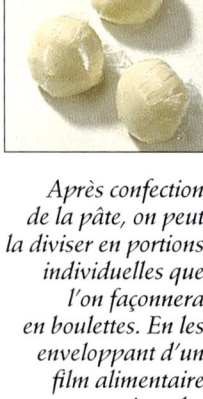

Après confection de la pâte, on peut la diviser en portions individuelles que l'on façonnera en boulettes. En les enveloppant d'un film alimentaire puis en les congelant, on peut ainsi se constituer des réserves de pâte commodes à utiliser.

Travaillez la masse à la cuillère ou avec les mains jusqu'à obtention d'une pâte. Façonnez celle-ci en boule.

Posez cette boule sur un plan de travail fariné, pétrissez la pâte jusqu'à ce qu'elle soit ferme et élastique à la fois. Laissez reposer à nouveau jusqu'à ce que la pâte ait doublé de volume.

Détaillez la pâte en morceaux que vous roulerez en boules à la main. Puis abaissez celles-ci au rouleau à pâtisserie.

Farinez-vous la main, puis étirez la pâte vers l'extérieur pour que la bordure soit légèrement plus épaisse. Piquez abondamment la pâte à l'aide d'une fourchette.

Déposez les uns après les autres les ingrédients sur les disques de pâte, en ne les disposant pas trop près du bord.

Pizza

La pizza est, avec les pâtes, un véritable pilier de la cuisine italienne. Son principal ingrédient est bien sûr la tomate, mais elle se prête aussi à des garnitures associant des légumes, du jambon ou des produits de la mer.

RECETTE DE BASE DE LA PÂTE À PIZZA (PÂTE LEVÉE)

Pour 500 g de pâte environ

300 g de farine, 20 g de levure, 12 cl d'eau tiède, 2 c. à soupe d'huile d'olive, 1/2 c. à café de sel

La recette de base est très simple à préparer, puisqu'elle ne nécessite ni œuf, ni beurre, ni lait, mais juste un peu d'eau ajoutée à la farine et à la levure. La recette ci-contre donne une pâte bien croquante, mais il est possible de mélanger les ingrédients, sans attendre l'étape de repos, avant d'ajouter l'huile. Sachez qu'une pâte à pizza doit être malléable et ferme à la fois, avec une bordure renflée pour éviter que ne coule, à la cuisson, le jus des tomates et des autres ingrédients.

PIZZA AU FROMAGE

500 g de pâte à pizza (voir recette de base), 400 g de tomates, 2 gousses d'ail, 2 c. à soupe d'huile d'olive, 80 g de gorgonzola piccante, 80 g de fontal ou de fontina ou de comté, sel, poivre du moulin

Abaissez la pâte pour obtenir 2 disques d'environ 27 cm de diamètre. Blanchissez et pelez les tomates, épépinez-les puis répartissez-les en tranches sur la pâte. Détaillez les gousses d'ail en tranches fines, répartissez-les sur la pâte, salez, poivrez, arrosez d'huile versée goutte à goutte. Ajoutez les tranches de gorgonzola, saupoudrez de fontal ou de fontina détaillés en dés. Faites cuire dans un four préchauffé à 220 °C (therm. 7-8).

Sfincione, la pizza sicilienne

À n'en pas douter, cette spécialité est bien une pizza ; pourtant, malgré sa parenté avec sa cousine napolitaine, elle possède ses caractéristiques propres, car elle est confectionnée avec des produits locaux. Les Siciliens prétendent d'ailleurs qu'elle existait bien avant que les continentaux aient l'idée de la première pizza. Ce plat de pauvres connaît de très nombreuses variantes, non dans les ingrédients de base, mais pour les garnitures, et surtout les produits d'assaisonnement. Les *sfincione* se présentent le plus souvent sous forme de petits disques, mais aussi parfois en tartes de dimensions plus impo-

Encore aujourd'hui, ce plat paysan typiquement sicilien se cuit dans un four de pierre. Dans cette région pauvre, la garniture varie d'un foyer à l'autre en fonction de ce qu'offrent les potagers et l'environnement.

Cette ménagère sicilienne prépare une pâte à pizza qu'elle ne laisse pas reposer avant d'ajouter l'huile. La pâte doit être assez molle pour subir un pétrissage, afin d'obtenir des disques que l'on étirera à 20 cm de diamètre.

La garniture comprend une marinade à l'huile d'olive composée de tomates détaillées en petits morceaux, des rondelles d'oignon et d'ail haché ; on rajoute sur l'ensemble des olives ouvertes en 2, de l'origan, puis du fromage de chèvre émietté.

La consistance idéale est plus difficile à obtenir avec un four électrique qu'avec un four en pierre. Avec un four moderne, préchauffez à 220 °C (therm. 7-8). Il faut compter de 15 à 20 minutes de cuisson.

Fromages à pizza

Selon la nature des fromages choisis pour les pizzas, on les utilise soit dans la garniture, soit râpés et saupoudrés. L'essentiel est de choisir des produits se comportant bien à la cuisson. C'est notamment le cas de la mozzarella qui, avec son goût assez neutre, s'associe très bien avec d'autres saveurs. Étant relativement molle, elle doit être détaillée en tranches. Si l'on souhaite répandre sur la pizza du fromage râpé, on pourra choisir un gouda ou un steppe, doux au goût, ou encore un parmesan ou un fromage apparenté. Dans ce dernier cas, l'arôme puissant fait du fromage davantage un condiment qu'un ingrédient, à tel point qu'on préfère souvent un fromage à pizza plus doux.

PIZZA MARGHERITA

Créée par un pizzaïolo napolitain en l'honneur de la reine Marguerite de Savoie, elle reprend les couleurs du drapeau italien : le vert du basilic, le blanc de la mozzarella, le rouge de la tomate. Les quantités indiquées correspondent à la cuisson sur une plaque normale (33 x 43 cm) d'une grande pizza pour 4 personnes, ou de 2 plus petites pour 2 convives chacune.

Pour la pâte
300 g de farine, 20 g de levure, 12 cl d'eau tiède, 2 c. à soupe d'huile d'olive, 1/2 c. à café de sel
Pour la garniture
1 grande boîte de tomates en conserve (850 g), 2 boules de mozzarella, 20 feuilles de basilic, 12 cl d'huile d'olive, sel, poivre du moulin

Travaillez les ingrédients de la pâte levée jusqu'à obtention d'une masse aérée et homogène. Farinez un plan de travail, abaissez-y la pâte sans qu'elle soit trop fine, transférez-la sur une plaque de four légèrement graissée et piquez-la de nombreux coups de fourchette. Garnissez la pâte en suivant la recette ci-contre, laissez reposer de 10 à 15 minutes. Puis arrosez d'huile d'olive versée goutte à goutte, et faites cuire de 20 à 22 minutes à mi-hauteur d'un four préchauffé à 220 °C (therm. 7-8).

Le fromage sur la pizza Margherita doit fondre correctement et présenter à la sortie du four une teinte allant du jaune au brun clair (jamais brun foncé). Mais le temps de cuisson de la pâte et de la garniture ne coïncident pas toujours. Si l'on souhaite que le fromage garde une couleur claire, il est préférable de le déposer sur la garniture au tiers ou même à la moitié de la cuisson.

Garnir la pizza Margherita

Laissez s'égoutter les tomates dans une passoire, détaillez-les grossièrement en morceaux et recouvrez-en la pâte.

Répartissez les tranches de mozzarella, salez et poivrez toute la surface.

Disposez les feuilles fraîches de basilic : entières, elles sont plus décoratives, même si le basilic haché permet de répartir l'arôme plus uniformément.

Versez l'huile d'olive goutte à goutte sur la garniture, à la cuillère ou, mieux encore, avec l'huilier spécial courant dans la cuisine italienne.

Après cuisson, la pizza Margherita doit offrir une pâte croquante et une garniture juteuse et moelleuse.

PIZZA AUX LÉGUMES ET AU SALAMI

Pour la pâte

    300 g de farine, 20 g de levure, 12 cl d'eau tiède, 2 c. à soupe d'huile d'olive, 1,5 c. à café de sel

Pour la garniture

    1 oignon, 500 g de tomates, 300 g de courgettes, 2 poivrons jaunes, 2 boules de mozzarella, 100 g de salami italien, 2 c. à soupe de basilic et d'origan, 4 c. à soupe d'huile d'olive, 10 olives noires, 1 c. à café de sel, poivre noir du moulin

Préparez une pâte levée en suivant la recette filmée de la page 226. Puis abaissez-la sur un plan de travail fariné, et transférez ce disque sur une plaque légèrement huilée. Piquez abondamment la pâte avec une fourchette. Confectionnez la garniture : préparez les légumes, détaillez les oignons en rondelles, les tomates et les courgettes en tranches, et les poivrons en lanières. Disposez ces légumes en alternance avec les tranches de mozzarella et les rondelles de salami, répartissez les condiments, le basilic et l'origan. Laissez reposer la pizza 10 minutes environ, puis arroser d'huile d'olive goutte à goutte et garnissez d'olives. Faites cuire de 20 à 25 minutes à mi-hauteur d'un four préchauffé à 220 °C (therm. 7-8). Selon le goût et la saison, on peut remplacer le salami par des pois gourmands, des champignons de Paris ou des petits artichauds violets. On peut aussi enrichir cette pizza en ajoutant un œuf cru cassé à mi-cuisson.

Les mini-pizzas

Les mini-pizzas sont idéales pour satisfaire une petite faim. Préparez une pâte levée en suivant la recette de la page 226. Comptez 100 g de pâte par pizza. Abaissez la pâte en un disque d'environ 16 cm de diamètre puis réalisez la garniture, plus ou moins consistante selon le goût de chacun. De fait, nous n'avons pas indiqué de quantités dans les recettes décrites ci-dessous. Faites cuire les pizzas pendant une quinzaine de minutes dans un four préchauffé à 200 °C (therm. 7). Comme pour toutes les préparations peu épaisses qui cuisent au four, il faut contrôler régulièrement l'état des pizzas pendant le dernier tiers de la cuisson, afin de les soritr au moment le plus propice. Les garnitures proposées ci-dessous sont illustrées de haut en bas dans l'ordre de leur présentation.

AUX MOULES

Faites cuire les moules dans un peu d'eau bien assaisonnée avec un peu de vin blanc sec, jusqu'à ce qu'elles s'ouvrent. Sortez-les de leur coquille, et répartissez-les sur la pâte en même temps que des oignons coupés en rondelles et des gousses d'ail pressées. Ajoutez des tomates pelées et concassées, puis des dés de provolone (ou de mozzarella). Salez, poivrez, saupoudrez de basilic haché, arrosez d'huile d'olive.

AU PIMENT

Répartissez sur la pâte la chair de tomates pelées et concassées, et quelques dés d'oignons. Garnissez de chair de poivron jaune pelé. Salez, ajoutez des piments ouverts en deux et nettoyés. Saupoudrez d'asiago (ou de beaufort) râpé, enfournez et garnissez d'olives noires à mi-cuisson.

À LA TOMATE
ET À LA SAUCISSE

Disposez sur la pâte quelques dés d'oignons ainsi que quelques gousses d'ail écrasées, recouvrez avec des moitiés de tomates pelées en répartissant des tranches de saucisse sèche et de fontina (ou de fontal). Salez légèrement, poivrez, saupoudrez de parmesan râpé.

À L'AUBERGINE

Détaillez une aubergine en dés, faites-les sauter à la poêle dans l'huile 3 ou 4 minutes. Répartissez-les sur la pâte, ajoutez des rondelles d'oignons et des tomates détaillées en dés. Salez, poivrez, aromatisez de feuilles de thym. Ajoutez du provolone (ou de mozzarella) et un peu de pecorino vieux râpé.

PETITS PAINS ET ROULADES AU GRUYÈRE

Pour la pâte

500 g de farine complète, 25 g de levure fraîche, 12 cl d'eau, 12 cl de lait, 1 œuf, 1 c. à café de sel

Pour les roulades ou les petits pains

120 g de lard fumé entrelardé, 60 g d'oignons détaillés en dés, 160 g de gruyère, 2 c. à soupe de fines herbes ciselées (persil, ciboulette), 80 g de beurre pour graisser le plat, jaune d'œuf pour le badigeonnage, gros sel, graines de pavot, de sésame et de tournesol, à saupoudrer, un peu de poivre du moulin

Les quantités indiquées permettent de confectionner une vingtaine de petits pains ou d'escargots. Versez la farine dans un récipient creux, faites un puits au milieu, émiettez-y la levure. Délayez avec le mélange de lait et d'eau tiède, puis saupoudrez d'une couche de farine. Couvrez d'un linge, laissez reposer dans un endroit tempéré jusqu'à ce que la couche de farine présente des crevasses bien nettes. Ajoutez alors l'œuf et le sel, et travaillez le tout jusqu'à obtention d'une pâte levée bien homogène. Pétrissez-la vigoureusement sur un plan de travail, transférez-la dans le récipient creux, et laissez-la reposer encore 30 minutes, jusqu'à ce qu'elle ait doublé de volume. Préparez la garniture : détaillez le lard en petits dés, faites suer 2 ou 3 minutes les dés d'oignons pour les rendre translucides ; laissez refroidir, puis ajoutez-les au lard ainsi que le gruyère découpé en petits dés, le poivre et les fines herbes. Abaissez la pâte pour former un rectangle de 30 x 60 cm, et répartissez-y la garniture en laissant libre une bande de pâte sur un grand côté. Mouillez celle-ci avec de l'eau, puis enroulez la pâte sur elle-même en partant du côté opposé. Découpez, dans le rouleau ainsi formé, des tranches de 3 cm d'épaisseur. Faites fondre le beurre dans un plat à gratin, roulez-y les escargots puis disposez-les dans le plat, sur une face tranchée. Couvrez, laissez reposer 30 minutes, puis faites cuire 25 minutes dans un four préchauffé à 220 °C (therm. 7). Pour préparer les petits pains, façonnez la pâte en un boudin dans lequel vous découperez 20 morceaux de largeurs identiques. Aplatissez ensuite ces morceaux en disques d'une dizaine de centimètres de diamètre. Déposez sur chacun une cuillerée de farce, relevez les bords et pincez-les pour les souder, et roulez les petits pains en boule. Disposez-les alors sur une plaque en prévoyant des intervalles importants, couvrez d'un linge et laissez reposer dans un endroit tempéré, à l'abri des courants d'air, jusqu'à ce que les petits pains aient pratiquement doublé de volume. Badigeonnez la surface au jaune d'œuf, saupoudrez de fromage, de gros sel ou de graines de sésame, de pavot ou de tournesol. Puis enfournez.

BUCHTELN FOURRÉ AU FROMAGE BLANC

Le buchteln est une spécialité autrichienne, mais cet entremets est en fait originaire de Bohême. Il est constitué d'une pâte levée fourrée, ici, au fromage blanc. Il se sert avec une sauce vanillée ou une compote de prunes.

Pour la pâte

500 g de farine, 25 g de levure fraîche, 20 à 25 cl de lait, 70 g de beurre, 50 g de sucre, 1/4 c. à café de sel, zeste de 1/2 citron non traité, 2 œufs

Pour la garniture

100 g de raisins secs, 2 cl de rhum, 25 cl de lait, 80 g de sucre, 1 c. à soupe de sucre vanillé, 20 g de fécule, 2 jaunes d'œufs, 350 g de fromage blanc égoutté, 100 g de beurre pour graisser le moule, sucre en poudre

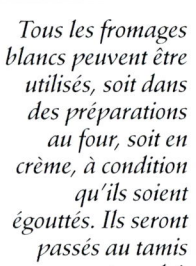

Tous les fromages blancs peuvent être utilisés, soit dans des préparations au four, soit en crème, à condition qu'ils soient égouttés. Ils seront passés au tamis avant emploi.

Tamisez la farine au-dessus d'un récipient creux, pratiquez un puits au milieu et effritez-y la levure. Diluez avec le lait tiède, recouvrez d'une couche de farine. Laissez reposer 15 minutes à température ambiante, jusqu'à ce que le dessus se fissure. Faites fondre le beurre, ajoutez le sucre, le sel, le zeste de citron et les œufs, malaxez pour obtenir un mélange crémeux. Ajoutez cet appareil à la masse lait-farine, et travaillez le tout jusqu'à formation d'une pâte homogène qui se détache des bords du récipient. Au besoin, rajoutez un peu de lait. Couvrez, laissez reposer 15 minutes. Faites gonfler les raisins secs dans le rhum tiède. Portez à ébullition le lait avec le sucre en poudre et le sucre vanillé. Liez avec la fécule diluée dans un peu de lait froid, portez à ébullition en fouettant. Hors du feu, incorporez les jaunes d'œufs, puis le fromage blanc. Ajoutez les raisins secs, mélangez, puis suivez la recette ci-contre.

Fourrer les boulettes

Découpez la pâte levée en morceaux de 100 g et divisez chaque morceau en 4 : vous obtenez ainsi des morceaux de 25 g chacun.

Façonnez ces morceaux dans les mains, de façon à obtenir des boulettes de pâte.

Avec un rouleau, abaissez ces boulettes en galettes de 8 à 10 cm de diamètre, et d'égale épaisseur.

Avec une cuillère en bois, répartissez la garniture au centre des galettes, pour pouvoir les refermer facilement.

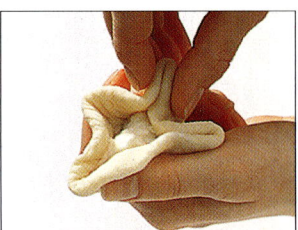

Prenez une à une les galettes dans la paume, et relevez les bords. Pincez avec précaution par-dessus la farce, et roulez à nouveau, délicatement, la pâte en boule.

Passez les boulettes dans le beurre fondu, disposez-les l'une contre l'autre dans le plat. Laissez lever dans un endroit chaud et faites cuire au four préchauffé à 180 °C (therm. 6) jusqu'à belle coloration.

GÂTEAU CROUSTILLANT
AU FROMAGE BLANC

Ce gâteau à base de pâte levée se marie bien avec des fruits frais. On pourra, par exemple, utiliser des abricots ou des prunes, dénoyautés et ouverts en deux, disposés sur la crème au fromage blanc puis recouverts de grains de pâte sablée, ou encore des cerises, du cassis ou des groseilles.

Pour la pâte

375 g de farine, 25 g de levure fraîche, 12 cl de lait, 80 g de beurre, 50 g de sucre, zeste d'un citron non traité, 1 pointe de couteau de piment en poudre, 1 c. à café de sel, 2 œufs

Pour la crème au fromage blanc

25 cl de lait, 90 g de sucre, 20 g de fécule, 3 jaunes d'œufs, 350 g de fromage blanc en faisselle égoutté, le jus et le zeste de la moitié d'un citron non traité, 1 c. à soupe de rhum

Pour le crumble

350 g de farine, 200 g de beurre en parcelles, 200 g de sucre, la moitié d'une gousse de vanille

Les quantités indiquées correspondent à une plaque de 43 x 33 cm. Préparez une pâte levée en suivant les mêmes étapes que pour la recette de la page 232. Puis abaissez-la en un rectangle aux dimensions de la plaque. Piquez la pâte avec une fourchette, pour qu'elle ne lève pas à la cuisson. Préparez la garniture : portez à ébullition le lait avec le sucre, délayez la fécule avec un peu de lait froid, et ajoutez-la au lait sucré. Hors du feu incorporez, dans l'ordre, les jaunes d'œufs, le fromage blanc, le jus de citron, le zeste et le rhum ; selon votre goût, vous pouvez rajouter 100 g de raisins secs. Laissez refroidir dans le réfrigérateur, puis étalez ce mélange sur la pâte. Pour le crumble, émiettez ensemble la farine, le beurre, le sucre et les graines de vanille, répartissez ceux-ci

sur le gâteau. Faites cuire de 20 à 25 minutes dans un four préchauffé à 210 °C (therm. 6). Laissez refroidir, découpez en parts d'environ 10 x 6 cm : vous en obtiendrez une vingtaine.

Préparer la crème au fromage blanc

Portez à ébullition le lait avec le sucre, puis liez avec la fécule délayée. Faites cuire le tout, puis arrêtez le feu.

Incorporez les œufs un à un, puis ajoutez le fromage blanc tamisé ainsi que le zeste, le jus de citron et le rhum.

**Fourrer la tarte
au fromage frais**

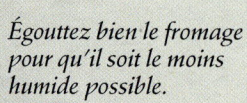

*Égouttez bien le fromage
pour qu'il soit le moins
humide possible.*

*Cassez les œufs, séparez
les blancs des jaunes.
Ajoutez les jaunes ainsi
que la moitié du sucre
au fromage blanc, mélangez
bien le tout, puis battez
au fouet jusqu'à obtention
d'une masse onctueuse.*

*Chauffez le beurre,
clarifiez-le, incorporez-le en
mince filet, tout en remuant.
Tamisez la farine au-dessus,
mélangez-la, salez, ajoutez
le zeste de citron.*

*Ajoutez les raisins secs
que vous aurez fait gonfler
dans l'alcool tiédi. Mélangez
délicatement.*

*Pour obtenir un goût
plus prononcé,
on peut remplacer
le fromage frais
par une ricotta,
à condition qu'elle
soit au lait de brebis.
La préparation
du gâteau reste
identique.*

*Battez en neige ferme
les blancs d'œufs avec
le restant de sucre en poudre,
incorporez avec précaution
dans l'appareil au moyen
d'une spatule en bois.*

*Garnissez de ce mélange
la tarte préalablement cuite
à blanc, selon la méthode
décrite page 213.*

*Égalisez la surface
de la garniture avec
une spatule, et faites cuire
45 minutes environ dans
un four préchauffé à 160 °C
(therm. 5). Puis démoulez
la tarte.*

*Laissez refroidir la tarte,
garnissez la surface de sucre
glace, dessinez des losanges.*

TARTE AU FROMAGE FRAIS

Pour la pâte brisée
> 220 g de farine, 120 g de beurre, 50 g de sucre, 1 jaune d'œuf, 1 pincée de sel

Pour la garniture
> 500 g de fromage blanc battu bien égoutté, 4 œufs, 160 g de sucre, 100 g de beurre, 60 g de farine, le zeste d'un citron non traité, 80 g de raisins secs, 2 cl de kirsch ou de rhum, sucre glace à répartir, 1 pincée de sel

Les quantités d'ingrédients indiquées ici permettent de préparer une tarte dans un moule de 26 cm de diamètre. Confectionnez une pâte brisée en suivant les indications de la page 213, laissez reposer 1 heure dans le réfrigérateur. Puis abaissez-la en un disque de 33 cm environ. Garnissez-en le moule à tarte, façonnez les bords par pression et éliminez l'excédent de pâte. Faites cuire à blanc en suivant les indications de la page 213. Pendant ce temps, préparez la garniture en suivant la recette ci-contre. Il est très important que la tarte ne soit pas soumise à une température supérieure à 160 °C (therm. 5), car la garniture se crevasserait et s'affaisserait. À bonne température, le blanc d'œuf lie bien la garniture, et la tarte reste moelleuse et appétissante.

Ces tartelettes sont garnies d'abricots et de crème au fromage frais ; elles se préparent selon le même principe que la tarte présentée ci-contre.

TARTE AU FROMAGE FRAIS ET AUX GRIOTTES

Pour la pâte

160 g de beurre, 70 g de sucre en poudre, le zeste de la moitié d'un citron non traité, 1 jaune d'œuf, 250 g de farine, 1 pincée de sel

Pour la garniture

1 bocal de griottes au sirop (450 g), 170 g de sucre, 1 pincée de cannelle, 2 c. à café de fécule, 3 jaunes d'œufs, 15 cl de lait, 5 feuilles de gélatine, 350 g de fromage de chèvre frais, zeste de 1/2 citron non traité, 1 c. à soupe de jus de citron, 50 cl de crème liquide, 1 pincée de sel, poudre de cacao

Les quantités indiquées correspondent à un moule de 24 cm de diamètre. Travaillez ensemble dans une jatte le beurre et le sucre jusqu'à obtention d'une masse homogène, puis ajoutez le zeste de citron, le jaune d'œuf, la pincée de sel et enfin la farine. Pétrissez rapidement, façonnez la pâte en boule, enveloppez-la dans un film alimentaire et laissez-la reposer 1 heure dans le réfrigérateur. Puis abaissez la pâte en un disque, garnissez-en le moule légèrement beurré, façonnez les bords par pression et éliminez l'excédent de pâte. Faites cuire à blanc en suivant les indications de la page 213 ; après 15 minutes, ôtez les légumes secs et poursuivez la cuisson du fond pendant 10 à 15 minutes, jusqu'à ce qu'il soit doré. Préparez la garniture : égouttez les cerises en recueillant le jus ; portez celui-ci à ébullition avec 30 g de sucre et la cannelle en poudre, liez avec la fécule diluée dans un peu de jus froid. Ajoutez les cerises après en avoir réservé quelques-unes pour la décoration (une par portion), et laissez complètement refroidir. Mélangez bien les jaunes d'œufs, le restant de sucre, le sel et le lait, et faites chauffer pour épaissir sans laisser bouillir. Mettez la gélatine à ramollir dans l'eau froide, puis diluez-la dans le mélange aux œufs et incorporez-y le fromage de chèvre frais passé au tamis. Ajoutez ensuite le zeste et le jus de citron, laissez refroidir quelque temps dans le réfrigérateur, puis incorporez les 2/3 de la crème battue en chantilly. À l'aide d'une poche à douille unie (n° 12), déposez une partie de cette masse en cercles sur le fond de tarte, ajoutez les cerises. Répartissez ensuite le restant de garniture, égalisez avec une spatule. Faites raffermir la tarte au réfrigérateur, puis saupoudrez de poudre de cacao ; décorez chaque portion avec une rosette du restant de crème battue et une cerise.

235

Fourrer le gâteau au fromage blanc

Mélangez vigoureusement les jaunes d'œufs, le sucre, le zeste de citron, le sel et le lait, faites chauffer à feu très doux en remuant constamment.

Continuez ainsi jusqu'à ce que le mélange épaississe, mais sans laisser bouillir.

Trempez la gélatine dans l'eau froide, diluez-la dans le mélange chaud.

Ajoutez le fromage blanc, versez par-dessus la crème, que vous aurez fait légèrement refroidir. Mélangez le tout.

Des fruits rouges complètent très bien cette tarte au fromage blanc. Sucrez-les au besoin, puis répartissez-les sur le fond de pâte sablée et recouvrez-les de crème au fromage blanc.

Remuez jusqu'à la formation d'une crème bien homogène, laissez presque refroidir.

Fouettez la crème fraîche, incorporez-la à la crème au fromage blanc à l'aide d'un fouet, ou d'une spatule en bois.

Garnissez le fond de pâte sablée disposé dans un moule à hauts bords et fond amovible. Lissez la surface, faites refroidir dans le réfrigérateur.

Démoulez, posez délicatement le second disque de pâte sur la crème au fromage, puis découpez la tarte à l'aide d'un couteau dont la lame est tiédie en la passant sous l'eau chaude.

GÂTEAU À LA CRÈME AU FROMAGE BLANC

Comme dans tous les gâteaux à base de fromage blanc, ce dernier doit être de la meilleure qualité pour offrir un goût frais et acidulé, et bien égoutté, car un excès de petit-lait aurait une influence néfaste sur la consistance et la saveur du gâteau. Ce gâteau se prête à de nombreuses variantes avec des fruits, dont pratiquement toutes les variétés s'associent avec le goût légèrement acide de la crème au fromage blanc ; c'est notamment le cas des fraises, des framboises et des mûres, que l'on mélangera crues à la crème. Si l'on veut utiliser des fruits à noyau ou à pépins, on prendra soin de les blanchir, ou de les faire pocher dans un sirop court. Si l'on agrémente le gâteau de fruits, on diminuera d'autant la quantité de crème au fromage blanc.

Pour la pâte

    120 g de beurre, 60 g de sucre en poudre, 1 jaune d'œuf, 210 g de farine, 1 pincée de sel

Pour la crème au fromage

    4 jaunes d'œufs, 200 g de sucre, zeste d'un citron non traité, 25 cl de lait, 7 feuilles de gélatine, 500 g de fromage blanc en faisselle (20 % de M.G.) mis sous presse, 50 cl de crème liquide, sucre glace, 1 pincée de sel

Mélangez et travaillez tous les ingrédients de la pâte, laissez reposer 1 heure environ dans le réfrigérateur. Abaissez la pâte en deux disques de 26 cm, faites cuire au four à 180 °C (therm. 6) dans 2 moules à fond amovible. Découpez l'un des disques en parts quand il est encore tiède. Garnissez la pâte en suivant la recette ci-contre, recouvrez de sucre glace tamisé.

GÂTEAU AU FROMAGE BLANC ET AUX AIRELLES

Le goût prononcé de la compote d'airelles contraste agréablement avec la saveur légèrement acidulée de la garniture au fromage blanc et la pâte à choux. Il est préférable de ne pas préparer cette tarte plus de 2 ou 3 heures à l'avance, pour éviter que la pâte ne se détrempe.

Pour la pâte à choux

25 cl d'eau, 125 g de beurre, 220 g de farine, 5 ou 6 œufs, 1/2 c. à café de sel

Pour la crème

3 jaunes d'œufs, 130 g de sucre, 15 cl de lait, 5 feuilles de gélatine, 350 g de fromage blanc lisse à 40 % de M.G., 15 cl de crème fraîche fouettée en chantilly, 250 g de compote d'airelles, sucre glace, 1 pincée de sel

Préparez une pâte à choux en suivant les indications de la page 237. Préchauffez le four à 220 °C (therm. 7-8). Farinez une plaque et faites-y cuire et dorer en plusieurs fois 5 fonds de tarte de 26 cm de diamètre. Réservez les 3 fonds les plus esthétiques, et effritez les 2 autres en morceaux. Préparez ensuite la garniture en vous reportant à la recette filmée de la page 236. Incorporez à la crème au fromage blanc à peu près la moitié de la crème fouettée. Pour la première couche, étalez sur un fond de pâte la moitié de la crème au fromage, puis la moitié de la compote d'airelles. Recouvrez avec le deuxième fond, appuyez légèrement et garnissez ce fond avec le reste de crème au fromage et de compote, en en réservant un peu pour la décoration. Couvrez avec le troisième fond de pâte, appuyez. Badigeonnez ce fond avec un peu de crème fouettée et ajoutez une couche épaisse de fragments de pâte. Saupoudrez avec du sucre glace. Mettez le reste de crème fouettée dans une poche à douille et déposez-la en rosettes sur le pourtour du gâteau en finissant avec un peu de compote d'airelles.

ENTREMETS AU FROMAGE BLANC

Le fromage blanc sous toutes ses formes est l'ingrédient
le plus utilisé pour confectionner les entremets.
Si ce produit jouit aujourd'hui d'une grande faveur auprès
du consommateur, c'est d'abord en raison de ses qualités
nutritionnelles, mais aussi parce qu'il offre l'avantage
de se marier particulièrement bien avec les fruits et les graines
germées, dont il ne masque pas la saveur spécifique.
Les entremets au fromage blanc sont des préparations
culinaires traditionnelles dans certains pays comme
l'Allemagne et l'Autriche, où ils constituent parfois un plat
principal, et pas seulement le point final d'un repas.
Les portions varient alors en fonction de l'utilisation du plat.
Ces recettes peuvent être à base de farces ou faire appel
à diverses sauces. Par ailleurs, les variétés des fromages blancs
employées permettent de confectionner de nombreuses
variantes. Ainsi, il est aisé de se procurer de la ricotta,
mais on peut également réaliser des plats délicieux avec
des fromages de chèvre frais, qui donnent aux préparations
une saveur qui s'associe bien avec les fruits frais.
Le fromage blanc frais offre, en outre, l'avantage d'être facile
à accommoder : il suffit de le saupoudrer de sucre ou de
le napper de miel et d'ajouter quelques fraises pour obtenir
un dessert particulièrement savoureux, pour autant que
les ingrédients soient de première qualité. Mais il se marie
aussi très bien avec une salade de fruits : l'assortiment
de fruits rouges – fraises, mûres, framboises –, de figues,
de caramboles et physalis photographié page ci-contre
est accompagné d'un coulis de framboises et d'un mélange
de fromage blanc et de crème Chantilly. C'est un régal
pour les yeux comme pour le palais.

GRATIN AU FROMAGE BLANC SUR LIT DE FRAISES

25 cl de lait, 1/2 gousse de vanille, 1 pincée de sel, 70 g de sucre en poudre, 2 c. à café de fécule, 2 jaunes d'œufs, 200 g de fromage blanc lisse, 2 blancs d'œufs, 12 cl de crème fraîche, 250 g de fraises, sucre glace, amandes effilées et grillées

Préparez le gratin en suivant les indications de la recette filmée. Les quantités indiquées conviennent pour environ 6 portions.

GRATIN AU FROMAGE BLANC AUX FRUITS EXOTIQUES

25 cl de lait, 1/2 gousse de vanille, 1 pincée de sel, 110 g de sucre en poudre, 3 c. à café de fécule, 3 jaunes d'œufs, 400 g de fromage blanc lisse, 3 blancs d'œufs, 300 g de fruits exotiques frais (mangues, goyaves, etc.), sucre glace

Préparez le gratin en suivant les indications de la recette ci-contre, sans ajouter de crème. Coupez les fruits en morceaux, répartissez-les dans des assiettes ou dans des ramequins, puis recouvrez-les du gratin au fromage blanc. Saupoudrez de sucre glace. Faites gratiner sous le gril du four et servez. Les quantités indiquées ici conviennent pour 8 portions.

Préparer le gratin au fromage blanc

Versez le lait dans une casserole. Ajoutez la vanille, le sel et 35 g de sucre. Portez à ébullition.

Délayez la fécule avec un peu de lait froid. Versez-la dans la casserole pour lier le mélange. Faites bien cuire, puis ôtez la vanille.

Éteignez le feu. Incorporez les jaunes d'œufs à la préparation, un par un, à l'aide d'un fouet.

Incorporez le fromage blanc au mélange précédent avec un fouet.

Battez les blancs d'œufs en neige ferme avec 35 g de sucre.

Incorporez délicatement les blancs en neige, puis la crème fraîche au mélange au fromage blanc avec un fouet ou, mieux, une spatule en bois.

Répartissez les fraises coupées en deux sur les assiettes en porcelaine à feu. Nappez-les de la préparation. Faites gratiner sous le gril, jusqu'à ce que la surface soit bien dorée.

Saupoudrez le gratin avec le sucre glace, et garnissez de quelques amandes effilées et grillées. Servez aussitôt.

LIWANZEN AU FROMAGE BLANC

STRUDEL AU FROMAGE BLANC

Dans cette recette originaire de Bohême, le fromage blanc s'utilise pour farcir les liwanzen, sorte de crêpes épaisses. L'acidité du fromage s'associe au goût spécifique de la pâte levée. Traditionnellement, les liwanzen se cuisent dans un ustensile spécial, pourvu d'un creux de 8 cm de diamètre au centre, mais on peut les réaliser dans une poêle classique et, dans ce cas, la pâte ne doit pas être trop liquide.

Pour la pâte

> 250 g de farine, 15 g de levure de boulanger, 25 cl de lait, 50 g de beurre, 1 œuf, 1/2 c. à café de sel, 30 g de sucre, zeste de 1/2 citron non traité, 100 g de fromage blanc en faisselle, 100 g de compote d'airelles ou de rhubarbe, sucre glace

Pour la garniture

> 200 g de fromage blanc en faisselle bien égoutté, 1 jaune d'œuf, 1 c. à café de jus de citron, 60 g de sucre

Tamisez la farine au-dessus d'une jatte et faites un puits au centre. Émiettez-y la levure et diluez-la avec le lait tiède. Recouvrez ce mélange de farine, couvrez d'un linge et laissez reposer à température ambiante pendant 15 minutes, jusqu'à ce que la surface présente des fissures nettes. Faites fondre 40 g de beurre puis mélangez-le avec l'œuf, le sel, le sucre et le zeste de citron. Versez cette préparation dans le mélange précédent et remuez jusqu'à obtention d'une pâte bien homogène. Incorporez le fromage blanc, allongez avec un peu de lait si nécessaire, puis laissez reposer. Graissez la poêle de beurre, versez de la pâte pour obtenir une crêpe, et faites dorer celle-ci à feu moyen pendant 2 minutes de chaque côté. Confectionnez toutes les crêpes de la même façon et réservez au chaud. Préparez la garniture : mélangez le fromage blanc avec le jaune d'œuf, le jus de citron et le sucre. Répartissez la farce sur la moitié des crêpes, ajoutez 1 cuillerée de compote d'airelles, recouvrez d'une seconde crêpe et saupoudrez de sucre glace. Les quantités indiquées ici conviennent pour 16 à 20 crêpes.

Cette recette est originaire d'Autriche, où elle est appelée topfenstrudel. Le strudel est meilleur quand il est servi tiède, avec, par exemple, un coulis de fruits.

Pour la pâte

> 170 g de farine + farine pour le plan de travail et le torchon, 1 jaune d'œuf, 1/4 de c. à café de sel, 1 c. à soupe d'huile, 120 g de beurre fondu et clarifié + beurre pour la plaque de cuisson, sucre glace

Pour la garniture

> 500 g de fromage blanc en faisselle, 120 g de sucre en poudre, 2 œufs, jus et zeste de 1/2 citron non traité, 1 c. à soupe de fécule, 40 g de raisins secs, 2 c. à soupe de rhum blanc

Tamisez la farine au-dessus d'un plan de travail, faites un puits au milieu et mettez-y le jaune d'œuf, le sel et l'huile. Commencez par remuer vivement avec une fourchette, puis pétrissez à la main, de façon à obtenir une pâte souple. Façonnez celle-ci en boule, enveloppez-la dans une feuille de film alimentaire et laissez reposer pendant au moins 30 minutes. Abaissez la pâte sur un plan de travail fariné. Étalez un torchon sur une table, saupoudrez-le de farine et disposez-y la pâte abaissée. Étirez celle-ci en allant du centre vers la périphérie, jusqu'à ce son épaisseur soit uniforme. Préparez la garniture : dans une jatte, mélangez le fromage blanc, le sucre, les œufs, le jus et le zeste de citron, et la fécule. Incorporez les raisins secs, que vous aurez fait gonfler dans le rhum tiédi. Badigeonnez la pâte à strudel de ce mélange, en laissant les bords libres. Roulez le strudel à l'aide d'un torchon et déposez-le avec précaution sur une plaque à pâtisserie beurrée. Faites cuire dans le four préchauffé à 200 °C (therm. 6) pendant 40 minutes environ, jusqu'à ce que le strudel soit doré. Sortez celui-ci du four et badigeonnez-le aussitôt avec le beurre clarifié. Saupoudrez-le de sucre glace et coupez-le en morceaux.

Avec son goût légèrement acidulé, l'airelle est l'un des fruits qui se marient le mieux avec le fromage blanc.

CRÈME AU MASCARPONE

Cet entremets peut être présenté dans des verres ou dans des coupes, accompagné de biscuits imprégnés de moka ou de liqueur de café. La crème peut aussi servir à garnir des tartelettes sablées ou des rouleaux (voir illustration ci-dessous).

Pour la crème

> 3 jaunes d'œufs, 100 g de sucre glace, 250 g de mascarpone

Pour les rouleaux

> 180 g de sucre en poudre, 50 de pâte d'amandes, 1 pincée de cannelle, 3 œufs, 150 g de farine, 1 c. à soupe de crème fraîche, beurre + farine pour la tôle à pâtisserie, chocolat de couverture fondu

Mettez le sucre, la pâte d'amandes et la cannelle dans une jatte. Cassez-y 1 œuf et mélangez bien. Ajoutez les œufs restants, un par un, puis la farine, en continuant à mélanger. Laissez reposer la pâte pendant 1 heure. Incorporez la crème fraîche à la pâte. Beurrez une plaque à pâtisserie, farinez-la, puis étalez-y la pâte en plusieurs disques de 10 cm de diamètre environ ; faites-les dorer dans le four préchauffé à 190 °C (therm. 6). La suite des opérations exige que vous travailliez vite. Ouvrez le four et sortez la plaque. Roulez les galettes aussitôt, car la pâte durcit très vite : à l'aide d'une spatule, décollez un disque à la fois, déposez-le sur un linge sec, roulez-le autour d'un objet rond. Pressez légèrement les extrémités pour bien souder. Préparez la crème : battez les jaunes d'œufs avec le sucre glace jusqu'à obtention d'un mélange crémeux et mousseux. Incorporez le mascarpone. Remplissez de ce mélange une poche à douille, puis farcissez-en les rouleaux. Mettez le chocolat dans un cornet en papier et décorez-en les rouleaux.

La crème au mascarpone est ici servie dans des verres. Mettez des biscuits à la cuillère émiettés au fond de ceux-ci, arrosez-les, goutte à goutte, de moka ou de liqueur de café, puis ajoutez la crème au mascarpone. Garnissez de copeaux de chocolat, puis saupoudrez avec un peu de sucre glace.

Rouleaux fourrés de crème au mascarpone *Il est préférable de farcir les rouleaux juste avant de servir, pour éviter que la crème ne les ramollisse.*

Crèmes légères au fromage blanc

CRÈME AU CITRON ET À LA RICOTTA

Zeste et jus de 2 citrons non traités, 120 g de sucre en poudre, 300 g de ricotta, 2 jaunes d'œufs, 25 cl de crème fraîche, 2 blancs d'œufs, 250 g de fruits rouges frais (groseilles, cassis, framboises et fraises des bois), 2 c. à soupe de marasquin, 1 c. à soupe de miel

Brossez les citrons sous un filet d'eau, puis prélevez des zestes extrêmement fins. Placez-les dans une casserole, ajoutez le jus des citrons et la moitié du sucre, faites réduire des trois quarts environ et laissez refroidir. Tamisez la ricotta, mélangez-la bien avec le jus de citron et les jaunes d'œufs. Fouettez la crème fraîche en chantilly. Battez les blancs d'œufs en neige ferme avec le reste de sucre. Incorporez-les à la ricotta, ainsi que les deux tiers de la crème fouettée. Nettoyez et préparez les fruits rouges, répartissez-les dans les verres, en réservant une grappe de groseilles pour la garniture, et couvrez-les de crème au citron et à la ricotta. Décorez avec le reste de crème fouettée et agrémentez d'une grappe de groseilles ainsi qu'une ou deux feuilles de menthe.

CRÈME À L'ORANGE ET AU FROMAGE BLANC

Zeste de 1 orange non traitée, 6 feuilles de gélatine, 12 cl de jus d'orange frais, 120 g de sucre en poudre, 3 jaunes d'œufs, 400 g de fromage blanc en faisselle (40 % de M.G.) fortement pressé ou de ricotta, 12 cl de crème fraîche, 3 blancs d'œufs, quelques fruits frais
Pour la sauce
1 c. à café de beurre, 100 g de sucre, jus de 2 oranges, 4 fruits de la Passion

Brossez l'orange sous un filet, puis prélevez le zeste. Laissez ramollir la gélatine dans un peu d'eau froide. Versez le jus d'orange dans une casserole, ajoutez la moitié du sucre, portez à ébullition et laissez cuire 2 ou 3 minutes. Hors du feu, incorporez les jaunes d'œufs. Pressez la gélatine pour exprimer l'excédent d'eau, et diluez-la dans la casserole. Puis incorporez le fromage blanc à la préparation. Fouettez la crème fraîche en chantilly. Battez les blancs d'œufs en neige ferme avec le reste de sucre, puis incorporez-les au mélange au fromage blanc avec le fouet. Ajoutez la crème fouettée. Répartissez l'appareil dans les moules et faites prendre au réfrigérateur pendant 1 heure. Démoulez sur des assiettes, après avoir trempé le fond des moules dans de l'eau chaude. Préparez la sauce : faites fondre le beurre et le sucre dans une casserole en remuant constamment. Versez le jus des oranges en une fois, ajoutez la pulpe des fruits de la Passion et faites cuire le mélange jusqu'à ce que le sucre soit dissous. Laissez refroidir cette sauce au réfrigérateur, puis décorez-en les assiettes en ajoutant des morceaux de fruits frais. Les quantités indiquées ici conviennent pour 6 moules individuels de 12 cl.

Les cannoli, une spécialité italienne Ces petits rouleaux sucrés sont farcis d'une crème à base de ricotta et de fruits confits marinés dans de l'amaretto.

Farcir et cuire les boulettes aux abricots

Façonnez la pâte en rouleau sur un plan de travail fariné ; avec un couteau, coupez-la en 16 morceaux de même taille.

Farinez-vous les mains et aplatissez chaque morceau en petite crêpe. Ouvrez les abricots en deux, farcissez-les d'un sucre et disposez-les sur les crêpes.

Enveloppez chaque abricot dans la pâte, soudez les bords de celle-ci en les pinçant, et refermez en boulettes.

Plongez les boulettes dans de l'eau bouillante légèrement salée et faites-les cuire à feu doux de 12 à 15 minutes, jusqu'à ce qu'elles remontent à la surface.

Sortez les boulettes avec une écumoire, égouttez-les bien et roulez-les dans la panure dorée de façon à bien les enrober.

Pour ces recettes, on n'utilisera que des citrons non traités. On les brossera sous un filet d'eau très chaude, et on ne prélèvera que la partie superficielle du zeste.

BOULETTES AUX ABRICOTS

Cette recette est originaire d'Autriche. La pâte au fromage blanc offre un goût et une consistance qui s'associent très bien avec les fruits, notamment les abricots, les mirabelles ou les quetsches. La préparation est relativement délicate, car elle consiste à farcir une pâte un peu molle avec des fruits sans que les ingrédients ne se mélangent. On peut épaissir la pâte avec de la panure, comme dans la recette ci-dessous, en veillant à ne pas en mettre trop.

600 g de fromage blanc en faisselle (20 % ou 40 % de M.G.) légèrement mis sous presse, 40 g de beurre, 30 g de sucre en poudre, 1/4 de c. à café de sel, zeste de 1/2 citron, 2 œufs, 80 g de panure, 120 g de semoule de blé, 16 abricots, 16 morceaux de sucre (facultatif), 80 g de beurre fondu, sucre glace
Pour l'enrobage
30 g de beurre, 100 g de panure

Écrasez le fromage blanc à la fourchette. Incorporez-lui le beurre – ramolli jusqu'à ce qu'il soit presque liquide –, le sucre, le sel et le zeste de citron ; mélangez bien. Ajoutez les œufs, un par un, puis la panure et la semoule. Amalgamez bien les ingrédients. Laissez reposer pendant 30 minutes au moins, puis déposez la pâte sur un plan de travail fariné et roulez-la en boudin. Lavez les abricots, ouvrez-les et ôtez les noyaux. Garnissez l'intérieur d'un morceau de sucre, sauf si les fruits sont bien mûrs et très sucrés. Faites dorer la panure dans le beurre fondu en remuant constamment, jusqu'à ce qu'elle soit d'une jolie couleur brune. Préparez les boulettes en suivant les indications de la recette filmée ci-contre. Saupoudrez-les de sucre glace, nappez-les avec le beurre fondu et servez. Les quantités indiquées ici conviennent pour 8 personnes.

Les quetsches conviennent aussi très bien pour ce dessert. Mais, dans ce cas, n'utilisez que des fruits ayant une faible teneur en eau. Si elles sont trop acides, adoucissez-les avec un morceau de sucre, de la même façon que les abricots.

Soufflé au fromage blanc

On peut également préparer cette recette en tapissant le moule de divers fruits frais : fraises, framboises ou abricots, par exemple.

25 cl de lait, 130 g de sucre en poudre, 1/2 gousse de vanille, 20 g de farine, 20 g de fécule, 5 jaunes d'œufs, 600 g de fromage blanc en faisselle (20 % de M.G.), 80 g de raisins secs, 2 c. à soupe de rhum, 5 blancs d'œufs

Versez le lait dans une casserole, ajoutez 60 g de sucre et la vanille, puis portez à ébullition. Liez avec la farine et la fécule diluées dans un peu de lait froid. Faites bouillir à feu fort ; retirez la vanille. Ajoutez les jaunes d'œufs, puis le fromage blanc et, enfin, les raisins secs que vous aurez fait gonfler dans le rhum. Battez les blancs d'œufs en neige ferme avec le reste de sucre – réservez-en une petite quantité pour le moule – puis incorporez-les délicatement à la préparation précédente. Beurrez les parois d'un moule à soufflé et saupoudrez-les du reste de sucre. Versez l'appareil dans le moule et lissez la surface à l'aide d'une spatule. Placez le moule, jusqu'à mi-hauteur, dans un bain-marie d'eau chauffée à 80 °C au minimum. Faites cuire dans le four préchauffé à 200 °C (therm. 7) pendant 45 minutes environ. Servez aussitôt.

Crêpes au fromage blanc

100 g de farine, 12 cl de lait, 1 c. à soupe de crème fraîche, 2 œufs, 1 pincée de sel, 1 c. à café de sucre, 1 c. à soupe d'huile, 40 g de beurre

Pour la farce

50 g de raisins secs, 20 cl de rhum ambré, 50 g de beurre ramolli, 100 g de sucre, 1/4 de c. à café de sel, zeste de 1 citron non traité, 2 jaunes d'œufs, 400 g de ricotta, 2 blancs d'œufs

Pour la royale

1 œuf, 1 c. à soupe de crème fraîche, 1 c. à soupe de sucre

Versez la farine dans une jatte. Ajoutez le lait, la crème fraîche, les œufs, le sel, 1 cuillerée à café de sucre et l'huile. Mélangez jusqu'à obtention d'une pâte légère et homogène et laissez reposer pendant 1 heure. Mélangez à nouveau la pâte, puis confectionnez de 8 à 10 crêpes minces de 18 cm de diamètre dans une poêle beurrée. Réservez. Préparez la farce : faites tremper les raisins secs dans le rhum ; mélangez le beurre, la moitié du sucre, le sel et le zeste de citron. Fouettez l'appareil jusqu'à obtention d'un mélange mousseux, puis incorporez les jaunes d'œufs. Ajoutez le fromage blanc et les raisins secs, mélangez. Battez les blancs d'œufs en neige ferme avec le reste de sucre, puis incorporez-les à la préparation. Étalez ce mélange au milieu de chaque crêpe, puis rabattez les bords par-dessus. Beurrez un plat à gratin et disposez-y les crêpes roulées. Préparez la royale : battez l'œuf avec la crème fraîche et le sucre, puis versez l'appareil sur les crêpes. Répartissez dessous le beurre coupé en dés et faites cuire dans le four préchauffé à 200 °C (therm. 7) pendant 25 minutes. Saupoudrez de sucre glace.

Une sauce à l'orange sanguine s'associe parfaitement avec le soufflé ou les crêpes au fromage blanc. On fera réduire le jus des oranges avec du sucre, puis on le relèvera avec du Campari, pour apporter une touche d'amertume.

Les conseils que l'on peut donner pour l'association entre les fromages et les vins relèvent de la subjectivité, car, si l'on considère la production fromagère au niveau mondial, on constate que les habitudes de consommation sont très diverses. Dans de nombreux pays, des fromages à goût relativement neutre se servent au petit déjeuner, repas plus substantiel que dans l'Hexagone. Par ailleurs, les traditions en matière de boissons diffèrent considérablement d'une contrée à une autre : ainsi, dans certains pays, il est courant d'accompagner le fromage d'un verre de lait, d'une tasse de thé ou encore d'une chope de bière. D'ailleurs, il existe même, dans les pays germaniques, un fromage appelé « bierkäse », tant il se marie bien avec la bière.

Il n'en reste pas moins que, dans les pays de culture latine, la consommation de vin est plus répandue, et que le fromage est plus naturellement associé au vin. C'est dans ce contexte que nous apporterons ici quelques éléments d'information.

Le meilleur compagnon du fromage

Quand on y regarde de plus près, on constate que le fromage et le vin présentent un certain nombre de similitudes. Ce sont des produits naturels fabriqués selon des procédés séculaires, qui demandent une attention soutenue et qui se dégustent souvent ensemble. Mais cette relation entre le vin et le fromage ne doit pas faire oublier les qualités intrinsèques des différents produits. Un bon fromage n'a pas obligatoirement besoin de vin pour que son goût soit pleinement reconnu, et, à l'inverse, un grand vin sera apprécié à sa juste valeur sans être accompagné d'aucun aliment.

Associer des produits issus d'une même région

Il suffit d'un verre de vin, d'un morceau de fromage et d'une tartine de pain croustillant pour goûter le plaisir des joies simples que procure l'harmonie des ingrédients. On ne saurait trop conseiller d'associer des produits issus du même terroir, qui ont bénéficié des mêmes soins attentifs, du même environnement culturel, du même attachement à la tradition. À titre d'exemple, comment oublier le souvenir d'un fromage de chèvre de la Loire accompagné d'un sancerre frais, ou d'un jeune pecorino dégusté avec un chianti bien fruité, en Toscane de préférence ?

Quelques repères

Gourmets et spécialistes ont de tout temps cherché à proposer les associations les plus réussies. Mais il est difficile de fixer des règles immuables, dans la mesure où les vins et les fromages sont des produits vivants qui évoluent dans le temps. Ainsi, le choix du vin dépend

Les fromages et les vins

non seulement de la variété du fromage, mais aussi de son degré d'affinage : au fromage mûr un vin à son apogée. On ne peut donc indiquer que quelques règles très générales en laissant à chacun la liberté d'accorder vins et fromages suivant ses goûts personnels.

Très souvent, ce sont les vins rouges que l'on sert avec les fromages, mais il y a de nombreux vins blancs qui font de très bons accords.

Les vins rouges

Légers et fruités, ils accompagnent des fromages à pâte molle et croûte fleurie. C'est par exemple le cas des vins issus de cépages simples comme le merlot, présent dans certains vins de pays, ou le pinot noir, que l'on retrouve dans les vins rouges de Bourgogne, de la Loire ou du Bordelais. On peut ainsi proposer un pomerol ou un côte-de-beaune avec un brie ; un saint-émilion avec un coulommiers ; un bourgogne générique avec un Port-Salut.

Les vins plus robustes, comme les côtes-du-rhône et les crus de la Côte de Nuits, correspondent bien à des fromages à pâte molle et croûte lavée, tels le pont-l'évêque et le livarot.

Les vins rosés

Secs, ces vins se marient bien avec certaines pâtes pressées non cuites comme le cantal ou le gouda, ou encore avec les fromages de chèvre frais. Ce sera par exemple, un côtes-de-provence et un banon.

Les vins blancs

Frais et fruités, ces vins relèvent la saveur des fromages de chèvre ou de brebis, ainsi que divers fromages à pâte pressée. À titre d'exemple, citons roussette de Savoie et reblochon ; corbières blanc et tomme des Pyrénées ; mâcon blanc ou un vin du Jura, et comté.

Les autres vins

Les vins liquoreux, tel le sauternes, se marient bien avec des fromages bleus. Ces derniers se dégustent aussi avec des vins doux naturels : banyuls, porto (traditionnellement servi avec le stilton), madère. Quant aux champagnes (bruts), ils peuvent être servis avec les fromages de chèvre.

Le mariage idéal

Quand on ne présente qu'une variété de fromage, il est relativement facile de sélectionner le vin le mieux adapté. En revanche, lorsqu'on sert un plateau comportant un assortiment de fromages offrant une grande diversité de saveurs et de textures, le choix est nettement plus délicat : la plupart du temps, un compromis va s'imposer.

Le vin, cela va sans dire, doit être servi à la bonne température. Mais cette règle s'applique également au fromage, qui, selon la variété présentée, doit se trouver à une température comprise entre 15 et 20 °C. Il s'agit là d'une moyenne, car les fromages jeunes et frais doivent être à une température inférieure à celle des produits à pâte dure ou ferme. Le chambrage devant s'opérer de façon très progressive, il convient de sortir les fromages suffisamment tôt du réfrigérateur ou du garde-manger avant de les déguster.

INDEX

Bibliographie

Androuët, Pierre, *les Fromages de chèvre,*
éditions de la République, 1986.

Artigaud, Frank, *Vins et Fromages de France,* Soline, 1996.

Bérard, Léone, *le Livre des fromages et de leurs à-côtés,* éditions
de la Courtille, 1978.

Bessenay, Jacques et Dillies, Jacques, *Lexique des fromages
les plus courants,* CRDP Midi-Pyrénées, 1985.

Carluccio, Priscilla et Antonio, *la Bonne Cuisine italienne des
Carluccio,* Hachette, 1997.

Chast, Michel et Voy, Henry, *le Livre de l'amateur de fromages,*
Laffont, 1985.

Courtine, Robert, *les Fromages,* Larousse, 1987.

Dard, Patrice, *Fromages d'aujourd'hui,* Laffont, 1992.

Delos, Gilbert, *Fromages de France,* Time-Life, 1997.

Encyclopédie des fromages, Gründ, 1997.

Girard, Sylvie, *le Monde des fromages,* Hatier, 1994.

Fonteneau, Suzanne, *Faire ses fromages,* Rustica, 1994.

Lebain, Frédéric, *Divins fromages,* C. Massin, 1990.

Le Guide des fromages de France et d'Europe,
Sélection du Reader's Digest, 1995.

Larousse gastronomique, Larousse, 1996.

Pernaut, Jean-Pierre, Fontaine, Laurent et Bataille, Pascal,
les 100 Meilleurs Fromages de France, TF1 Editions, 1995.

Teyssandier Bernard, *Bien connaître les fromages de France,*
J.-P. Gisserot, 1995.

Crédits photographiques et remerciements

Schéma en marge p. 10 : Helmuth D. Flubacher ; 7 photos pp. 14-15 : Fritz Grunder ; 3 photos p. 71, en haut à droite, en bas à droite, et en marge : Service d'information de l'industrie laitière danoise ; 2 photos p. 70 à droite : Roquefort Société ; 1 photo p. 71 en marge : Dirk Rüther ; 2 photos p. 26 à gauche et en haut, 3 photos p. 27 en bas, 3 photos p. 29 en haut, 1 photo p. 30 à gauche, 2 photos p. 116 en haut à gauche, 2 photos p. 118 à gauche, et p. 207 au centre à droite : Union fromagère suisse.

Remerciements
Nous remercions toutes les personnes physiques et morales qui ont permis la publication de ce livre grâce à leurs conseils, leur assistance et leur soutien actif.
Notre gratitude va tout particulièrement aux personnes dont l'expertise a permis la rédaction de certaines parties du chapitre introductif :

Dr. R. Arnold, ministère de l'Alimentation, de l'Économie et de la Recherche, Land de Bavière, Münich (Le fromage et la santé)
Dr. G. Kautz, Käserei Champignon, Heising (Allgäu, Allemagne) («Le lait», «La fabrication du fromage »)
Dr. W. Sturm, Alcan Rorschach AG, Rorschach (Suisse) («Le conditionnement des fromages »).

Nous exprimons aussi nos remerciements à :
M. Hardy, Fromagerie Hardy, affineur, Meusnes (Selles-sur-Cher, France)
J. Hueber, Association nationale des appellations d'origine des fromages (ANAOF), Paris
P. Jachnik, Fédération nationale des coopératives laitières, Paris
Androuët, affineur, Paris
Mme Chmielewski, Roquefort Société, Bureau d'information de Francfort.

Pour l'édition originale:
© Teubner Edition, Füssen, Allemagne

Traduction française:
© Ghislaine Taminier-Roux

Pour la présente édition en langue française:
© 2008 Succès du Livre éditions pour la présente édition
60 rue Saint-André-des-Arts, 75006 Paris, France.
Photo de couverture: © Da Costa/cuisine.com

ISBN : 9782738221834

Dépôt Légal Octobre 2008

Imprimé en Chine 2008